自我革命，改變人生

沉浸式思考

黃農文（황농문）——著　葛瑞絲——譯

몰입 Think hard! : 인생을 바꾸는 자기 혁명

目錄

第一章
從「努力工作」到「努力思考」

第二章 進行沉浸式思考前，必須好好準備！

第三章
投入能使大腦跳舞

第四章

教育與沉浸式思考

第五章

職場中的沉浸式思考

第六章

沉浸式思考的五個階段

各界好評

《沉浸式思考》不僅在韓國連續十六年保持暢銷、引起廣泛的討論，也對全球教育和商業領域產生深遠的影響。「沉浸式思考」是摒除所有干擾，讓注意力集中，解鎖我們的創造力和解決問題的能力。當你深度投入思考，就能體現自我發掘、追求卓越的過程。同時，它也能讓我們達到前所未有的成就和滿足感。當你有意識地不斷練習，就能進入「心流」狀態，進而提升個人能力，激發學習潛力。當你的思考變得更集中、深入，做起事來就更具創新性，同時提高生活滿意度與幸福感。

——宋怡慧／作家、丹鳳高中圖書館主任

想用馬達引出豐富的地下水，就得先用一瓢水當媒介來引水。「投入」就是能汲取隱藏在潛意識中的答案的媒介。黃農文教授以符合理工學者風格的信念和方法，從自己的具體經驗中分析、拆解、組合後重塑「投入」，所以聽他描述「投入」就像聽水解的說明一樣簡單明瞭。這是一本極爲罕見地、像實驗手冊一樣具體介紹投入方法的書。

——文龍麟／首爾大學教育系教授

二十一世紀是創意等於競爭力的時代。黃農文教授所說的「投入」，將是讓生活在這個全球無限競爭時代的年輕人，能領悟創造力、自信滿滿地開拓出充滿熱情和幸福生活的原動力。

——孫郁／三星SDI顧問

如果要選出往後引領韓國未來的動力，那麼「人才」當然是首要的。爲此，應該要成爲以「創意思維」和「享受挑戰和競爭」的眞正人才，而不是常見以頭銜或證書打造的人才。本書具體且鮮活地說明成為真正人才的祕訣，如果想掌握成功和幸福，一定能透過「沉浸式思考」的模式找到明確的突破口。

——徐相箕／第十七屆國會議員，國會科學技術資訊通訊委員會委員

橫掃諾貝爾獎的猶太人教育主張「不要活動身體，應該要動腦」。韓國也不例外，除了開發人才的能力之外，沒有其他方法能在國際上競爭。作者透過「投入」，經歷了將自己的能力發揮到極致的最佳體驗。希望更多人能透過投入，喚醒九〇%沉睡的潛力，我在讀這本書時彷彿看到了一絲曙光。

——楊相勳／朝鮮日報評論員

「如果明天就是世界末日，那麼今天我該怎麼生活？」這個問題是在正向心理學中，為了重新發現人生價值而提出的問題。非凡的天才們深刻洞察到生命的有限性後，以此為基礎在生活中投入而留下不朽的創意基業，作者黃農文教授以本人的親身體驗揭開了這點。本書竭力以作者的經驗、腦科學研究、學

生的投入體驗等案例切入，清楚地說明投入的方法。在理解和實踐「投入」方面，本書將成爲一塊巨大的墊腳石。

——崔仁秀／成均館大學兒童系教授

長期以來，我都在苦思爲什麼政府裡的人很優秀，卻成效不彰。看到黃教授受訪時提到投入後，我明白了那原因是專注力的差異。如果職場上的工作令人難以投入或不需要投入，就應該釐清原因並加以改善。從這個角度來看，「投入」是讓你能在現在所處的地方體驗人生高峰的祕密鑰匙。對苦思政府競爭力的我來說，本書是創造性革新的指南；對每天晚上作業堆積如山的我的小四女兒來說，本書是領悟學習樂趣的教材。

——金慶洙／行政自治部革新顧問團團長

實際上，我遇過幸福的人，都是沉浸於某件事情到近乎瘋狂的人。在準備SBS的特別節目《投入》的過程中，我遇見「沉浸高手」黃農文教授，明白

「投入」會讓我們的人生變得多麼充實，最終將達到巔峰。另外，我也看到學生們在短短三天的投入就憑一己之力解決了牛頓的微分問題後，臉上露出了燦爛的笑容。也許在我們沒意義的閒聊和像花栗鼠跑滾輪般的日常生活中，寶石般的生活被我們扔進了垃圾桶。這本書能讓被我們丟入垃圾筒、積上灰塵的時間，變成純度達到一〇〇%的黃金生活。

——李勝珠／SBS特別節目《投入：遇見最棒的自己》企畫部長

黃教授解決問題的過程，不僅幫助公司步入了正常軌道，我還能感受到公司競爭力提升了。而且黃教授相信只要有邏輯地專注思考問題，最後就能看到答案，同事們見證了他的努力後也開始改變想法，後來每個人都感受到了成就感，開始熱愛自己的工作，並引以為傲。我相信，已經體悟到「沉浸式思考」重要性的同事會分享給晚輩和其他同事，這麼一來，不僅是公司，連國家的競爭力也會大幅提升。

——張熙赫／I電子研究員

序

沉浸式思考，讓你遇見最好的自己

假設你在橫越非洲草原時遇到獅子，這時除了思考如何擺脫這場危機之外，腦中不會有其他想法——這種狀態就是「投入」。

「投入」的狀態會啓動緊急狀況，爲了某個目標發揮自己最大的能力，在高度緊張的狀態下只專注一件事、忘記其他的一切，因此能讓潛能發揮到極致。這種沉浸式思考已經在科學、商業、學習等多種領域發揮威力。

當牛頓被問到如何發現萬有引力定律時，他回答：「我只想著一件事，只有這件事。」

愛因斯坦說：「我反覆思考了數個月、數年，過程中，我發現自己錯了九十九次，到了第一百次，才終於找到正確答案。」

軟銀集團總裁孫正義，透過沉浸式思考獲得許多事業創意；本田的創始人本田宗一郎，是在沉浸式思考時開發引擎。

投資鬼才巴菲特也是以沉浸式思考聞名。巴菲特創立的公司波克夏的員工說：「巴菲特一天二十四小時，都在思考波克夏。」

比爾．蓋茨一年有兩次的「思考週」，他會在杳無人煙的偏僻別墅度過一個星期，這顯示他非常注重沉浸式思考。據說，微軟大部分的未來展望，都是他在思考週的沉浸式思考時決定的。

這些成功人士的共通點，正是持續地極度專注思考特定問題，以找出解決的破口。

我們這樣的平凡人，雖然很難追上他們的腦袋，但只要知道適當的方法並加以努力，我們也能充分仿效他們使用的「沉浸式思考」。根據我個人的經驗，只要依樣執行沉浸式思考，人人都能發揮巨大的潛力。

一九九〇年到一九九七年，我在進行研究期間，進入了一種非常特別的投入狀態，也就是將所有時間、心力都用在思考某個特定問題。

一旦進入這種高度投入的狀態，不管是幾天還是幾週，都會一直只思考著那個想法，跟那個想法一起入睡、和那個想法一起醒來。在這種極度投入的狀態下，會不斷出現與解決問題相關的新點子。

這時的情緒變化也很特別，會洋溢著自信，相信自己能解決問題，好奇心也會爆發。最令人驚訝的是，還會伴隨著極大的快樂，也就是思考的快樂。這種思考的快樂是伴隨著投入而來，它會成爲一股動力，只要付出小小的努力，就能一直維持在高度投入的狀態。

一旦進入投入狀態，直到解開問題之前，投入狀態能持續幾天、幾週，甚至幾年。在沉浸式思考時，最起碼會覺得自己過著完美的生活，更重要的是，沉浸式思考能創造出多樣且令人刮目相看的成果。我在投入時獲得的成果，是我憑著之前的能力研究一輩子也很難得到的。

那七年的投入體驗，讓我明白「可以藉由刻意努力投入在某件事上，價值觀也會隨之改變」，換句話說，我透過刻意努力改變了自己。不僅如此，我還找到了方法，讓我即使身處在無法投入的情況，也能將自己的能力和生活的幸福感提升到最高。

「投入」並不困難或是複雜。每個人都有能投入的能力，像是在危機狀況時便不得不投入。此外，投入會帶來快樂，所以人們有時也會製造像高空彈跳那樣假想的危機狀況，刻意追求投入。但既然要投入，如果能投入在工作或學習中，累積技能又同時獲得快樂是更好的。這是生活中非常重要的問題，掌握了這個方法後也能找到生活的幸福。

玩樂的時候，如果不投入就沒有意思。再怎麼有錢也是一樣，不投入就很難體驗幸福。在追求幸福的同時，能將該做的事做得比別人更好的方法，就是投入。

我努力在書中將我長期反覆經歷的「沉浸式思考法」建立成一套系統。馬拉松乍看之下是極限運動，並非人人都能挑戰，但只要經過適當的訓練，任何人都能做到；同樣的道理，我體會到：**只要掌握沉浸式思考的原理，並經過階段性的訓練，無論是誰，都能自由運用這個能力。**

「沉浸式思考」就是能喚醒並激發我們大腦潛能的最佳方法，也是讓自己成爲創造性人才的捷徑。如果能領悟到這一點並進行沉浸式的思考，那麼發掘隱藏在內在的才能、找到人生的快樂和幸福，就沒那麼困難了。

前言

在投入狀態下，體驗到解決問題的瞬間

凌晨一點，我今天也不例外地在半夜醒來。

在神智清晰的那一刻，我已經在思考那個問題了。過去一年六個月的時間，我的腦海只有那個問題。在思考問題的過程中睡著，又在思考問題的時候醒來，不斷反覆。解決這個問題之前，大概都會這樣持續下去。

如果沒有把睡醒時浮現的點子記下來，就會立刻忘記。因此爲了趕快記在筆記本上，我得起身離開床鋪。不知道是因爲習慣還是早睡的關係，我起床時並不累，不是刻意驅趕睡意、勉強起床，而是身體就這麼自動起來了。

在萬物沉睡的凌晨、在廣袤的宇宙中，彷彿只有這個問題，以及思考這個問題的我存在著。也許這就是人類能達到的最高度的專注，這讓我內心深處湧上一股平靜的幸福感。

我有點興奮地在客廳裡來回踱步，繼續思考那個問題。許多點子在這寂靜的清晨不斷湧現。謎團似解非解的狀態已經持續了一年多，似乎立刻就能解開、好像抓在手裡的感覺快要讓我抓狂。這股肯定能解決的渺茫期待到底從何而來？這天天湧上心頭的自信感的根據究竟是什麼呢？讓我一刻也無法放下這個問題的，或許不是想解決這個問題的意志，而是期待這問題即將被解決的希望，以及充分能解決的自信。

過去一年半，我使出渾身解數嘗試要解決這個問題，卻遲遲沒有成功。但我並不遺憾，因爲確信自己已經盡了全力。之所以至今未能解決這個問題，或許是因爲缺乏能力，但絕不是因爲懶惰。我在這次的經驗中學到：只要竭盡全力，即使失敗也不會有遺憾或後悔。把無數次的失敗想成是解決問題的過程就行了，於是我將重點專注在逐漸縮短與答案的距離。

既有的想法認爲，鑽石是以原子爲單位形成的，這顯然是錯誤的。確定的結論是，帶有負電荷的奈米鑽石粒子漂浮在空中，落在矽基板上會形成鑽石，落在鐵基板上，則會形成石墨顆粒隨意排列的煤灰，問題在於「爲什麼兩個基板上會出現如此極端的差異」。懸浮在空中的帶電奈米粒子是一種膠體，如果要進一步了解這個問題，就需要關於膠體的知識，但我對膠體的了解不多，應該要再讀一次不久前購買的膠體入門書籍。

無論洗臉、吃早餐，還是開車去研究室，我都一直想著這個問題。一切都很清楚又契合，但是我始終搞不懂，兩種基板上生成的物質爲什麼會有這麼極端的差異。可以確定的是，以我目前學到的所有知識根本無法解釋。只有可能是兩者之一，要不就是我不知道某個重要的知識，要不就是現有的知識哪裡有錯。我無法理解爲什麼其他人都沒有注意到這個非常詭異的現象，眞的很想抓個路人來說說這件事：「這裡發生了一件非常奇怪的事……」

我一進辦公室就翻看膠體入門書籍。讀沒多久，一段說明映入眼簾，直擊我的內心。

「在膠體狀態下，如果引力更強，那麼原本往任意方向移動的粒子之間的距離在接近到一定程度後，就會相互黏合，形成多孔的結構；相反地，如果斥力更強，粒子就會沉澱，自行有規律地排列，形成縝密的結構。」

這時，靈感掠過我的腦海。

如果矽基板上的電荷不易逸出，那麼奈米鑽石就會因為斥力而一致地排列，形成鑽石結晶；在鐵基板上，奈米鑽石在接觸表面之前就失去電荷而變成石墨，同時因為失去斥力，使得引力更強，因此形成多孔的石墨塊。這麼一來，一切就說得通了。

所有錯綜複雜的疑問瞬間消失。

這是緊張的瞬間。我開始再次仔細地逐一檢查，一直以來，像毛線團般錯綜複雜的疑問開始一一梳理開來，最終一切都解釋得清清楚楚。那心情就像是濃厚的霧氣退去後，天色變得明朗，眼前出現了井然有序又美麗的世界。

簡直不敢相信，我終於解決了這個問題！長期以來的緊繃感開始緩解，回想這段過程真是百感交集。我這輩子有過這麼戲劇化的時刻嗎？我想要肯定世上的一切。

第一章

從「努力工作」到「努力思考」

天才的思考方法

即使是在科學史上留名的天才，也沒有特別的研究祕訣。但回顧他們的生活，能發現一個非常有趣的共通點，就是「極度的投入」。

他們會一再投入於同個問題，直至找到解決方法。他們是透過「投入」發揮極高的專注力，一〇〇%運用大腦的天才。

我敢斷言，如果沒有進行沉浸式思考，即使是天賦異稟的人也無法造就偉大基業。實際上，觀察那些天才科學家的研究態度和方法就能知道，比起卓越的智力，他們爲了解決特定問題而傾注全身努力的「沉浸式思考」，發揮了更重要的作用。

韓國科學文化研究所所長李仁植，曾在《朝鮮日報》的連載專欄〈帥氣的科學〉中明確探討天才和犯人的差異：「挑戰解開天才謎團的認知科學家們發現，無論是天才還是犯人，他們解決問題的方式都是相同的，換句話說，天才和一般人之間的智力差異不是品質，而是數量。」

如果天才和一般人的智力差異是量而不是質，那就代表，天才的偉大基業，純粹是他們在解決特定問題時付出努力而獲得的，也就是說，天才帶著與眾不同的熱情，進行高度的沉浸式思考。

牛頓：不吃不睡反覆思考

在被問到是如何發現萬有引力定律時，牛頓簡短地回答：「因爲我一直都只思考這個問題」。在聽起來並無特別之處的簡單答案中，蘊含著解決特定問題所需的核心要素。牛頓回答的「思考」與人們一般認爲的思考的涵義不同，指的是「沉浸式思考」。

牛頓的傳記中詳細介紹了他獨特的思考方法。只要發現一個問題，牛頓就會廢寢忘食，還聽說由於他整盤食物經常動都沒動，導致貓咪一天比一天胖。到了晚上，牛頓也不睡覺，甚至連過了睡覺時間也沒發現。當他徹夜研究發現了某個觀點，便會感到心滿意足，連身體搞壞了也不知道。

上了年紀後，牛頓對研究的熱情依舊絲毫未減。想叫他上桌吃飯，就必須在開始準備飯菜的三十分鐘前提醒他。而且他連坐在餐桌時也忙著看書，食物常連碰都沒碰，晚餐的粥或雞蛋變成隔天的早餐也是常見的事。爲了解決一個問題，牛頓的沉浸式思考會長達數個月，甚至數年。

進行沉浸式思考時，生活會變得和平時不同。在沉浸式思考時很難兼顧社交生活。一旦進入沉浸式思考，對自己眼前正在思考問題以外的世界就不會感興趣，因此當然也對社交活動提不起興趣。然而，這樣下去人際關係勢必會出問題，這正是進行沉浸式思考需要注意的地方。

牛頓也是一個遠離社交的人。他與研究總是保持非常密切的關係，幾乎沒有人會拜訪他，找他的人最多也不過兩三個。除了研究，他也沒有其他興趣或喜歡的休閒活動，從沒人看過他騎馬出去兜風、散步或運動。除了擔任劍橋大學盧卡斯教授期間，在學校進行研究之外，牛頓幾乎所有時間都關在房間裡進行研究。

理查・費曼：在床上也只想著微積分

理查・費曼以「散播好奇心」的物理學演講聞名，也有許多有趣的軼聞爲人所知。理查・費曼是位偉大的科學家，以重新確立量子力學的成就獲得諾貝爾獎，但似乎對日常生活一竅不通。

根據費曼傳記《天才的軌跡》一書，費曼的第一任妻子去世後，便與瑪麗・露再婚，然而兩人的婚姻並沒有持續很久。

喜歡社交和派對的瑪麗・露和費曼就像不合身的衣服，夫妻關係有名無實，最終走向離婚。當時瑪麗・露在法庭上的陳述還被刊登在美國報紙，整天只專注自己工作的科學家的日常生活，也因此成爲好事者的話題。與其他領域知名人士不同的是，科學家的生活幾乎少有人知，因此更讓人感興趣。

曾經有篇報導的標題是「大學教授在床上邊打邦哥鼓邊算微積分」，光看這個似乎就能知道費曼的日常生活。考慮到費曼唯一的愛好就是打邦哥鼓，這篇報導看來就更有趣了。

「鼓聲非常吵。一被吵醒後，我就會開始在腦中算微積分。無論開車、坐在客廳裡，還是晚上躺在床上，我都在算微積分。」

對愛社交的瑪麗·露來說，費曼的生活習慣明顯就是無聊和痛苦。

「物理是我唯一的愛好。是我的工作，也是娛樂。從我的筆記本上可以看出，我總是在思考物理問題。」

正如費曼所說，好奇心特別旺盛的他，看待物理學的態度與眾不同。物理學徹底占據了他的生活。

保羅·艾狄胥：在地球流浪的天才數學家

要想積極找出關鍵問題就得四處走動，不能只停留在一個地方，這時最大的問題就是工作。大部分公司都要求人們停留在一個地方，這勢必會妨礙尋找問題的過程。有位數學家便因此拒絕擔任美國知名大學的教授，終其一生都在尋找問題——他就是被稱爲「流浪數學家」與「來自火星的數學家」的匈牙利傳奇數學家——保羅．艾狄胥。

一般數學家窮極一生都不一定能寫出一篇高水準的論文，但保羅．艾狄胥就發表了將近一千五百篇。透過他的傳記就能知道，艾狄胥一生都保持在投入狀態。他將一生完全奉獻給數學，沒有妻子、沒有孩子、沒有工作或興趣，甚至無家可歸。

他不受任何拘束，只將全副注意力放在尋找好的數學題和新的數學人才。他走遍世界，從大學到研究所，然後再繼續流浪到其他大學。他每天會花上十九個小時思考並計算數學，因此能留下一千四百七十五篇論文鼓舞晚輩。

自行算出微分的國中生

沉浸式思考不是天才的專利。

當我體驗到沉浸式思考的驚人效果後，便想和其他人分享這個經驗。我開始指導幾個學生嘗試這個思考方式，結果他們也取得了驚人的成果。於是，我希望能以成長中的青少年爲對象做實驗，機會就在二〇〇七年六月ＳＢＳ播出的特別節目。

ＳＢＳ特別節目《投入：遇見最棒的自己》數學實驗

二〇〇七年五月二十五日，星期五下午五點三十分，我抵達ＳＢＳ特別節目拍攝場地兩水里修養館。元墨國中的十名學生，已經在教務部長和數學老師的帶領下抵達、等候。

在場五名男學生和五名女學生，目標大都是考上特殊目的高中（類似臺灣的「單科型高中」）。雖然他們在學校的成績都名列前茅，但不是所有人都擅長數學。晚上八點，我們開始進行前導教育。我向學生說明節目的宗旨並告知他們，接下來的三天兩夜只會計算一個題目，跟他們目前爲止在學校計算數學題的方式不同，接著便公布題目。

$y = t^3$，

「求圖上點（2,8）的切線斜率」，這道題目是微分題，參加實驗的學生們都還沒有學過。首先要複習平均速度的概念，然後在說明完瞬間速度的概念後，求出兩秒內的瞬間速度。我向學生們強調，題目最初是牛頓算出來的，難度非常高。我還反覆叮嚀，如果像平常解數學題那樣急於思考，沒多久就會頭痛而放棄，因此要在內心放緩腳步，像冥想一樣慢慢思考。

反應出現得比我想的要快，兩小時三十分鐘後，就有一位學生算出來了。

我給這個學生出了更進階的積分問題，讓他繼續思考。雖然他沒能算出積分問題的正確答案，但他以自己的方法找到了相當近似的答案。他的解題的方式跟其他學生截然不同，其他學生都是在筆記本上用鉛筆畫圖或計算，但他卻放下雙手，只是在思考。他按照我在前導教育中所提示的慢慢思考，投入在思考題目的樣子，令我印象深刻。

第二天，又有一名女學生算出了答案。

她的解題過程不同於前一天完成解題的學生。她的解題過程沒有太特別的地方，後來聽說她已經學過關於極限的概念，這樣一來就更容易挑戰微分。我同樣給她積分的題目，然後觀察她解題的過程。我發現，她先是在筆記本上畫出題目中的曲線，大大地畫在紙上後便放下鉛筆，一直盯著曲線思考。

直到最後一天的上午，再也沒有其他人成功解題。觀察學生解題的過程，我發現他們對函數和斜率的基本概念不夠。於是最後一天上午，我向他們補充函數和斜率的概念，可是上午過去後，還是沒有其他學生解開題目。因此吃完午餐後，我改變了方向，告訴他們不要只想得到正確的答案，而是先算出近似的答案，再試著接近正確的數值。聽到這個提示後，又有一個人算出來了。接著在我補充具體的說明，以及多給兩次提示後，所有學生都成功算出了答案。

實驗證明，比起與生俱來的才能，高度專注的沉浸式思考，對解決問題更有幫助。

完全沒有學過微分的國中生僅憑思考就解決了牛頓煩惱的問題，這件事足以能改變我們對思考的刻板印象。無論是什麼問題，「自己頭腦不好而無法解決」再也不能成爲正當理由。

自由且自然的流動「投入」

堪稱投入理論創始人的米哈里．契克森米哈伊，將投入這種狀態命名爲「心流」。

在生活達到巓峰的瞬間，自然而然地投入其中，就像在天空自由翺翔，又像水流一樣平穩自然。契克森米哈伊說：「投入是意識被經驗填滿的狀態，此時各種經驗會達到和諧，感受、期望與思考融爲一體。」

他以在山坡上高速滑雪爲例，說明那樣的時刻很適合說明純粹地投入，但這種例子並不常見。在山坡上高速滑雪時，任何人都會將注意力集中在身體的移動、滑雪的位置、拂過臉頰的空氣與白雪覆蓋的樹木，因爲哪怕是只分散一點注意力，也很容易摔在雪堆裡，因此其他想法都無法乘隙而入。那樣的時刻我們便能體驗到完全的投入。

尋找能達到投入狀態的方法

契克森米哈伊斷言，提升生活品質的重點不是幸福感，而是沉浸的投入。投入後的幸福感是我們憑自身力量創造的，因此提升我們的意識水準。他解釋，工作和玩樂會因爲投入融爲一體，這是值得提倡的健康生活。

圖1-1呈現出的心理狀態，會根據課題的難度和自身實力改變，這可視爲投入理論的核心。橫軸表示實力高低，縱軸表示課題的難度。各領域的心理狀態和相應的代表性活動都寫在裡面了。

讓我們一邊看圖，一邊回想我們的日常生活吧！

正如圖示，課題難度低、實力低時出現的心理狀態是「不感興趣」。代表例子是看電視，這時人們對任何事都提不起勁、不感興趣，只是被動接受外部的刺激。這時候，只要自己的實力稍微提升，心理狀態就會變成「無聊」，

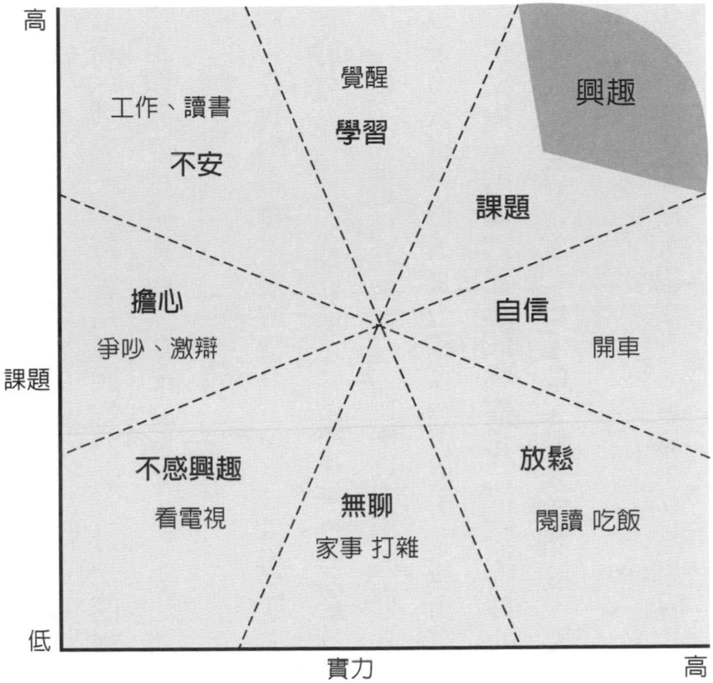

*來源：參考Massimini和Carli（1988），Csíkszentmihályi（1990）

圖1-1 課題與實力的關係

因爲與能力相比，目前的課題顯得微不足道，所以感受不到快樂，這正是進行單純的家務勞動或打雜時會感受到的情緒狀態。如果實力更進一步提升，心理狀態就會變得「放鬆」，符合這種狀態的活動就是閱讀或吃飯。在放鬆的狀態下，只要讓課題難度稍微提高一點，就會產生能解決問題的自信，開車的行爲就屬於這種心理狀態。

相反地，在實力維持不變的情況下提升課題難度，就會對課題產生擔憂，爭吵或激辯時就是這種心理狀態。如果再進一步提升課題的難度，就會感到「不安」。不過，在這種狀態下，如果實力稍微提升，就會進入「覺醒」狀態。若以這種方式提升個人實力和課題難度，並建構自信心，那麼從某個瞬間開始就會投入其中。若能透過圖1-1掌握自己處於何種心理狀態，掌握投入方法就不會那麼難了。也就是說，爲了進入投入的狀態，要不提升自己的實力，要不提高課題的難度。

那麼，萬一課題難度大幅提升，會發生什麼事呢？這就是我們要在這裡探討的「特別投入」。要沿著圖中對角線的方向走才有可能投入，因此實力要大幅提高才能投入。大幅提高實力，相當於提升專注力。

重點不是「瞬間」投入，而是「長時間」投入

契克森米哈伊表示，爲了容易投入：一、目標要明確；二、課題難度要適當；三、回饋結果要快。

可是萬一目標明確但難度太高，再怎麼思考也解決不了，因此得不到回饋，會怎麼樣呢？這就是最不利投入的情況。這麼一來，思考的時間會越來越長，尋找解方就像是走進一團迷霧，導致其他想法不斷乘隙而入，無法投入、難以專注。

然而，如果一直想解決那個問題，又會怎麼樣呢？況且也不是一兩天，而是好幾天都掙扎著想解決這個問題。這時，身體可能會將解決問題的過程視爲非常大的危機：「這是多重要的問題，讓他好幾天都只想著這個問題？看來如果不能解決這個問題，搞不好他就會死掉。」因此大腦會進入緊急狀態，竭盡

全力來解決這個問題。這就是我所體驗到的投入。

這會讓人進入一種特別狀態，忘記其他的一切，只考慮這個問題。這個狀態與日常生活中的其他投入不同，不是只維持一瞬間，而是只要稍微努力一下，想維持多久就能維持多久。因此，爲了解決特定問題，大腦會被激發到最活躍的程度，在解決問題前可以一直維持這樣的水準。最終，在最大限度發揮自身智力的投入狀態下，解題的努力累計超過數個月後，就能解決平時無法想像的難題。

現在我們要正式嘗試進入「投入」，但也不用緊張，因爲投入的本質就是任何人都覺得很容易的「沉思」。契克森米哈伊說，運動員所說的「物我一體的狀態」、神祕主義者所說的「無我的境界」、畫家和音樂家所說的「美學的陶醉」，都是「投入」。

舞蹈家針對這瞬間的描述爲：「不會徬徨，完全投入在目前做的事情裡。」

攀岩者說：「我和攀岩的行爲融爲一體。」

西洋棋選手表示：「專注在比賽時就像在呼吸一樣，即使屋頂塌了，只要我不被磚頭砸到，還是不會知道發生了什麼事。」

雖然因職業、活動的不同，大家對「投入」有不同的描述，但正如他們所說——高度專注狀態的本質是一樣的。

造就「創意型人才」的核心關鍵字

愛因斯坦說：「我反覆思考了數個月、數年，過程中，我發現自己錯了九十九次，到了第一百次，才終於找到正確答案。」不過，幾乎沒人能正確理解這句話的涵義，因爲在日常生活中，我們很少有事需要花這麼長的時間專注思考。

我們會解釋說：「連愛因斯坦那樣的人，也是錯了九十九次，像我這樣的平凡人的想法算得上什麼？就這樣馬馬虎虎地生活算了！」可是，如果正確理解愛因斯坦說的「思考」並照樣執行，就能發現一個驚人的事實——**只要有實現**

目標的強烈意志，和投入時獲得的自信，世界上沒有你解決不了的問題。

雖然投入是極其理想的狀態，但過程並不複雜。只要知道方法、要領、注意事項，經過短期訓練就充分能投入其中，對人生產生重大的影響和意義。

投入狀態不僅能讓大腦的活躍程度達到最大，思考能力也會進步到最快。一旦進入投入狀態，頭腦就會變得很靈活，平時無法解決的難題也變得容易解決。在讓頭腦效能達到極大化時，如果加上可以解決任何問題的自信，以及對問題的強烈好奇心，無論面對難度再高的問題，在得到答案之前都不放棄，最終將能解決。在那一刻，自我價值感會直線上升，對生活的滿意度也會飆升。

然而，大部分人對投入的理解或經驗不足，許多人更是連想都沒想過要投入，或即使曾感興趣，往往還是覺得茫然或困難。**投入與年齡、學歷、知識水準無關，任何人都能做到**。在正式介紹投入體驗前，如果先參考我開始投入的動機和背景，應該能幫助讀者更容易理解投入。

我的特別投入體驗

我之所以會經歷投入的狀態，是因爲當時在追求極致的思考活動。當時的我深陷在「想盡全力過上無悔的人生」的想法，因此變得非常極端，「無論多累，只要還有意識，我就要不斷思考這個問題」於是在某一刻起，我進入了投入狀態。

「想盡全力」的想法成爲我投入的動機。現在起，我會說出對「盡全力」的模式的轉變過程，如何讓我從平凡的國中生，逐漸轉變成一位專業研究員。

我對「盡全力生活」的關注，可回溯到國高中時期。

那時的我，常會在睡前回顧一天，當我以後悔和痛苦的心情結束一天時，唯一的安慰就是「明天還沒有失敗，從明天開始我要盡全力」。後來，我想到「一個月失敗後還有下個月，一年失敗後還有第二年，但一生失敗後就沒有下輩子，就沒有辦法這樣安慰自己了」。充滿後悔的悲慘晚年是我所能想到的最悽慘的人生，從那時起，我便開始思考，如何才能過上不後悔的人生。直到現在，這仍是我人生最重要的議題。

那麼，「什麼才是盡全力？」「怎樣的生活才是盡全力的生活？」我覺得能自信回答的人應該不多。若能明確回答這個問題，就應該能過上成功的人生，但可惜的是，很多人並不知道怎麼做才是盡全力，我也不例外。雖然我追求盡全力的生活，卻常因爲錯誤理解「盡全力」吃盡苦頭，沒能取得成果。

對睡眠和學習的誤解

在國一的尾聲，家人跟我說，想考上明星高中一天只能睡四個小時，其他時間都要念書。於是叫我早上六點就要起床，而且每天都要讀到凌晨兩點。就這樣過了幾個月，我開始適應了每天只睡四個小時，雖然很痛苦，但是當時的我把只睡四個小時、其餘的時間都拿來念書當成一種美德，甚至對自己睡得比別人少感到自豪，擁有不少的自信。

「就把睡四個小時當成目標！」當我這樣決定後，一天的成功、失敗就取決於是否只睡四個小時。如果成功度過一天，就會滿意地入睡；如果失敗，則會在後悔和痛苦中入睡。

不過，隨著只睡四個小時的日子越來越長，我開始因睡眠不足產生各種副作用，最大的副作用是對學習的倦怠。在狀態不好的情況下還要念書，不僅讓我無法專注，還變得非常討厭念書。上課時爲了強忍睡意過得很痛苦，下課也通常都趴在桌上睡覺，久了之後，越來越無法達成每天睡四個小時的目標，好幾天都在失敗和挫折中度過。

這種自責的日子到了高二，我開始懷疑人生，並罹患憂鬱症。也在這個時候，我開始發現「減少睡眠時間來學習就是盡全力生活」的想法，似乎哪裡出錯了。

睡眠不足會讓人討厭學習

到高三後，當時有句話說：「睡三個小時能考上大學，睡四個小時就會落榜。」家人和我都對這句話深信不疑，所以每天凌晨三點媽媽都會叫醒我。雖然累積的疲勞壓得我喘不過氣，但我已經有覺悟，從現在開始要好好念書一年，所以毫無怨言地接受一天只睡三個小時的要求。

然而，睡眠不足讓頭腦變得呆滯，以至於學習成效非常差，我卻仍努力堅持一天只睡三個小時。隨著時間流逝，我的體力每況愈下、身心越來越衰弱，經常感冒加上扁桃腺嚴重發炎，使得我甚至需要在脖子上纏綳帶去上學。即使如此，我還是貫徹一天只睡三個小時。最後，是父母認爲這樣下去會出事，決定就算放棄大學入學考試也要先顧及身體狀況，判斷我應該要擁有充分的睡眠。於是我開始延長睡眠時間，每天睡六個小時左右。

沒想到竟然發生了令人驚訝的事。當我讓身體擁有充分的睡眠時間，書反而讀得更好。之前睡眠不足時念書就像地獄，能以清晰的精神讀書的時間並不多，但當我開始睡滿身體所需的時間後，就能長期保持清晰的精神，成績也開始進步。我甚至無法理解自己以前爲什麼那麼討厭念書。

明明是爲了念書減少睡眠，但睡眠不足卻出現了反效果。以前讀書對我是件簡單的事，只不過是長時間坐在椅子上，但坐著什麼都不做會很無聊，於是翻開書本放在前面看，僅此而已，而且比起站著看書，坐在桌子前看書更舒服。不過，睡眠減少後情況就改變了，睡眠不足讓動腦變得很痛苦，念書就像在地獄一樣，坐也坐不住，學習效果也降低。

尋找可持續實踐的節奏

若想在馬拉松比賽取得好成績，就要保持自己的節奏；同樣的道理，學習時也要搭配自身情況找出最適合的節奏。特別是像入學考試這種需要長期竭盡全力準備的情況，必須找到自己的節奏後建立一天的模式，然後反覆執行。

這時，最重要的是精神、肉體都不能累積疲勞。因此，除了充分的睡眠外，日常模式應該要包含規律的舒壓活動。放學後我通常會去看學校棒球部練習，看個三十分鐘，接著去高三專用的圖書館，讀到十一點再回家。這就是我能持續實踐且無副作用的最佳模式。

不勉強地堅持念書的祕訣

我在大學指導學生的過程中，發現許多學生都很徬徨。

由某種角度來看，對人生徬徨是一個不可避免的過程，但徬徨也可分爲讓自己成長到更高層次狀態的「有生產力的徬徨」、讓自己跌入無邊際深淵的「破壞性徬徨」，以及無法得出任何結論、只是浪費時間的「消耗性徬徨」。

我在大學時期經歷的徬徨大多是消耗性徬徨，所以一事無成、糊里糊塗地度過了大學時期。

確定明確的目標

上大學沒多久，我就開始煩惱該如何度過大學生活。

我不知道該怎麼做。是要像高三那樣只努力念書？要交很多朋友，認眞參加社團活動？要高喊民主化，積極參與學生運動？要爲別人服務？還是要成爲孝順父母的孩子？後來，我得到完全不同的結論：「在高三的特殊時期，我只能專心念書；但從大學開始，應該要根據各類事情的重要程度，適當調配自己的時間和注意力再努力才行，這就是最佳的大學生活，也是我能盡力做到的。」

然而，這種模糊的結論，最終導致了模糊的結果。到了大三，我不禁認爲自己過去兩年眞是無所事事。一想到往後兩年也要以這種方式度日直到畢業，就覺得一片茫然。

因此我改變了想法，決定要制定一個明確的目標並爲此努力。

起初，我以考上本校的研究所爲目標，到了大四，改成要考上韓國科學技術院（KAIST）。需要長時間做一件重要的事時，雖然我不會超過晚上十一點，可是我會堅持下去，這是我在高三時已經習慣的模式。在準備KAIST考試期間，我也沒有改變這個模式。需要多少睡眠時間就睡多久，讀到想睡，就隨時趴在桌子上睡一下，這讓我讀書時的心情比玩樂更放鬆，尤其是入睡前，認爲自己已經盡最大努力度過一天的滿足感，確實讓我十分幸福。得益於此，我也順利考上錄取率只有六分之一的KAIST。

進入KAIST攻讀碩、博士課程時，除非是特殊情況，否則我都會在研究室待到晚上十一點，然後再回宿舍睡覺。十一點離開研究室後回宿舍時，想到今天一整天也盡了全力再睡，心裡就覺得既輕鬆又滿意。我沒有特別勉強自己，但也沒有懶散地消磨時間，這種工作模式，一直持續到我開始進行沉浸式思考的研究爲止。

在從事的領域成為世界第一

我耗費了很長的時間才領悟到更進步的模式。我在KAIST的指導教授是尹德鏞老師，他的教導給了我很大的幫助。尹教授曾擔任KAIST院長，在材料領域是世界知名學者。這位教授能成爲我的指導教授，是足以改變我人生的巨大幸運。我之所以能沉浸式思考，也是因爲他的特別教導。

「不要光是毫無想法地努力，動動腦筋吧！」

「要在你從事的領域成爲世界第一。」

「享受研究。」

「把你的研究當成作品而非產品，在進行每一項研究時都要竭盡全力。」

尹教授的這些話，完全改變了我思考和研究的方法。

尹教授總是要求學生，要在研究的各方面成爲頂尖、成爲世界第一。實驗計畫、實驗操作、解釋實驗結果、發表研究結果，以及撰寫論文等所有方面，他都要求我達到幾乎是不可能做到的水準和努力。但他的教導讓我明白，要是不成爲專業人才，不僅沒人會記得你，還可能讓自己無法生存下去。

當時我的做事習慣很草率，經常被痛罵，寫論文被退件也是家常便飯。我經常認爲教授太過吹毛求疵，自己很悲慘，要在他的指導下獲得博士學位，可能要花上一百年吧？我甚至悲觀地想，自己上輩子到底犯了什麼罪，才會遇到這種人當我的指導教授？但爲了畢業還是不得不努力，而努力的過程，卻讓我不知不覺體驗到巨大的成長。尹教授在潛移默化中，將激發潛力的方法植入在我腦中。

現在做的事就是最重要的

人都有巨大的潛力，但大部分的人終其一生都沒能發揮出來。

到達各領域巔峰的人，都是將自己的潛力挖掘到一定程度的人。問題是，這種潛力絕對無法自動發揮。如果不強迫自己做以當前能力來看完全不可能的事，內在隱藏的能力可能永遠無法被發現。儘管挖掘潛力的過程很痛苦，但超越極限、發現潛力的表現，是一輩子爲數不多的珍貴瞬間。

同個時期改變我的另一個教導是：想成爲專家，就必須相信自己研究的領域是世界上最重要的。尹教授教導我，要相信自己做的事是世界上最重要的，才會投入人生去做那件事，而且做起來才有樂趣，也才能產生競爭力。

教授把當下的研究視爲世界上最重要的事，對其他事完全不感興趣，拋下所有社交與應酬活動，唯專注於研究。然而，我自己是認爲適當關注研究以外的事會更好。斷絕對世界的注意力、只關注自己的研究來實踐「全心投入」的專業精神，會犧牲太多事物，所以我對那種生活產生了不小的反感，至少當時的我打從心底無法接受。不過，教授的這種態度，卻對我往後實踐沉浸式思考以及之後的生活，產生了決定性的影響。

真正專業人士的價值觀

從事真正重要事情的人的生活很簡單，因為他們無暇顧及沒用的事。

——托爾斯泰

取得博士學位後，我在大田的標準科學研究院就職。但由於事務種類繁多，時間都被分散在與研究無關的事上，難以專心進行研究。但跟學生時期一樣，閱讀跟研究主題有關的論文，似乎就會被當成無所事事的人。因此，從那時起，我又開始思考「在這裡的盡全力」是什麼。

在政府出資的研究院沒有明確定義要做什麼，研究院報告不像論文需要審查或評價，因此不需要像寫論文一樣用心。做實驗、分析數據或製作報告，不特別花心思也能完成。雖然有研究員因爲想杜絕這種情況，提倡要在國際知名的學術雜誌上發表論文，而我也確實發表過幾篇論文，但當時研究院裡幾乎沒有研究員在寫論文，也沒有鼓勵寫論文的氣氛。

後來，我進入美國的國家標準技術研究院（NIST）擔任博士後研究員，遇到了羅伯特．羅斯博士。羅斯博士三十六年來只研究陶瓷狀態圖，除了自己的狀態圖研究之外，對世上任何事物幾乎都不感興趣。我很詫異，到底那樣生活有什麼樂趣？但他似乎完全不會無聊，反而總是露出非常幸福的表情。在NIST，像羅斯博士一樣的研究人員還有很多，在那裡，我也遇到了更多像尹教授那樣似乎只爲研究而活的人。

他們的某些想法和態度與我不一致，後來，隨著時間流逝，我開始有了不同的想法。

到底誰才是對的？是我，還是尹教授或羅斯博士？他們工作的地方是研究所，職業是研究員，在研究所工作的研究員只關心自己做的研究，整天滿臉快樂地研究，爲什麼我總覺得哪裡不對勁？也許是我錯了，因爲我是業餘的，他們才是眞正的專家。

和羅斯博士一起研究一年後，我覺得他的人生太單純了。如果要我幫他寫傳記，我也可以輕鬆完成，因爲他的一生就是「出生後吃飯、研究，然後就死了」。我在各種想法之間徘徊，最終，得到的結論是，如果把研究員當成職業，那樣生活才是正確的。羅斯博士和尹教授都是相似的人，觀察他們的生活後，可以切身感受到一直以來困住我的價值觀錯得多離譜。

於是我也產生了想這樣生活看看的念頭，決定要像他們一樣，除了研究以外，不在意其他任何事物，只把研究視爲人生目的。我希望我也能在自傳中，單純記錄著「出生後吃飯、研究，然後就死了」。

想想自己要做什麼才能不後悔

如果一輩子只做研究，到了退休或死亡時，最終剩下的就是論文。羅斯博士已經發表了一百多篇論文，我也會在死亡前，用我的人生換取一百多篇能發表的論文。

然而，就在某個瞬間，一個茫然卻強烈的想法從我腦中掠過——我不想用我的人生換取一百多篇論文。

於是，問題產生了。我原本打算在退休之前犧牲一切、全力過這樣的研究生活——但我根本不想用我的人生換取那樣的結果。也就是說，其實我選了錯誤的道路。

從那時起，我便開始思考自己爲什麼會選擇這條路。

在大學和在KAIST攻讀碩博士課程期間，我邊忙著念書邊結婚，後來甚至跑到美國進行博士後研究，一切都是我在混亂中按照世俗既定的順序進行的。回想起來，沒有一件事是我以自由意志判斷的。

「所以我才走到了這一步啊！」

因爲沒有按照自己的意志判斷，而是聽身邊的人說該這樣做，就照做了，於是站到了現在這個位置，顯然這不是我該走的路。是時候重新尋找一個不會後悔的生活或職業了。

「如果在人生的最後一刻後悔，那就是失敗的人生」，這是我從國中就開始的堅定信念。究竟該如何生活，才不會在人生的最後一刻後悔呢？

我腦中充滿各種想法，思緒紛亂。

我認爲，是時候拋開博士學位和一份穩定好工作的光環，至少從現在起，我要開始尋找適合我的職業！即使那條路荊棘叢生，只要是能讓我不後悔的路，我就一定要走。

從那時起，我逐一研究了其他我能做的所有職業，但並沒有出現什麼好方法。看來，無論選擇什麼樣的人生，到最後都會後悔，我覺得這就是人生。

徬徨了數個星期，我都沒有明確的結論。差不多就在那時，這樣的結果讓我無限憂鬱：「反正，不管怎麼生活都會後悔。這樣生活會後悔、那樣生活也會後悔，這就是人生。」我在無法得到明確答案的情況下，浪費了許多光陰。

從「努力工作」到「努力思考」的模式

這時，發生了一個重大事件。NIST的首席研究員布萊恩・羅恩博士，以研討會的形式發表了自己的研究。

羅恩博士選擇的主題是個非常棘手的問題，是那種即使研究多年，還是會讓人懷疑「我真的能寫出一篇論文嗎？」的問題。過去幾年，羅恩博士一直堅持只關注這個問題，現在即將要發表階段性的成果。羅恩博士不在乎研究主題是困難或簡單、能否寫成一篇論文，他之所以研究，純粹是因爲那個問題是材料領域的重要主題。

這樣的態度帶給我很大的衝擊。如果研究時，能擁有像羅恩博士那樣的責任感和自豪感，那麼，到了退休或死亡時也不會後悔吧！

我明白了，如果到退休時我還對自己的研究成果不滿意，原因就出在一直以來我面對研究的態度。

無論寫幾篇論文，只要我在完成研究時已經盡了最大的努力，應該就沒有理由後悔。然而，回顧先前走過的路，我無法說自己已經充分發揮能力，也無法說自己已經盡了最大的努力。攻讀碩博士的過程中，由於時間有限，要在指定時間內完成論文，所以我把重點放在滿足畢業條件上。進入研究院後，每個計畫都有研究主題、時間、周圍環境、研究氛圍等的限制，雖然很難說清楚，但確實有各種原因讓我難以盡最大努力進行研究。

羅恩博士的研討會結束後，我終於破解長期的矛盾，得到了明確的答案。

「如果過著極度順應現實狀況的生活，也許那一瞬間會很舒適，卻會在綜觀人生時感到後悔。就算遇到了現實的困難和能力的瓶頸，只要選擇眞正重要的問題和必須解決的主題，並盡全力研究，就不會後悔了。」

回顧過去，我意識到自己花了太多的時間去適應現況。儘管我在增加論文篇數方面傾注努力，但我也發現，自己一直在逃避很難寫成論文的研究主題，焦點一直放在發表論文上。在那一瞬間，我決心要像尹教授說的那樣，像創作藝術品一樣進行研究、寫論文。唯有抱持終生追求創作藝術作品的心態，我才能實現小時候懷抱的科學家夢想，才能發揮自己隱藏的潛力。

在那一刻，我領悟到人生的重要教訓：生活品質，取決於自己能否在活著時充分發揮自己的能力。

如果把人生中的後悔比喻爲柴火，一〇〇%燒成灰燼當然不會有任何問題，但要是柴火只燃燒五%，有九十五%沒有被燒掉，就會害怕是否會被丟棄。我切身感受到，不僅是人生方向，連研究方式在內，我的整體都需要改變。我不再以寫論文爲目的，而是找出研究領域中眞正重要且需要解決的事爲主題，無論需要花費多久時間，我都決定徹底發揮自己的能力。

「努力思考」的發現

既然有了這樣的決心，要面對的問題就是：該如何最大限度地發揮自己的能力？

以這個問題來說，觀察ＮＩＳＴ世界級學者的研究態度能得到很多幫助。與其他機構的研究員相比，ＮＩＳＴ的研究員花費更多時間思考。有研究員總是隨身攜帶一張寫著實驗數據的Ａ４紙張，沉浸在思考中，無論是在走路、喝咖啡，還是參加研討會，都毫不改變地拿著那張紙隨時察看。

看到這樣的情景，我腦中逐漸整理出了做研究的方法。即使是看似無法解決的問題，也不放棄繼續思考，這才是最大限度使用大腦的方式。以這種方式進行研究，才能最大限度發揮自己的能力。因此，我下定決心，只要還有意識，我就要傾注所有時間，努力思考與我的研究相關的、尚未解決的問題。

就算夜以繼日地做實驗，也無法保證能獲得優秀的成果。研究的好壞，取決於花費多長時間專注地思考問題。當我擺脫每天努力工作就是盡全力的傳統模式，領悟到「如果不動腦，無論多努力還是只能得到普通的研究結果」後，我變成了完全不同的人。

只是努力工作，很難做得比別人好上兩倍；但如果認真思考，就能做得比別人好上十倍、百倍，不，甚至是千倍。人生非常值得完全投資在「認真思考」這件事上，於是，我徹底改變了自己的工作模式——從「努力工作」轉為「努力思考」。

在NIST學到的兩個教訓

博士後研究的工作結束後，我回到了標準科學研究院，開始實踐在NIST學到的教訓，撰寫並發表了一份研究計畫書。

不過，我所有的熱情竟在瞬間崩解了——我的研究內容在議題篩選時落選了。我覺得眼前一黑。明明已經選定長期研究的主題，也在NIST接受了一年的訓練後歸國，要是拿不到研究經費該怎麼辦？這就是現實。在當時的韓國，狀態圖研究並不是那麼迫切的問題。

就在我迷失方向、慌張失意時，得到的是其他研究員離職時所留下關於低壓鑽石的研究。因此，我不得不開始研究低壓鑽石，只能透過這項研究來實踐我在NIST領悟到的教訓。我給自己灌輸了強烈暗示：「低壓鑽石的研究是世界上最重要的。」雖然花了點時間，但令人驚訝的是，從某一刻起，我相信這點，並按照信念行動，接著，我開始只專注在這個問題上。

首先，我先設定問題：這個研究主題中最重要的問題是什麼？這個研究的疑問是，爲什麼低壓狀態下，碳元素不是以結構最穩定的石墨存在，而是生成亞穩態的鑽石？這個問題是當時相關領域最重要的議題，但似乎不可能在計畫期限內解決。也許我努力一輩子也無法解決，但我仍決定要挑戰。

「不鞭策自己去做看似不可能的事，就絕對無法挖掘出隱藏的潛力」這樣的想法強烈地助我一臂之力。我很擔心一不小心就什麼都沒弄成，於是開始迫切地投入在眼前的問題中。只要還清醒，我就想把所有時間都投入在思考這個問題。

這種態度引導我進入完全投入的狀態。長時間保持投入狀態，讓我體驗到最大程度活化自己的大腦，以及極大的樂趣。原本以爲這是條荊棘叢生的路，沒想到竟是通往天堂的道路。

第二章

進行沉浸式思考前，必須好好準備！

事前的六項準備

1. 設定問題

爲了進行沉浸式思考或全心投入一項活動，必須讓想法專注在一個地方，在那之前則必須有明確的目標。

就像射擊時會用眼睛瞄準目標一樣，沉浸式思考或投入是用「想法」瞄準目標。因此，首先要設定想解決的問題，且問題要夠明確才容易專注。

設定問題時，要從尚未解決的問題中選擇重要且核心的問題。要解決難度高也重要的問題，才有解決的意義。另外，問題越迫切越好，事先定下解決問題的期限，也有助於激發急迫感。

首先，在嘗試沉浸式思考的幾週前，就要開始閱讀相關文獻，以確保對問題有足夠的了解。思考問題時，了解越多相關知識，就越容易投入其中，解決問題時也會越順利。

用體育或休閒活動來比喻就很容易理解。第一次學網球或高爾夫球的人無法投入其中，至少要有一年左右的經驗，比賽時才能高度專注，也就是體驗「投入」。如果目的不是要解決問題，而是要獲得投入的經驗，那麼最好選擇自己夠了解且關心的問題。對主題擁有充分的知識和關注，越有利於思考與投入，且如果主題符合自己的喜好，效果就更好了。

相反地，如果是以解決問題爲目的嘗試沉浸式思考，相較於「如何能做到？」的提問形式，「爲什麼會那樣？」的問法，更能讓人感覺到問題的急迫性。因爲大部分人被問到「爲什麼」時，會激發收斂性的思考，讓想法專注在一個原因上；但被問到「如何」時，會激發發散性的思考，開啓多種可能性，使注意力分散。

因此，嘗試沉浸式思考初期，請選擇「爲什麼」形式的問題。順利進入投入狀態後，即使處理「如何」的發散性思考問題，也能維持投入狀態。

2. 預先整頓有利於沉浸式思考的環境

爲了眞正體驗沉浸式思考，請確保至少有一週以上的時間進行。

因此，想正式進行沉浸式思考的人，請先整頓周圍的情況，讓自己能專注思考一個問題超過一週。在進入沉浸式思考的過程或處於這樣的狀態下做其他事，都會讓專注力下降，因此預先做完要做的事比較好。

此外，爲了避免引起誤會，建議先取得家人、同事和上司的理解。進入沉浸式思考後，即使旁邊的人在叫自己也沒注意到，這種事屢見不鮮。在這種情況下，人際關係可能出現各種問題，別人可能會誤以爲你故意不理人之類的，所以要提前預防。

3. 隔絕不必要的外部資訊

爲了維持沉浸式思考，要盡可能避免看報紙或電視等，隔絕外部資訊輸入到自己的大腦，尤其新聞報導的聳動事件會造成很大的妨礙。

基於相同原因，嘗試沉浸式思考的過程最好避免和別人一起午餐。因爲在外出吃午飯及回來的途中，又或是吃飯時單純的閒聊，都會讓人分散對問題的專注力。要請各位記住的是，在準備沉浸式思考期間，談論任何其他問題都可能影響投入程度。

4. 能獨處的空間

選擇遠離職場或家庭的安靜地點較有利於沉浸式思考，因此，請確保自己能處於一個安靜、不受妨礙的獨處空間。

房裡另一個人的存在，會妨礙自己把全副心思完全集中在一個問題上，因爲一部分的大腦會處於待命狀態，預備要對對方的言語或行動做出反應。

沉浸式思考是讓整個大腦都致力於解決問題，如果部分大腦受到其他刺激而處於待命狀態，就很難提升專注力，因此請務必讓自己待在能獨處的空間中。能準備支撐脖子的舒適座椅或沙發就更好了，姿勢越舒服，越容易專注。

5. 規律的流汗運動

沉浸式思考是大腦活動達到極致的行爲，所以如果沒有規律運動，就會發生陷入沉思無法自拔的問題。

因此，爲了能持續進行沉浸式思考、不發生任何問題，必須規律運動。由於運動是一天當中唯一能刻意忘記問題、熱衷於做其他事情的時間，所以光是規律運動一週，也能體驗到心情舒暢、狀態變好、產生自信和動力。這種最佳狀態、自信與動力，會在試圖進行沉浸式思考的過程發揮非常重要的作用。

每天規律運動很重要，因此請選擇能流汗且開心投入的運動，但運動時間最好**不要超過一小時**。

6. 飲食以蛋白質為主

在我以沉浸式思考進行研究的七年中，我刻意設計以肉類爲主的菜單並搭配蔬菜，沒有特別原因，只是爲了維持在美國做博士後研究時期的飲食模式。

結束博士後研究歸國時，我覺得自己精力充沛，即使進行高強度的思考或工作也絲毫不疲憊。但過了一個月左右，我卻開始疲憊不堪。仔細思考原因後，我領悟到問題出在飲食模式。那時起，我開始將飲食調整爲像做博士後研究時那樣，以肉類和蔬菜爲主，身體立刻就恢復成往日的狀態，又能進行高強度思考了。

坦白來說，我無法確定飲食和沉浸式思考是否有關聯。相反地，眾所周知，追求「三昧」狀態的人建議吃素，而三昧狀態與沉浸式思考十分相似。可是我認爲吃肉有助於沉浸式思考，因爲沉浸式思考是想法和專注力都達到高強度的狀態，大腦需要活躍地活動，會消耗大量蛋白質，所以吃肉也不是完全沒有說服力。

用三天時間，完全進入沉浸式思考

即使是受過一定程度冥想式思考訓練的人，也就是受過緩慢思考訓練的人，第一次嘗試沉浸式思考時，仍需要一週左右才能完全進入狀態。不過，一旦有了沉浸式思考的經驗，多次投入沉浸式思考的主題、養成習慣後，往後只要三天就能充分進入狀態。

第一天：淨空雜念

開始分析所設定的問題，要像冥想一樣靜下心思考，在可以能夠支撐頭部的舒適座椅上全身放鬆、舒服地坐著，仔細思考特定問題。思想的速度要刻意放慢。

通常，第一天的狀況是，即使想思考問題也會產生雜念、無法專注，在不知不覺間產生別的念頭，有時甚至會忘記要思考問題。尤其精神渙散更會如此，但還是要繼續努力。爲了防止這類的事發生，可以先將問題寫在便條紙上，貼在顯眼的地方。初學者可以閉上眼睛思考，這樣更容易專注。

即使想法沒有進展，覺得無聊又辛苦，還是要冷靜下來繼續思考。如果選擇的是困難的問題，想法沒有進展也是理所當然的。需要記住的是，即使沒有進展，在這樣的努力過程中，思考的專注力還是會漸漸提升。如果你認爲這對解決問題毫無幫助，那可就錯了。

沉浸式思考之所以困難，是因爲專注程度無法用眼睛看見，所以無法確認。這種時候，如果把沉浸式思考的過程視覺化，比喻成其他活動，就有助於理解了。請將過程想像爲「以這個想法一一填滿所有腦細胞」或「需要三天左右才能攻頂」，這樣想就會很有效。但請記得，那座山是有點坡度的山，如果沒有繼續努力，專注力又會逐漸下滑。

第一天剛從平地出發，還沒有熱身，精神也很渙散，所以會最累、最痛苦。這時，可以起身來回走動、思考，也可以坐在舒適的椅子上，像冥想一樣思考，讓內心放緩腳步、慢慢思考。不習慣緩慢思考的人，可以邊散步邊思考，因爲思考的速度會配合腳步而變慢。

無論如何，要達到高度專注至少需要三天，所以不要著急，要認爲時間很充裕。如果有「一輩子只想著這個問題」的覺悟更好，「這個問題是世界上最重要的」這樣的想法也很有幫助。

舒服地坐著慢慢思考到後來，不知不覺就會打瞌睡或進入半睡眠狀態。在高度投入的狀態下思考，經常會經歷半睡眠狀態，但打瞌睡階段有助於獲取新構想或提升專注力。要是開始打瞌睡也不用刻意迴避，**就接受這樣的狀態，睡醒之後再分析問題**，自然順從身體的需要就可以了。

但請注意，除了睡覺時間外，思考時請保持坐姿，不要躺下。不是在睡覺卻躺著思考，很容易進入熟睡階段，身體會鬆弛，狀態也會變差。坐著思考時也常會在打瞌睡後完全睡著，這時還是要維持坐姿，在頭往後靠的情況下睡著。睡眠不足時，就算坐著也會睡得很沉。睡眠不足會導致專注力下降，所以請務必要有充足的睡眠。

思考過程中，如果出現想記下來的想法或與解決問題相關的事實，**請立刻**

記在筆記本上。第一天的點子大多沒什麼幫助，不過還是要盡可能記下來，因爲這樣可以引導思考，也有助於保持專注，而且將新構想寫在筆記本上能減輕必須記在腦中的壓力，讓頭腦更靈活運轉。

如此過完一天後，再進行一小時的流汗運動，接著回家洗澡、吃飯，最後以舒服的姿勢坐著或躺著繼續思考。即使躺在床上，也要在思考的過程中睡著。

第二天：新構想開始啓動

請和第一天一樣刻意努力來延續想法。第二天不會像第一天那麼累，減少被雜念占去的時間後，思考特定問題的時間會變得更長。雖然第二天通常還是會覺得無聊，但可以確定的是情況會比第一天好。

到了第二天下午或晚上，腦中會逐漸浮現與問題相關的想法，但大都是過去已經知道的內容，沒有太大幫助。即使如此，品質卻比第一天更好，這是新構想開始從意識深處出現的跡象。這樣的狀態改變意味專注力的提升，也意味繼第一天之後，大腦在第二天也爲了解決問題繼續高速運作。雖然第二天也沒有太多進展，但腦海開始浮現與特定問題相關的新構想，雖然不是特別厲害，但也表示你走在對的路上，朝著高度專注的狀態邁進。

有時可能認爲思考同樣的問題極度無聊，因爲一直想著同件事，想法卻沒有絲毫進展，肯定會感到鬱悶。但對第一次嘗試沉浸式思考的人來說，幾乎都會經歷人生最無聊的一段時間，無一例外。但請注意，不要讓這種無聊累積成壓力，應該靜下心慢慢思考，保持平靜。如果後來做到關於特定問題的夢，就可以視爲投入狀態已經達到五〇%左右。

此時，需要注意的是，不能停止專注思考特定問題。嘗試兩天後，要是朋友邀請就出去吃飯喝酒，專注力肯定降到谷底，得從頭開始。因此，在專注力提升的情況下，應該要推遲聚餐。專注的狀態跟散漫的狀態不同，這時，精神執行能力已經提高，也就是有能力透過動腦向高難度的問題進攻，且這時的狀態會覺得做事更有趣。因此，要懂得管理自己專注的狀態，且要養成習慣。

有時也能利用危機讓自己投入，因爲處在危及情況人會比較容易專注。但長遠來看，更重要的是在危機尚未到來前，就能自行努力領悟到進入專注狀態的方法。第二天也請和第一天一樣，晚上進行能流汗的運動一小時左右，且在睡覺前一直只想著特定問題。

第三天：思考的樂趣湧現

到了第三天，將更容易思考特定問題，且持續思考的時間變得相當長。隨著時間的推移，專注思考問題變得不再費力、不再無聊。甚至在做比較簡單的行爲時，也能持續思考問題，即使產生雜念，也很容易回到原本的想法。達到這種狀態，表示投入狀態已經到達七〇%到八〇%。

如果開始認爲思考問題很有趣，表示已經到達九〇%，離高處不遠了。這時，全身請繼續放鬆，像在冥想一樣思考問題。只要繼續專注思考下去，至少從第三天下午開始湧現新構想。第三天的構想會比第二天更有價值，雖然不是顛覆式的創新點子，是重新抽絲剝繭與問題相關的已知想法，但無疑是能解決問題的重點。

此時，艱難的過程幾乎結束，心情開始變得雀躍，到達這種程度時，維持投入狀態變得很容易。就像爬山攻頂前會很累，但沿著稜線走時腳步會變得輕盈，將在不知不覺間自動維持投入狀態。不過，還是要繼續刻意努力來維持狀態。

✧TIP腦波對沉浸式思考的影響

如表1所示，快速思考時會出現導致壓力的 β 波，這時適合要求大腦快速輸入和輸出，例如快速回答難度較低的題目或進行對話。

在活動或對話時的腦波狀態是 β 波，是與睡眠截然相反的清醒狀態。在這樣的狀態下，感覺器官被刺激以負責輸入，運動感官被刺激負責輸出，大腦處理資訊的能力反而會下降，因此，雖然能輕易挖掘淺層記憶，卻無法挖掘深度記憶，並不適合

δ波	θ波	α波			β波
		慢速	中間	快速	
0.1~3Hz	4~7Hz	8Hz	10~12Hz	12~13Hz	14~30Hz
熟睡時（睡眠）、昏迷狀態（會出現在嬰幼兒及沉睡中的成人身上）。	打瞌睡或發呆的狀態。催眠狀態時出現的腦波，快入睡前或淺眠的狀態。	冥想、沒有雜念、沒有想法（完全放鬆時）。	產生直覺、靈感，能解決問題（身體放鬆，但意識專注的狀態）。	注意力集中、些微緊張。	身體活動時或運動時等，從事一般工作時產生的腦波，受到壓力時特別常出現。

表1 身體和精神在不同腦波下的特徵

仔細思考特定問題。

問題難度較高時，必須像冥想那樣充分降低思考速度，這時會出現α波。一旦閉上眼睛，就會阻斷視覺資訊的輸入，思考速度會變慢，腦波也會變慢，形成α波狀態。高速α波會出現在保持專注且身體略微緊張時；中速α波則會出現在身體放鬆但意識專注時，這種狀態正適合慢慢思考以解決問題。更進一步減慢，就會變成慢速α波，也就是完全放鬆的狀態，例如冥想。

如果腦波變得更慢，就會出現θ波，這是打瞌睡或即將入睡的狀態。眾所周知，打瞌睡時最容易浮現點子。在清醒狀態下，大腦的輸入和輸出都相當活躍；在睡眠狀態下，輸入和輸出是被阻斷的，兩者的大腦活動完全不同。據說，在睡眠狀態下長期記憶會高度活躍，在打瞌睡時容易想出點子，正是運用了高度活躍的大腦。

進行沉浸式思考後明白的事

一旦達到投入狀態，只要稍微提升專注力，就能體驗到最專注的狀態。到了這種程度，其他雜念會完全消失，腦中只會思考一個問題，且光是思考問題就會感到愉悅。即使思緒游離片刻，也能馬上回到特定問題，思考脈絡已經固定在那個問題上了。

晚上想著問題入睡，凌晨時和那個想法一起醒來，然後再次思考到入睡，到了早晨又和那個想法一起醒來。這種狀態持續久了，會覺得問題就像自己意識到的現實一樣鮮明；相反地，周圍的現實狀況則會像車窗外的風景一樣一閃即逝。

以「睡眠」確認沉浸式思考的投入狀態

九〇%和一〇〇%的投入狀態難以辨別，但能透過**從睡夢中醒來的那一刻**

明確區分。

也就是說，如果睡醒時過了幾秒鐘才開始思考問題，表示投入狀態還未到達一〇〇%。如果已經到達一〇〇%，**剛清醒或意識恢復時，大腦就會自動開始思考問題了**。這代表示了什麼？在清醒前，大腦早就在思考問題了。雖然無法得知睡覺期間是否也一直在持續思考，但肯定是在睡醒前就在思考了。從睡夢中醒來時，問題會隨著意識恢復逐漸清晰，這就是沉浸式思考的典型特徵。

如果沉浸式思考已經維持了一個月，那麼整個月都會持續經歷這種現象。正因如此，在這樣的狀態下不會做夢。以我的情況來說，在進行沉浸式思考期間，我一次都不曾在做夢的情況下醒來，會夢到問題，也是發生在投入程度五〇%至六〇%時。

另一個判斷成功到達一〇〇%投入狀態的特點是，會在意識恢復的同時，自動浮現關於該問題的新構想，所以會為了不忘記而起身記下來。因此，就算是凌晨起床也不覺得疲勞或困倦，身體輕鬆地自動就起床了。

利用沉浸式思考做研究時典型的一天

進行沉浸式思考後，我的行程變得很單純。每天重覆同樣的生活，所有行動都爲了思考而安排，時間完全投資在思考上。但這種模式僅僅是我使用的方法，不能說適合所有人。每個人做的事情都不同，生理時鐘也不同，最好能制定適合自己的模式。然而，無論以哪種方式進行沉浸式思考，以下內容應該能幫助每個人在生活中維持投入狀態。

上午六點：上班前的早晨

跟新構想一起醒來後，把想到的點子記在筆記本上。在洗臉、刮鬍子、吃早餐時，問題依然持續縈繞在腦海。想用這種方式抓住想法需要刻意努力，不過，因爲是像冥想一樣慢慢思考，所以即使是在用餐時思考，也完全不會影響吃飯和消化。

上午七點：開車去上班的路上

搭電梯或開車時，我也一直在思考。在開車這類的活動也繼續思考，是爲了維持投入狀態。有人會反問，在開車時想別的事很危險，但我認爲在進行其他活動時，思考問題的強度會降低，因此做些日常行爲和操作熟悉的機器等，一點都不危險。在等紅綠燈期間，思考強度會提高，專注帶來的愉悅感也會增加。如果一邊感受這種心情，一邊開車，連等紅綠燈也會很享受。

上午八點三十分：在辦公室的時間

到辦公室後全身放鬆，坐在舒服的椅子上，繼續認眞思考。這時，偶爾會在坐著的情況下打盹。如果長時間坐在椅子上覺得無聊，可以偶爾來回走動思考，一旦產生新構想，就立刻記在筆記本上。有時，我會讀些能提供解決問題線索的書籍或論文，有時也會打電話和相關領域的專家討論，或乾脆約時間去拜訪對方。

下午十二點三十分：午餐時間

午餐時間也沒有什麼不同。我會準備便當，或獨自安靜外出用餐。等待餐點的時候、吃飯的時候，我都會繼續思考。這麼做雖然是為了維持投入狀態，但這種時候也常會浮現出珍貴的點子。

下午五點三十分：工作結束後的運動時間

通常，到了五六點我就會結束工作行程，換衣服去網球場。到網球場簡單伸展熱身，與固定的搭檔對打五分鐘，然後開始比賽，大概會花四十分鐘左右。打球時，我會努力忘記問題，只專注在打球。這是我唯一會刻意忘記問題的時間。

偶爾，我會在打球前想到重要的點子，使得在打球時也在思考問題，但這樣就無法全心投入在運動，也會影響打球時的狀態。因此，應該要**選擇有趣到可以忘記問題、能全心投入的運動**。另外，每天運動可能會讓身體吃不消，因此運動前最好先暖身，結束後也一定要收操。

晚上七點：下班後的晚餐時間

運動結束、收操後，我會馬上回家洗澡，這時心情非常愉快。運動結束後，當然就要繼續思考。吃完晚飯後，我會陪家人三十分鐘到一小時左右，這時專注力不得不下降，但這是爲了維持圓滿的家庭必須做的事。不過，如果在這時想到了點子，也要隨時記在筆記本上。

晚上八點：晚餐時間後

到了這時，身體會有點疲倦，我會斜靠在沙發上仔細思考特定問題，大概到八、九點開始產生睡意，我就會移動到床上舒服地躺下。躺下來以非常緩慢的速度思考問題，想著想著勢必會睡著。接著，在十二點到凌晨兩點中間，我會伴隨著與問題相關的想法從睡夢中醒來。我會小心地離開床以免吵到家人，把想到的點子記在筆記本上。在這時候起床，我完全不覺得疲憊或麻煩，而是眼睛自動睜開，輕快地走到客廳去開燈。

凌晨一點：獨處的凌晨時間

從這時開始，新構想持續浮現。這是一天中浮現最多新構想的時間。一段時間後，興奮的精神會鎮定下來，如果沒有新進展，我就會回去睡覺。要是上床睡覺後再次產生新的想法，我還是會毫不猶豫地起身，一整晚就這樣反覆起床、睡覺。但這種情況太頻繁可能會吵到一旁的妻子，所以我常直接蓋棉被睡在沙發上。

新想法出現的時間是完全無法預測的。有時，在躺下準備要睡覺時，我會突然想到什麼立刻起床，也會懷著能產生新構想的心情躺下，卻不知不覺睡著。凌晨起床思考的時間也不一定，短則三十分鐘，長則兩小時。再次入睡後，我會在早上六點伴隨著思考問題的想法醒來。

✧案例：為首次嘗試沉浸式思考的學生提供諮詢

以下是第一次嘗試沉浸式思考的學生，將經歷的心態變化以電子郵件向我諮詢的內容，也附上我的簡要回答。大部分初次嘗試沉浸式思考的人，都會經歷與這名學生相似的過程。若能參考以下內容，將有助於理解自己的狀態，並找出正確的方向。

這位學生是女性，雖然沒受過充分的思考訓練，但想體驗沉浸式思考的意志非常強烈。她嘗試沉浸式思考的時期是大四下學期結束後的寒假，思考的主題是想釐清熱力學第二法則「熵」的概念。

．嘗試沉浸式思考的隔天

教授！昨天我一直以自己的思考能力思考熵增加的原因。現在想法卡住，不太順利。

對我來說，妨礙專注的最大原因應該是音樂。其實，昨天拜訪教授前我也一直在聽音樂。平常我就喜歡在聽歌時跟著唱，所以腦中總是傳出音樂。今天我也繼續努力思考，但該怎麼解決想法卡住的問題呢？為了讓點子浮現，我先按照自己的程度解釋相關問題。明天我會努力，希望能進步二〇%。

·嘗試沉浸式思考兩天後

教授，我好鬱悶！我試著在腦中以各種方式解釋，但不確定自己是否正朝著答案前進，而且在解決我想到的相關問題時，似乎遠離了原本問題的焦點，雖然也不是完全無關。現在，我思考的問題是：飄盪在無盡宇宙（真空）中的粒子會如何活動？我覺得我的知識太淺薄了，不足以解決這個問題。

◎「感到鬱悶」是嘗試進行沉浸式思考初期會出現的典型症狀。覺得自己知識淺薄、自信心減少，也是初期會產生的典型情緒，尤其是試圖從根本上理解問題時，常會覺得雖然至今學了很多東西，卻沒有一件事是確實明白的。這種經驗會讓人體會到「以傳授知識為主的教育，對解決實際問題沒有什麼幫助」，以及「憑自己的想法理解並領悟知識是非常重要的」。

・嘗試沉浸式思考三天後

剛剛睡著了，但突然有新想法，就起床了。睡覺時我會盡量把筆記本放在旁邊。我正努力和問題做朋友，所以會一個人站在雙方的立場對談。從睡覺時還會做夢的這點來看，我應該還沒完全到達沉浸式思考的狀態。但比起第一天，我思考問題的時間似乎變長了。現在，我正在談論「所有能量最終都會發散成熱」這句話的意思。我還不明白為什麼偏偏是以「熱」的形式發散，似乎從來沒想過這個問題。

◎應該要像這名學生一樣，養成把筆記本放在身邊的習慣，睡醒後，即使是很小的點子也要記下來。會夢到問題，可以說投入程度已經到達五〇%左右；完全進入投入狀態則不會做夢，而是會想著問題醒來。與第一天相比，她覺得思考問題的時間變長了，這正是投入程度到達四〇%至五〇%左右的典型症狀。

．嘗試沉浸式思考四天後

教授！剛在思考時，我自己做出了結論：以熱力學有意義的階段來看，能量轉換和傳遞，終究是粒子之間的碰撞引起的。

我思考的新問題是：那樣傳遞的能量，是否能完全脫離具有質量、相互作用的粒子呢？現在我的心情有點微妙，有點興奮又有點焦躁，迫切想確認我的結論是否正確。雖然時間很晚了，但我一點都不睏，反正睏不睏我都會繼續思考之前的問題。現在家人從南部上來找我，導致專注力似乎有點下降，但我會努力的。

．嘗試沉浸式思考五天後的上午

現在即使半夜醒來，我也會自然馬上開始思考。雖然不確定自己的心情好不好，但過程中就算到想別的事，也很容易回到問題上，與其說心情很好，不如說已經習慣這麼做。我會繼續冷靜地思考「爲什麼熵會增加？爲什麼偏偏是熱呢？」這個問題。我也希望心情趕快變好。

◎她已經能在醒來時立即思考問題，中途即使想別的事，也很容易重新回到問題上，甚至還已經習慣了，表示投入程度已經到達八〇%左右。

．嘗試沉浸式思考五天後的下午

我沒想到只是在思考，時間就過得這麼快，答案若隱若現，當我認爲自己知道了，就又會出現其他問題……現在，我在思考「熱眞空」是否眞的存在，好像再過不久就快要有答案了。

◎這種狀態可以視為投入程度已經到達九〇%左右。為期五天的電子郵件中，這位學生清楚呈現嘗試沉浸式思考的階段變化：初期因沒有進展心情鬱悶、隨後專注力逐漸提升，最後產生自信。初期感到鬱悶，以及後來產生自信的情緒變化，是投入沉浸式思考會發生的典型狀況。

這位學生先前完全沒有沉浸式思考的經驗，但經過五天就達到九〇%的投入程度，可說是進展非常快速。我想是因為她的意志非常堅定，所以能在短時間就有了很大的進步。可惜的是，成功擁有這種經驗後，後來她卻因個人事由中斷了沉浸式思考。

沉浸式思考的樂趣和注意事項

我第一次經歷沉浸式思考是在一九九〇年二月。當時，我在美國一年期的NIST博士後研究只剩兩個月左右，家人都在韓國，我一個人住，所以有很多時間可以安靜思考。

我思考何謂「盡全力研究」很長時間後，得到的結論是「不放棄尚未解決的問題，只要有意識，就一直想到解決爲止」，然後致力於研究。

實際上我也是這麼做的。做實驗時，如果無法清楚解釋實驗結果，我就會花上意識清醒的所有時間思考實驗結果的意義，只想著這件事。某一天，我突然發現自己一直只想著這個問題；也就是說，腦中完全沒有其他想法，只想著實驗結果。這樣的狀態和日常生活中的我明顯不同，意識只針對一個問題持續思考。經歷過沉浸式思考的我，一想到自己達到了解決問題的最理想狀態就歡欣雀躍，因爲這正是我所期望的最佳狀態。想到只要保持這種狀態就能發揮最大限度的智力，我難掩興奮。

我刻意努力來讓自己繼續保持這種狀態，由於不停思考特定問題，所以掌握了這種特別狀態的特點。這種狀態有兩個特點：一、與所思考問題有關的新構想，會以相當高的頻率出現；二、這種狀態不會造成壓力，反而會帶來愉悅。

但我可能過分投入了，十一點上床後，到了凌晨兩點還是睡不著，頭腦反而更清醒，不斷產生新構想。因此我當然是立刻從床上起來，把想到的點子都寫下來。但躺下時又想到新的點子，起床後又睡回去的情況，往往會持續到凌晨三點左右。有新構想很好，可是我希望到此為止了。我再怎樣也睡不著，只睡了一下子，到了早上就起床繼續思考。這種狀態持續了好幾天，身體因睡眠不足，越來越疲勞。但儘管身體疲憊，每天晚上我的頭腦都很清醒，因點子不斷湧現而睡不著覺。

想健康地思考，就必須運動

這種狀態持續幾天後，我開始隱隱不安。

這樣下去會不會出差錯？萬一我變得神智不正常怎麼辦？因此我打開電視試圖停止思考問題，然而，不管是新聞還是電視劇，我完全看不下去，仍陷入在同樣的想法中。從某一刻起，我無法自行停止思考或控制思考，不安感越來越強烈。儘管如此，我依然心存僥倖，沒有積極面對我所擔心的狀況。

有天，我早上起來準備早餐時，播放了流行音樂的錄音帶，那捲錄音帶我已經聽了好幾個月，所以接連傳出我非常熟悉的音樂。當時，我的意識依然陷在同個想法中，卻發生了奇妙的事。原本專注思考問題的意識停了下來，我開始聽歌，然後又開始思考問題，再稍微聽一下歌。也就是說，瞬間音樂完全取代了思考，在短短幾分鐘內，就產生了這樣的改變。

脫離這種狀態後，我才驚覺之前的情況非常嚴重。於是我開始思考，怎樣才能最大限度發揮沉浸式思考的優點，同時不傷害精神健康。最大的問題是無法好好睡覺，因此我想到要做些讓身體疲憊的運動，便從那時起開始打網球。

我的預測是正確的。

繼續維持沉浸式思考的我，自從每天規律打網球後，失眠症狀開始消失。由於規律運動，之後即使進行沉浸式思考多年，我也沒有再出現任何異常狀況，身體反而變得健康、充滿動力。運動對進入沉浸式思考或保持沉浸式思考，都有很大的幫助。即使是脫離沉浸式思考、回歸日常生活後，我還是持續運動。

長期進行沉浸式思考後，我得出的其中一個結論是：進行沉浸式思考最重要的條件，就是**規律運動**。

很多知名的科學家或藝術家英年早逝，或患有思覺失調症或躁鬱症，我認為，應該不少人是因為在沉浸式思考下過度勞累。在高度投入的狀態下，平時極度期待的新想法傾洩而出，伴隨著輕微的愉悅，所以會持續工作，不知道疲倦。但長期維持精神興奮、睡不著覺的狀態，會讓身體和精神都出問題，所以要注意才行。

刻畫莫扎特一生的電影《阿瑪迪斯》中，那些莫扎特覺也不睡地持續作曲的畫面，就是高度投入的狀態。在看這部電影時，我常想，莫扎特應該就是因為過度極端的投入狀態早逝的。

眾所周知，牛頓有思覺失調症的症狀，愛因斯坦在高中時期，也曾出現嚴重的精神疾病徵兆，哲學家維根斯坦、畫家梵谷，也都患有思覺失調症。電影《美麗境界》中的天才數學家約翰・納許，雖然憑藉卓越的成就獲得諾貝爾獎，但他也是長期受到思覺失調症的折磨。此外，許多天才也都罹患躁鬱症：提倡進化論的查爾斯・達爾文、引領哥本哈根學派確立量子力學的尼爾斯・波耳，還有詩人威廉・布萊克、拜倫與阿佛烈・丁尼生，以及音樂家羅伯特・舒曼等，都是代表性的例子。

一些好事者認爲，正是思覺失調症或躁鬱症讓他們天賦異稟，但我認爲，純粹是他們先天具有利於進行沉浸式思考的特質。如果他們在進行沉浸式思考時搭配規律運動，說不定就能更健康、更活躍。

緩慢思考的重要性

經常能看到有人滿腦子苦惱著研究和事業，憂愁揮之不去。這種情況下的苦惱或憂愁，往往會發展爲有效的沉浸式思考，戲劇化地瞬間浮現能解決問題的點子，從而避免危機的發生。然而，如果發展不當，卻可能導致精神官能症或神經衰弱。要是這樣，苦惱或擔心便無法帶來解決問題的有效方法，只會帶來壓力和痛苦。

因此，多數人只會在危機狀態下進行沉浸式思考，迫切的問題解決後，就會立刻逃離。也就是說，他們對沉浸式思考抱有負面想法。然而，對進行沉浸式思考七年之久的我來說，看到有人抱持這種負面想法，我感到非常惋惜。

適當的憂慮或壓力會讓人投入在問題中，並在投入的狀態下，展現出高超的解決問題能力，但過度的憂慮或壓力反會引發危機感，給人帶來痛苦。

可以肯定的是，擔心或壓力本身無法解決問題，但這樣的狀態能引導人進入投入狀態解決問題。因此，**解決問題需要的是進入投入狀態，而非憂慮、壓力或危機感**。也就是說，「憂慮和壓力」會帶來反效果，要盡可能努力避免，但投入狀態會帶來正面效果，所以要最大化。掌握箇中方法是非常重要的。

爲此，我推薦的方法是「緩慢思考」。

緩慢思考是一種近乎冥想的行爲。全身放鬆，脖子往後靠，舒服地坐下來，像冥想一樣平靜下來後，以非常緩慢的速度思考自己苦惱的問題。爲了能自由提升投入的程度，慢慢思考是最有效的，若能更進一步培養面對問題的自信就更好了，爲此，只要每天規律地做會流汗的運動就行了。

在α波的狀態下思考，才是真正的沉浸式思考

有人覺得想太多時會睡不著、頭痛或極度疲勞，這種現象近似於佛教話頭禪所說的「上氣」。頭痛代表對某件事感到緊張或有壓力，通常是因爲沒有同時規律運動，或在β波這樣速度過快的狀態下思考的關係。

在嘗試沉浸式思考時，重要性不亞於規律運動的，就是盡可能緩慢思考特定問題，這樣就不會產生壓力，也幾乎不會出現副作用。如果在嘗試沉浸式思考的過程中會頭痛，就要規律地去做流汗運動，同時要下定決心更放鬆、放慢思考速度。如此一來，才能在α波的狀態下思考。如果全身放鬆，像冥想一樣思考，那麼幾乎不會頭痛。

✧ 案例：體會到運動和放鬆心態重要性的學生

有位學生在我的指導下過了一年左右，前往美國攻讀博士課程。後來，他傳電子郵件向我諮詢，說自己遇到了問題，在進行沉浸式思考時經常頭痛和極度疲勞。

・第一封郵件

之前是和好幾個人一起負責一個計畫，現在變成我一個人負責，這讓我能按照自己的時間進行並保持專注。最近，我一整天都只思考一個問題，有幾天甚至連做夢都在想這個問題，非常投入。

問題是，雖然對問題的專注力比以前高出許多，還是無法解決嚴重的頭痛和疲勞。睡了很久也無法使疲勞消失，頭還是非常痛。冒出新構想時，心情會非常好；如果沒有新想法，就無可避免地產生壓力。不確定是因爲運動得不夠多，還是計畫帶來的壓力。

◎這個學生是典型的錯誤沉浸式思考案例。也就是說，他過度執著在思考上。我的回覆是，要稍微慢一點、放鬆一點地思考特定問題，也建議他規律進行流汗運動。

不久後，我又收到他的郵件。他本來就是會腳踏實地努力的學生，因此按照我回覆的內容，改變了沉浸式思考的方式。信中提到，他開始從容地專注在問題上，也規律進行流汗運動，因此克服了之前折磨人的壓力，還藉由沉浸式思考，解決了幾年來都無法解決的問題。

・第二封郵件

先說結論，我覺得運動和心態非常重要。

由於計畫的重要程度和周圍人的期待，這段時間我受到不小的壓力。計畫已經進行了六年，而且包括我在內，共有三名研究員持續實驗了兩年。剛開始是身體上的壓力，到了要獨自完成計畫時，變成了無比龐大的精神壓力。

收到教授的回信後，我決定嘗試運動。剛開始是練瑜伽，但沒有太大幫助，因爲運動速度過慢，所以滿腦子依然想著研究的事。因此，這次我決定做更激烈的運動，我買了拳擊手套，開始去學校體育館打沙包袋。在我研究並練習各種拳擊招式、踢腿組合和腳步等的過程中，終於能暫時將研究拋諸腦後，只專注在運動。

做了流汗運動後，我心情好了許多，也開始產生自信，再次對研究升起好勝心。自信心復活後，我不再被問題所迫，而是產生了要逼迫問題的念頭。

就這樣過了兩個多月，我開始發現了關鍵。先前明明看過無數次，我卻視若無睹。其實問題非常簡單，搞不懂我怎麼會不知道這麼簡單、這麼符合常理的事，我眞是令自己無話可說。雖然，現在還不能說已經完全解決了問題，但主要問題確實都解決了。我覺得，如果自己之前更樂觀、積極，整個過程應該會輕鬆許多。

◎學生的第二封電子郵件實際證明了，在進行沉浸式思考這樣高度專

注狀態的過程，規律地做流汗運動，會帶來很大的幫助，也是維持投入狀態時不可或缺的。他說自己找回了失去的自信，事實上，規律運動對提升自信也有很大的幫助。

另外，不亞於規律運動的重點就是，要努力避免自己在沉浸式思考時受到壓力。以從容的心態緩慢思考特定問題，也是左右自信心的關鍵。

打瞌睡是個好訊號

當人放鬆全身、以最舒服的姿勢坐著專注思考一個問題時，很容易產生睏意、打瞌睡。如果在思考過程中產生睏意、打瞌睡，請將這當作自己正在正確實踐「緩慢思考」的證據。

從某方面來說，想著想著就打瞌睡，是非常理想的現象。因爲在打瞌睡的狀態下，思考問題的程度往往會深入到意識深處，開始浮現與問題有關的深層點子。

打瞌睡的狀態和催眠很類似，在催眠狀態下，會記得原本已經忘得一乾二淨的事；同樣地，打瞌睡的狀態下也會激發出長期記憶。思考到打瞌睡後再醒來，往往會發現自己對問題的專注力以不連續的方式增加。

事實上，打瞌睡會提高對問題的投入程度，但分析和評論問題的能力會明顯低於意識清醒時。可以分析爲：在打瞌睡的狀態下，情緒的大腦或長期記憶的大腦被激發，意識清醒下專注的想法會延續到打瞌睡的狀態，從而生成點子。在打瞌睡時持續思考特定問題，會對那個問題產生強烈的執著和熱愛，長時間持續這種狀態，甚至會讓價值觀產生變化。

不僅是在投入狀態，在嘗試到達投入狀態的過程，打瞌睡也發揮重要的功能。我在試圖投入的過程中，或在投入的狀態下，邊躺在沙發思考邊和妻子聊天時，妻子會說我剛剛在睡覺，我說我不是在睡覺而是在思考，妻子仍會笑著堅持我確實在睡覺。

這種事經常發生，某天，我在思考時又發生了同樣的情況。我明明在思考，妻子卻說我在睡覺。我說我不是在睡覺，而是在思考，不過妻子說，這次我已經睡到開始打呼了。聽到她說的話後，我冷靜地回憶剛剛的情況，隱約浮現起有聽到打呼聲的記憶，也就是說，我明明在思考，卻已經睡著了。

這就是打瞌睡的特性。雖然自己還在思考，周圍人卻說你睡著了，這是投入在問題中時會經歷到的。

如果長時間仔細思考某個問題後開始打瞌睡，那麼雖然在睡覺，腦袋還是繼續思考問題，然後又恢復意識。由於意識恢復時也一直思考同個問題，因此意識會從打瞌睡前延續到打瞌睡後，再到意識恢復後。

因爲意識是延續的，所以會認爲自己一直在思考。如果把打瞌睡狀態的思考定義爲無意識，那麼，醒來時的意識和打瞌睡狀態的無意識，就會透過同一個思考內容連結起來；這麼一來，當然就無法分辨打瞌睡和清醒的狀態。

先前提過傳說中的天才數學家保羅·艾狄胥，只要讀讀他的傳記，就會發現很多跡象，都顯示出他總是在投入狀態下進行研究，其中之一就是打瞌睡。

美國埃默里大學的數學教授羅納德·古爾德曾說：「雖然艾狄胥一天只睡三小時，但白天常會打瞌睡，而且在打瞌睡時還能繼續算數學。某天晚上，我正向他說明某個證明，他卻在打瞌睡，我覺得他好像不感興趣，就停下了說明，但在我停下時，他竟然抬起頭要我繼續說。我們就一直重複這個過程：他打瞌睡、我停下來、他醒過來、他再打瞌睡、他再醒過來……就是這樣。不過，後來發生了令我吃驚的事就是，他明明在打瞌睡，但還是完全理解了我的證明！」

達到完美投入狀態的最佳助攻

我在進行沉浸式思考時常打瞌睡。

這件事是在我聽到電話響起、接起電話時，透過氣氛改變察覺到的。原本，我在辦公室舒服地坐著進行沉浸式思考，電話鈴聲突然響起，我接起電話，才感到詫異，分不清剛剛我是睡著還是醒著。

這種情況並不少見，表示我處在半睡半醒的狀態。在清醒時聽到電話響起，一般會若無其事地接起電話，但在打瞌睡的狀態下聽到電話響起，大多會嚇一跳。就像原本沉醉在某種寂靜的氣氛，卻突然被潑了一盆冷水，氣氛會突然改變。雖然我每次打瞌睡時的沉淺程度不一，但電話一響，兩次中會有一次覺得氣氛突然改變。

以結果來說，進入沉浸式思考後，會有許多時間在瞌睡中度過。

在瞌睡狀態下雖然意識清醒，看起來還是在睡覺。打瞌睡時並非完全清醒，也不是完全沉睡，而是一種清醒和睡眠的特徵並存的特殊狀態。因此，打瞌睡時還是能清楚聽見旁人說話的聲音，不過身體卻會處於想回覆卻說不出來，也動彈不得的狀態。

在嘗試沉浸式思考的過程中，我會一直思考特定問題，隨著時間的推移，我思考問題的時間會逐漸增加，到了第二天下午或晚上，會有七〇%到九〇%的時間只思考問題。當然，在完全投入的狀態下，這個數值會是一〇〇%，或近似於一〇〇%。

然而，若在七〇%到九〇%的投入狀態下，思考問題到打瞌睡，那麼在打瞌睡時，就會一〇〇%只思考那個問題；也就是說，會在打瞌睡時完全進入投入狀態。不過，一旦從瞌睡中醒來、恢復意識，投入狀態也會被破壞。

在清醒時進入沉浸式思考，比在打瞌睡時更難，可是如果先體驗過在打瞌睡時進行沉浸式思考，幾次之後，在清醒狀態投入的程度就會以不連續的方式增加，最終就能在清醒狀態下成功進行沉浸式思考。

觀察在打瞌睡狀態下進行沉浸式思考，可以發現幾個與在清醒狀態下的差異。

首先，在瞌睡狀態下的沉浸式思考非常單純。不分析也不評論，雖然沉浸其中，卻完全不會分析，只是一直在思考特定問題。這種時候不會使用大腦高層次的處理功能，只是緊緊抓住問題不放；此外，偶爾也會稍微脫離試圖要解決的目標。與在清醒狀態下思考的情況相比，這種狀態的自己好像突然變成傻瓜，一直想著同樣的問題。

瞌睡狀態下的想法之所以變得單純，正是因為原本要處理身體接收到所有資訊的大腦停止活動，或功能明顯下降，因此更有利於進行沉浸式思考。在睡眠狀態下，外部資訊輸入被阻斷，妨礙的因素就此消失，這正是打瞌睡比清醒時更容易投入沉浸式思考的原因。

投入狀態下解決問題的能力

進入沉浸式思考後，會開始浮現有助於解決問題的點子，這些都是平時很難輕易想到的奇特構想，就連與問題相關的細節，都能看得非常清楚。

據說職業棋士下圍棋時，腦中會浮現整個棋盤。就像這樣，進行沉浸式思考時，與問題相關的眾多資訊，都會同時出現在腦中。這麼一來，大腦就能同時分析解決問題所需的複雜資訊，因此很容易想出點子，解決問題的能力也會提高。這時，解決問題的能力已大幅提升，與平時的智力有明顯的差距，專注力也達到平時無法相比的程度，彷彿變身爲超人一般。

然而，即使處於投入狀態，並非所有人都具有同樣的解決問題能力，取決於個人先前累積的知識和思考力等。就像圍棋一段與十段的棋士，在沉浸式思考時的判斷能力肯定不同。因此，爲了在進行沉浸式思考時發揮更高水準，持續累積相關知識和開發思考力、創造力，都是非常重要的。

創意如泉湧

在投入狀態下能想到的新構想非常多元。

可能出現與問題直接相關的具體解決方案，也可能得出「該朝什麼方向努力」或「該專注於哪個問題」的結論。例如，爲了解決問題，要看哪本書的哪個部分、找哪篇論文來讀、跟哪位專家見面討論等，會浮現出非常多種方法。

另外，有時在投入狀態下會獲得與「現在正要解決的問題」無關的構想。但雖然與眼前的問題無關，它們都是非常有價值的想法，可能與平時在意的生活問題或人生哲理有關，所以不能說是正解或錯誤答案，比較正確的說法是，這些都是非常有智慧的答案。也就是說，在投入狀態下無論想出什麼，都是跟平時自己苦惱已久的問題有關的、非常高層次的答案。

而且，還會明白「思考」並不困難，反而會帶來些微的愉悅。由於不費吹灰之力就能愉快地投入在思考上，所以這種狀態想持續多久就能持續多久。當然，前提是必須同時搭配規律的流汗運動，並像冥想一樣慢慢思考，這樣才有可能持久。正因如此，可以按照自己的意願長時間投入，所以解決問題的能力也會與日俱增。

想到好點子是必然而非偶然

不過，也不是陷入沉思，點子就會立即湧現。得經歷一段反覆想著同樣的想法、沒有任何進展，甚至覺得無聊的時間，才會不知從何開始冒出點子。接著，再次回到原地踏步的狀態，之後又冒出點子。這種情況會再三反覆發生。

然而，高品質的新構想浮現出來時，往往會和當時的想法完全沒有邏輯上的關聯，靈感就在瞬間突然出現了，因此會覺得純粹是自己運氣好罷了。不過，累積更多經驗後會發現那不是偶然或運氣，只要進入投入的狀態，腦中就會常浮現新構想。在沉浸式思考的過程中，這種令人開心到無法言喻的偶然每天都會出現，沒有一天例外。

初期，每當我脫離投入狀態，想重回那樣的狀態時，都要掙扎整整兩天。在這段時間，我什麼事都做不了，只能拚命專注在特定的問題上，以撫平自己的不安。因爲我認爲，目前爲止只是運氣好才得到了很多好點子，對這次是否也能擁有好運並沒有把握。

可是，神奇的是，只要進入投入狀態，就一定會想到好點子，毫無例外。數年來，反覆體驗到這種經歷後，我明白這不是偶然，而是宛若偶然的必然。

我開始尋找隱藏在當中的關聯性：「爲什麼只要進入投入狀態就會出現好的想法？」思考這點時當然也還是利用了「投入」，在投入狀態下，點子出現的頻率比平常多了十倍到百倍，因此我產生了自信，釐清點子產生的原理應該也不會太難。

從那時起，我突然想到什麼點子時，就會逆向追溯想法，開始仔細分析點子是以何種方式浮現的。不過說眞的，邏輯完全無法連貫的狀況是多上更多的。然而，隨著不斷深入探索，我就越強烈地認爲，這樣的偶然是無邊無際的。而偏偏在我這樣想的時候，就幸運地想到了新構想，順利解決了問題、找到破口。也就是說，創意和靈感不會在我們努力想挖掘的時候立刻出現，而是與我們努力的時間點有一段相當大的時間差。

已存在腦中的新構想

在我追溯新構想究竟是如何出現的過程中，曾有個非常特別的經歷。當時，我正坐在書桌前，在投入的狀態下思考。某一刻，腦中浮現了重要的想法，我感覺得到它非常重要，卻完全不知道內容是什麼。就在新構想正從遠處漸漸地浮現時，有人來到辦公室門口找我。從我坐的位置可以知道有人站在門口，但如果要看到對方的樣貌，就必須轉過頭去，然而，我覺得自己一轉頭就會錯過那個即將出現的構想，所以我頭也不回，緊張地將遠方模糊的新構想拉到意識層面，趕緊記在筆記本上。後來，當我回過頭，竟發現並沒有人在等我。

到現在，我也不知道當時站在門邊的人究竟是誰，但這個經驗卻對追溯獲得創意的原理帶來非常重要的線索。我知道當時想到的點子非常重要，卻不知道詳細內容。怎麼可能會有這種事呢？由此可知，**新構想不是在那一刻形成的，而是早就存在我的腦中**。雖然存在我的腦中，但我並沒有意識到，只在那一瞬間從模糊的意識層面的記憶裡，將想法拉出來。

那麼，究竟新構想是什麼時候開始出現的呢？

在長時間體驗沉浸式思考後，我領悟到，新構想最容易在睡著時浮現。

我時常會在白天思考問題時不小心打瞌睡，新構想通常都是在這時浮現；傍晚回家睡覺後，在凌晨醒來時，幾乎都會跟著新構想一起醒來，無一例外。且凌晨往往是新構想最活躍的時間。這種經歷讓我在白天思考時不會忍住睏意，想睡覺就舒服地將脖子往後靠、以坐姿睡覺，因爲我知道，打瞌睡時很容易浮現新構想，且精神會變得清晰、狀態也會變好。這種經驗多了之後，我能強烈地確信，白天偶然浮現的新構想其實是睡著時想到的。

西方有句諺語是「Sleep on the problem.」，意思是：遇到無法順利解決的重大問題時，就要在睡覺時思考那個問題。如果連諺語都這麼說，就代表一般人都有在睡覺時順利解決問題的經驗。另外，還有很多故事提到，偉大的發現是在夢中或打瞌睡時想到的。

話說回來，如果白天偶然浮現的想法是在睡眠時獲得的，那爲什麼我們不記得，而是在突然間想到的呢？若要理解這種現象，就要參考跟睡眠有關的腦科學。下一章會說明腦科學知識，將在一定程度上解釋這種現象。

睡眠有助於發展長期記憶

所有動物都會睡覺，那麼睡眠的作用是什麼呢？

現代腦科學中最有力的學說是：睡眠期間會學習白天的經歷。

白天意識清醒時，我們會透過視覺、聽覺、觸覺等感官持續輸入資訊。比方說，我們一睜開眼睛，就會持續輸入視覺資訊，隨後大腦便會分析並輸出適當的反應。或是動物一旦透過視覺或嗅覺發現掠食者在附近，就會馬上逃離，而「逃離」的動作，正是腦部對運動器官輸出指令的結果。

清醒狀態時，我們會一刻不停地輸入、輸出資訊，因此大腦會達到最佳化，目的是要順利且快速地處理資訊的輸入和輸出，但這種情況並不適合將經驗儲存在長期記憶的學習活動。

然而，睡眠狀態下由於暫時封閉了視覺、聽覺等感官，在看不見、聽不見、感受不到，且身體幾乎處於靜止的狀態下，即使夢到自己在跑步，也不是真的在活動。也就是說，資訊的輸入和輸出被阻斷了，反而提供了很好的條件，能學習白天經歷的事物。

大家都知道，在睡眠時，海馬迴會整合白天的經歷。也就是說，海馬迴會檢視白天的經驗與先前記憶的相關性，將重要經驗送入長期記憶，而不重要的則讓人忘記。那麼，海馬迴是以什麼標準區分重要和不重要的資訊呢？正是輸入時的「情緒強度」和「重複次數」。

海馬迴在輸入資訊時，會捨棄沒有任何情緒或情緒較弱的資訊，帶有強烈情緒的資訊，則會傳送到長期記憶中儲存。很容易理解的案例是，小時候受到強烈衝擊的事件會牢牢地記一輩子。不僅如此，即使情緒強度較弱，只要反覆輸入，海馬迴還是會將其儲存在長期記憶中。這也能解釋爲什麼複習很有效，雖然念書很無聊，但只要一再複習，還是可以將內容儲存在長期記憶中。

這也正是在沉浸式思考期間必須反覆思考特定問題的原因。這麼一來，海馬迴會認定解答這個問題非常重要，並將其儲存在長期記憶中。在沉浸式思考時每天都只想著特定問題，所以會被儲存在長期記憶中，被身體認爲解決這個問題是攸關生命的重大任務。

睡眠科學

在輸入與輸出被阻斷的睡眠狀態，長期記憶會開始活躍，這和催眠狀態下能發揮驚人記憶力的狀況十分類似。也就是說，睡眠狀態有利於讓人記憶大量資訊。

大腦不可能從沒有輸入到腦中的知識獲取新構想，新構想的出現，是大腦在長期記憶中搜索有利於解決問題的內容、找到適當組合的活動。當然，大腦並不是像一般網路搜索引擎那樣單純地檢索和排序，而是整合所有與問題有關的長期記憶，再找出之間關聯性，高層次地搜尋。

和清醒狀態相比，「處理長期記憶的能力」會在睡眠狀態下產生飛躍式的提升。然而，睡眠狀態下雖有高度活躍的長期記憶，但我們並沒有活用這些能力的意識。想解決問題的目標意識只會出現在清醒狀態，但清醒狀態卻無法激發長期記憶，這是多麼不可思議的矛盾啊！

不過，這就能說明爲什麼新構想容易在打瞌睡時出現。打瞌睡是清醒和睡眠的重疊狀態。某種意義上來說，打瞌睡時同時具備部分清醒意識和被激發的長期記憶，是明確的目標意識與活躍的長期記憶共存的狀態，所以很容易想到新構想。

沉浸式思考的威力就是使用在睡眠狀態下高度活躍的長期記憶；也就是說，處於投入狀態時，即使在睡覺，也會持續想著要解決的問題。由此可知，在投入狀態下入睡，總是會跟著思考問題的想法一起醒來；相反地，不是處於投入狀態，便無法在睡眠狀態下給予大腦明確的目標意識，因此無法在睡覺期間利用高度活躍的大腦，所以才會做各種夢。

進行沉浸式思考後，連睡覺時也會繼續思考如何解決問題，使用高度活躍的長期記憶，從而獲得驚人的解決問題能力和諸多創意。

不過，爲什麼白天也會偶然地想到新點子呢？原因在於：記憶所需的神經傳導物質——多巴胺、血清素、正腎上腺素——會在睡眠時被消耗殆盡，變得極爲少量。

圖2-1顯示了老鼠在清醒和睡眠狀態時，正腎上腺素分泌的數據變化：在清醒的狀態下，正腎上腺素的分泌量很大；進入淺眠狀態後便持續減少，在做夢的快速動眼期幾乎見底；但如果一旦清醒，正腎上腺素又會突然增加。

正因如此，所有人在快速動眼期都會做夢，但早上起床後完全不記得，只會在醒來後說自己做了夢。因此，雖然睡覺時會浮現很多有助於解決問題的點子，醒來後卻會忘得一乾二淨，到白天的某一刻，卻又會突然想到，於是便認爲自己是在那一刻偶然想到的。

許多人在打瞌睡時很容易想到新點子，但如果沒有記下來很快就會忘記，也正是這個原因。瞌睡狀態會使記憶所需的神經傳導物質減少，不利於記憶。

以上是我以所知的腦科學知識，解釋爲何自己在投入狀態下會浮現許多新構想，以及爲何我認爲這些點子是偶然浮現的解釋。我認爲，這些說明也同樣

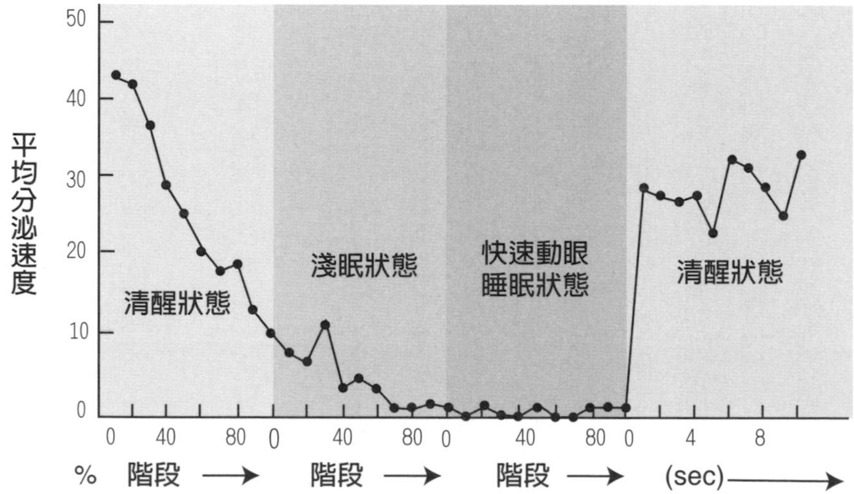

來源：Aston-Jones, G., and Bloom, F.E. The Journal of Nevroscience, 1981, 1, 876-886

圖2-1 自由活動老鼠的藍斑核中
正腎上腺素神經元的活動

適用於接下來將介紹的創意的重要特徵「機緣」（serendipity）。

機緣與夢中靈感

我從未在理性思考的過程中取得巨大的發現。

——愛因斯坦

愛因斯坦認爲，自己想到相對論的原理也是出於「偶然」。一天早上，當他從床上起來時，就突然產生了有關相對論的構想。領悟重力理論的想法也是突然冒出來的：「我坐在位於瑞士的伯恩專利局辦公室時，突然浮現了一個想法：『在自由落體時，人無法感受到自己的重量。』這令我大吃一驚。這個簡單的想法帶給我很深的感觸，引導我進入了重力理論。」

創意的來源：機緣

歷史上偉大的科學發現，往往是由偶然的靈感形成的，研究創意的人也經常說，「機緣」是創意的重要特徵。

激發偉大發現的核心點子通常是偶然出現的，爲了定義這個概念才出現了「機緣」這個詞；也就是說，許多偉大發現，都是透過某個瞬間的想法或靈感幸運獲得的。

海森堡是在罹患熱病而到黑爾戈蘭島療養時，發現了量子力學的核心理論「測不準原理」。他曾說，偶然浮現的靈感扮演重要的角色：「我之所以能在黑爾戈蘭島發現能量在時間上是一定的，多虧了在我腦中瞬間浮現出的靈感。深夜，我辛苦地計算後，驗證了我推測的答案。那天清晨，我爬到石頭上，看著太陽冉冉升起，我非常幸福。」

最初發明蒸汽引擎的瓦特，情況也很類似。瓦特注意到紐科門蒸汽機熱損耗太大，相當沒效率，並在一六九五年五月的某個晴朗假日，在格拉斯哥草原上散步時，突然明白了解決方法。

京瓷集團創辦人稻盛和夫，也在《生存之道》講述了以下故事：「我見過很多在各領域爲人類開闢新篇章的研究人員。令人驚訝的是，他們所有人都說，創造性的點子都像是得到神的啓示那樣瞬間浮現。這種創造的瞬間通常是在短暫的休息時間，有時則是在夢中『偶然』出現的。」

在夢中成形的偉大發現

歷史上許多有名的發現都是在夢裡獲得的，在夢中解決問題的情況，出乎意料得多。

據說，愛因斯坦習慣在睡前把筆和筆記本放在枕邊，爲的是要記錄在夢裡獲得的有用資訊。波耳也是在夢裡看到了奇特的太陽系，然後參考夢中景象完成了原子結構理論，成爲現代原子物理學的基礎。

愛迪生也會在打瞌睡的狀態下研究。每當研究遇到瓶頸時，他就會進入半睡眠狀態。他會先在手裡拿著鐵球，坐在自己喜歡的椅子上打瞌睡，爲的是在進入α波的半睡眠狀態後、手臂放鬆時，讓鐵球掉在擺在地上的鍋子裡。他經常是在被鐵球掉落的吵雜聲響吵醒後，得到與設計物品有關的想法。

發明元素週期表的門德列夫，也是在長時間尋找原子規律卻屢屢失敗後，在一八六九年的某天，在夢中得到了制定週期表所需的所有構想。

莫扎特曾說，自己創作的作品都是從夢中取得的。

歌德也表示，自己是在夢中獲得了解決科學問題的方法和詩的靈感。

愛倫坡也說，他著名的推理小說情節都是跟夢境借來的。

另外，瑞士地質學家阿加西，曾連續做了三次栩栩如生的夢，在夢中清楚看見自己正在研究魚化石破損部分的還原，之後便如實重現夢裡的行動。

發明縫紉機的赫威雖然成功讓縫針上下移動，但在思考如何製作針頭時，也是在夢中得到了在針尖上穿孔的點子。

大部分重要的構想都是在睡眠中獲得的。由此可知，大腦在睡眠時具有與清醒狀態截然不同的超能力。但事實上，這些偉大的發現都不是偶然，在靈光一閃的背後，是人們爲了突破現狀長期付出的艱辛和努力。

這些人無論或睡或醒，都刻意投入在特定問題中，因此讓解決問題的努力延續到睡眠狀態，啓動了在睡覺時依然活躍的大腦，順利解決了問題。這些突破性的構想，要麼出現在夢裡，要麼在白天化爲瞬間的靈感出現。儘管點子浮現的瞬間像偶然，但其實是只發生在進行沉浸式思考的人身上的必然結果。

幸福的巔峰

沉浸式思考是一種伴隨著愉悅和特別情緒的驚人體驗。一旦進入投入狀態，愉悅和快感會大幅增加、包圍全身，尤其，如果進行沉浸式思考超過一週，就會產生全然陶醉在喜悅中的感受。

最特別的是，如果持續思考特定問題數週，會達到像熱戀般的狀態，產生不同以往的些微興奮，光是讀到或聽到能解決問題的相關文獻或詞彙，就會激動不已。

當然，在沒有進展、苦無新點子時確實會感到無聊，但如果之後出現新的突破或想法，就會感受到更強烈的興奮。在這一刻，解決問題成了令人興致勃勃的遊戲，會不自覺想著：「做這麼有趣的事情竟還能領薪水？」「原來『沒什麼好羨慕別人的』就是用在這種時候啊！」每天、每時、每刻都充滿了感動，內心深處湧現難以言喻的寧靜和幸福感。

特別是凌晨時分，這樣的感覺特別容易出現。我常在凌晨獨自醒來，投入在特定問題上，感受到整個廣袤的宇宙都在沉睡，只有這個問題以及思考這個問題的我存在的寧靜感。我知道自己正在所能達到的極致專注狀態，盡己所能地解決問題。

這時的我，感受到自己正在發揮盼望已久的最大智力以實現自我，令我無比滿足。沒有比這更好的事了。我正發揮比平時能力高出許多的智力，這讓我獲得了近乎激動的滿足，似乎是從出生起第一次感受到的幸福感，正從內心深處不斷湧出。

永不倦怠的永恆愉悅

在被這樣的幸福感圍繞的時刻，即使要解決的問題非常棘手，也會滿懷自信，相信自己有能力解決。雖然無法得知自信的來源，但至少能解決問題的信心非常明確。我相信，無論是多複雜、頭疼的問題，我都能在不久的將來解決它，充滿著能解決世上任何問題的自信。

事實上，這種明確的自信心，對解決問題來說非常重要。萬一沒有自信解決問題，或覺得明明還有很多其他的事要做，卻把時間浪費在這種無法解決的問題上，那麼終究會放棄解決問題。明確的自信心能成爲讓人持續思考問題的動力。

更棒的是，沉浸式思考雖然是整天只思考特定問題的高強度思考活動，但過了幾天、幾週、幾個月後，也不會有任何副作用。不會累積疲勞，也不會厭倦工作，反而將每天維持在最佳狀態，維持士氣高漲、爆發自信和動力。只要持續思考，好心情就會無限期地持續。

價值觀改變，引領自己過上更有意義的生活

持續進行沉浸式思考數週後，情緒會越加高漲，覺得自己過著嶄新的日子，從前的生活顯得非常無趣。

人生第一次覺得自己過著像樣的生活，甚至會產生「目前爲止的人生都白活了。即使只活一天也要這樣生活！」的感受。這種像活在天堂的狀態不會只有一時片刻，而是會持續數週、數月，讓人不得不感到驚訝。

然而，並非所有問題都能如我們所願輕易解決。

雖然滿懷能解決問題的自信，告訴自己「這個問題我已經勝券在握」「我已經完全包圍它，它無所遁形」，有時，仍需超過一年的時間才能解決問題。儘管如此，達到這種狀態後，在解決之前都不會輕易放棄，而是會發揮最大的智力，充滿熱情地攻克問題。無論問題多棘手，遲早都能解決，因爲每天都有奇蹟似的領悟和新構想出現。

在這種情況下，人們能解決平時無法想像的高難度問題，發揮高超的能

力，解決以往根本不敢面對的高層次問題。經過數月或數年的投入後，當解決問題的方法出現時，甚至會不敢相信自己眞的做到了。電影《賓漢》的導演威廉・惠勒曾說：「神啊！這部作品眞的是我做出來的嗎？」就是這種心情。

在解決問題的漫長期間，我的心情就像孕育嬰孩一樣，感恩之情油然而生，對思考的結果產生神聖、聖潔、崇高的宗教情懷。問題的結果彷彿是自己的分身，儘管現在死而無憾，不過至少要好好撫養這個孩子；另一方面也覺得跟結果的價值相比，自己顯得十分卑微。雖然自己算不了什麼，但因爲結果比自己更有價值，所以萌生了必須要告訴人們的使命感。爲了做到這點，甚至可以拋棄自尊。這種經歷足以改變一個人的價值觀。

改變價值觀就會改變一個人。價值觀一旦改變，效果將持續一輩子。在投入的過程中，如果對自己做的事改觀，就會認爲自己做的事比其他事更有意義，值得自己義無反顧地爲此奉獻一生。透過全然的投入，得到了對生死的深刻洞察，以及眞正有意義、幸福的生活。

從那時起，會眞正發揮自己擁有的所有能力，朝著嶄新的、具開拓性意義的目標邁進。

過去自己常將注意力和能量消耗在無關緊要的事，現在是時候將全副注意力和能量集中在一個明確的目標上，甚至會覺得將振奮的能量消耗在報章雜誌或電視太可惜了。

匯聚自己能使用的所有能量、集中傾注在特定目標，不僅能取得豐碩的成果，還能感受到極大的幸福感。這種價值觀的改變不會僅止於一時的效果，而將引導自己的餘生，走向更成功、有意義的生活。

✧ 案例：在投入時體驗到價值觀改變的學生

這名學生從高中到大學一直維持在前幾名，是非常腳踏實地的模範生，總是追求全力以赴的生活。雖然無法確信怎麼樣才是全力以赴的生活，但他正在為自己心中那樣的生活努力。這名案例與眾不同的地方在於，他在嘗試沉浸式思考前曾受過十個月的思考力訓練。透過四十天的投入體驗，最終獲得了改變價值觀的豐碩成果。

· 10月13號——開始有了自信

除了睡覺、吃飯、上課和研討會之外，我都持續閱讀跟論文主題相關的資料並專注思考。現在已經進入第四天了，我盡可能一整天都只想著這件事。

現在我產生了自信，不管遇到什麼問題都不會害怕，邏輯思考力也迅速提升，覺得思考越來越容易。可是如果跟其他人在一起，思考還是會被妨礙。

偶爾思考取得進展或好像看到曙光時，會獲得很大的喜悅，但還不覺得思考本身是快樂的。我期待在自己習慣了思考之後，會從某一刻開始變得愉快。

◎隱約可以看出在嘗試投入的中期會出現的典型情緒，這個學生提到了在空無一人的空間獨處的重要性、目前還感受不到思考本身帶來的快樂等，說明該學生能客觀地掌握自己的狀態。以第一次嘗試沉浸式思考的人來說，表現非常優秀。

・10月18日——感受到思考的樂趣

昨天第一次感受到「思考」這件事的快樂。教授建議，在達到這種狀態前不要看任何資料或論文，而是要一直思考，這對我幫助很大。即使遇到不明確的概念，我也不會立即翻書來看，而是花費三到四個小時，有邏輯地一步一步推導。後來到了某一刻，光是思考概念，心情就變得非常好。

我學到，在思考過程中若有不了解的部分，不要期待透過書籍或論文學習，應該要獨自持續有邏輯地一點一滴思考。

◎在正式進入投入狀態前，對特定問題只要保持思考就好，如果搜尋相關文獻、看論文或看書籍，本該凝聚的專注力就會明顯下降。閱讀相關文獻或與他人討論等，都建議在進入投入狀態後再進行。

·10月26號——睡覺時大腦也在努力

教授說，清醒的時間要唯有思考、睏了就去睡，這句話對我幫助很大。現在我似乎已經很習慣，只要清醒就只思考問題。

今天凌晨，我體驗到在半睡半醒之間解決問題。雖然連我自己都分不清是夢境還是現實，但可以肯定的是，在我醒來之前，大腦都持續在爲問題努力，然後大概想了三十分鐘左右，我就在思考問題的過程中睡著了，心情非常好。看來，就連睡覺時大腦也在努力解決問題。

◎睡醒時想著問題，或在意識恢復的同時浮現新想法，都是達到投入狀態時每天會經歷的。這時不會做夢，總是會帶著跟問題有關的想法一起醒來。這個狀態也算是進入投入狀態的標準。

·11月2號——學習順序的改變

我第一次覺得我正以自己領悟到的東西解決問題。這跟之前以所學的事實爲基礎來處理問題的感覺明顯不同，我覺得自己似乎在進行一項挑戰，不僅覺得興致勃勃，還感到十分有趣。

我的學習方法也大幅改變了。我發現了先多方思考再看書，和不多思考就直接查書的差別。經過思考後再看書，會發現需要重新思考的線索多到來不及整理，甚至難以一次消化吸收。

◎他在這裡提到了學習方法的差異。相較之下，既有的學習方式是先看書再理解，現在的方式則是先多方思考再看書學習。從教育的觀點出發，也認為後者的方式較有助於發展思考力，能加深理解、引發學習的興趣。

・11月9號——游泳增加了思考的樂趣

今天，我終於領悟到教授說的「運動會大幅增加沉浸式思考的樂趣」。昨天我去游泳，很開心，度過如此愉快的時間後，不由得產生了「做研究也要這麼開心」的念頭。

現在，希望我能擺脫對研究的壓力，將研究當作我的人生、朋友，愉快地進行。實際上，隨著時間的推移，我越來越感受到研究的樂趣，而且漸漸遠離平時喜歡的電視和電玩。

◎在投入沉浸式思考時，會認為規律運動很有趣，思考也很有趣，認為自己一整天，甚至每一天都在做有趣的事。就像這學生說的，他同時享受著游泳和研究的樂趣。由此可知，在短時間內，他對研究的態度就成長了很多。

・11月10號——只要三天，就能重回投入模式

現在跟別人談話，似乎不會像以前那樣覺得思考被妨礙。以前，跟別人講完話之後會不自覺出現雜念、妨礙思考，但不知不覺間，現在我似乎不會再被日常對話影響了。

現在週末跟人見面聊天後，到了星期三就不會受到妨礙，能恢復到平時投入思考的水準。我似乎明白教授說的「三天」的意義了。雖然投入的程度確實有點下降，但是如果一直專注在問題上，還是能馬上回到原本的狀態，所以從某一刻起，心情變得很好，很愉悅，莫名的快樂填滿了我的四周。

◎在持續進行沉浸式思考期間，即使週末與人見面、脫離了投入狀態，三天後還是能再次完全進入投入狀態。這個學生也能感覺到自己達到了那樣的水準，思考的樂趣也正急遽上升。

・11月22號——充滿意義的思考人生

我剛剛去爬了冠岳山。在教授的幫助下，解決了我最大的問題，也就是「如何才能擁有臨死前不會後悔的生活」。雖然不知道之後還會得到什麼體會，但至少現在我得到了明確的答案。我確信，若帶著如同對材料工程強烈的好奇心深度投入思考，一〇〇%發揮自己的能力，同時自發性地、愉快地探索，那麼臨死前一定不會後悔。

我還得出了另一個結論，「思考的人生」是最有效率且最理想的生活。我覺得生活中的重大問題已經解決了。以某種程度來說，之前我確實朝著正確的方向思考，但只解決了一小部分，直到現在，我才有了完美的結論。

◎這名學生正在經歷的投入過程，和我的投入體驗非常相似。沉浸式思考讓我領悟到思考的重要性，體驗到生活態度、研究態度和價值觀的改變。或許是因為這名學生也有強烈的意志，想要過上在人生的最後一天也不後悔的生活，因此才能如此投入。從這一點來看，他擁有跟我類似的煩惱。

從這段敘述來看，最重要的一點是，這名學生認為自己解決了生活的重大問題，重建了人生價值觀。而我也是在投入沉浸式思考後，體驗到價值觀的改變，然後快速進步，在研究上取得了多樣化的成果。這種經驗會帶來人生的幸福，所以更為珍貴。

高度投入的驚人成果

達到高度專注的狀態時，一開始會覺得心情還不賴，一段時間後會感受到些微的愉悅。投入狀態持續越久，愉悅會越強烈，平時很難想到的點子也會以高頻率出現，解決問題的能力已經與平時完全不同。

達到這種狀態後，即使沒有付出太多努力，也能持續思考特定問題。只要稍微努力一點，就能讓自己維持在「只思考那件事的投入狀態」，而且這種湧現出驚人創意的特別狀態，想持續多久就能持續多久。

將這種高度投入狀態和平時的狀態相比，就會同時發現共通點和差異點。「忘記一切，只思考特定問題」這點，和生活中的投入狀態很類似，但明確的差異是，高度投入的狀態能長久延續。打網球或高爾夫球時也會很投入，可是那樣的投入狀態極其短暫，但關於思考的投入能無止境地持續。特別是以全身放鬆、舒服的姿勢慢慢思考，就能持續維持投入狀態而不會疲憊。

連自己都不敢相信的驚人靈感

在高度投入的狀態下浮現新構想，會伴隨些微的興奮，因此如果是在睡覺時開始想到點子，往往會導致失眠，長久下去很容易過勞。然而，不斷冒出的創意和靈感非常珍貴，再加上「思考」這件事本身會帶來愉悅，因此讓人難以擺脫這種狀態。不過，這種情況持續久了，身體和精神都可能會發生問題，非常危險。所以正如前面提到的，**進行沉浸式思考期間，請務必搭配規律的流汗運動**。

事實上，從很多角度來看，這種狀態就是一種宗教性的投入。在這種「高峰狀態」下，大腦的活動力會提升到驚人的程度，浮現出無法憑自己平時的能力想到的新構想。那些想法的突破性和創意，甚至會讓人懷疑自己怎麼能想到。

當腦中開始不斷浮現過去根本想不到的新點子、自信心暴增時，就幾乎沒有解決不了的問題，能輕鬆解決長久以來沒人能解的重要問題。當然，解決問題的時間還是會根據問題的難易程度有所不同。並且，當你意識到解題所需的知識不足，自然會去學習。學習新知能讓人充滿自信和愉悅，有助於維持在最佳狀態，因此無論時間多長都能持續思考，甚至花費數月、數年的時間投入其中。最終，無論再怎麼困難都能順利解決。

愛因斯坦也說過，他針對特定的問題反覆思考了數個月、數年。聽到這番話後，很容易認爲要長達數月、數年想著解不開的問題很難做到，實際上並非如此。只要進入投入狀態，就會出現點燃熱情的效果，接下來只要持續燃燒就可以了。

一旦投入，能解決那個問題的自信心會大幅增加，大到確信自己能解決問題。正是因爲擁有這樣堅定的信念，所以只要擁有能投入的條件，那麼不管是幾個月還是幾年，都可以持續沉浸式思考，直到解決問題爲止。

所有的注意力和能力都專注於解決問題

在我的沉浸式思考體驗中，保持投入狀態最長可維持好幾個月。

如果在這幾個月中，一心專注地投入在A問題上持續思考，會怎麼樣呢？沒有這種投入經歷的人，很難理解這時發生的情緒變化。

爲了理解這種狀態，我們先假設在一週內只思考A問題。

一週以來，A問題占據了整個腦袋，日常記憶只要超過一週，記憶就會開始模糊。假如整個月都只想著A問題，其他記憶就會被稀釋得更快。假如是幾個月只想著A問題，其他記憶就會幾乎消失，腦中只充滿關於A問題的事。

到了這種程度，會對除了A問題以外的事都失去興趣，在世界上只有這個問題是重點。此時，注意力和好奇心的強度會變得非常大，即使明天就要死了也一點都不害怕，只會因爲沒能解決問題感到遺憾。解決這個問題已經成爲自己生活在世上的原因。

到了這種狀態後，人生會變得非常單純。只要能思考這個問題，就會覺得自己是世界上最幸福的人；不能繼續思考這個問題，就認爲自己是最不幸的人。

你或許也聽過，相愛的人因父母反對而自殺的新聞，但經歷過投入的人，也許就能理解他們自殺的原因。因爲他們已經到達在一起就會感到幸福，不再一起就會感到不幸的地步，所以沒有選擇的餘地。高度投入狀態感受到的情緒，就跟戀人的情緒很相似。

在這種狀態是無法放棄的，也就是說，無法逃離問題，只能解決。因爲這時會覺得，做其他活動都是世上最不幸的事，只有解決這個問題才是最幸福的事。一旦到了這種狀態，對特定問題的好奇心會變得異常強烈，想趕快了解的心情也會變得迫切而心痛。解決方案似乎觸手可及，卻又轉瞬即逝，反覆發生那種「明明抓到尾巴還是被它逃走」的情況。

人類能力所能達到的最佳思考活動

「在這個宇宙中只有問題和自己存在」這種人類所能達到的最專注狀態的情緒，跟冥想或坐禪的人，認爲自己與觀想對象合一的感覺狀態很相似，近似於坐禪的人所說的「三昧」狀態。

在這樣極度專注的狀態下，解決問題的能力達到最大的效果。我在投入時經常經歷這種狀況，但這還不是人所能達到的最佳狀態；更進一步說，必須達到「對世界上所有事物都不感興趣，只想解決那個問題」的狀態，才能說是最佳狀態。

在這種狀態下，解決問題的自信、想解決問題的好奇心和欲望，都會達到極致，就算問題還沒解決，也絕對無法放棄。本能會讓人無法放下問題。

也就是說，在最高度專注的狀態下獲得的宗教情懷，會與一心想要解決問題的極端專業精神結合，發揮極高的綜效。重點是，這種狀態是最有生產力、且最幸福的，光是這兩個指標可以並存，就證明了「投入」的價值。

那麼，你應該很想知道，我究竟透過這樣極度的投入解決了什麼問題。下面會說明幾個我在沉浸式思考時解決的案例。

因沉浸式思考而解決問題

我曾在一年六個月的時間持續沉浸式思考，研究「以化學汽相沉積技術合成鑽石的原理」的相關問題。這研究以「帶電的奈米粒子」為理論發展，後來不僅用於鑽石，還發展成包含半導體製程在內，幾乎所有化學汽相沉積製程都適用的理論。

目前為止，一般相信化學汽相沉積形成的薄膜，都是由原子或分子構成，但我發現，那其實是由比可見光的波長短了很多、無法以肉眼看見的「帶電奈米粒子」構成的。它們會形成薄膜、奈米線、奈米管等。

我盡情地發揮潛藏在內心深處的所有潛能，解決了用以前的方式努力一輩子也無法解決的問題。解決這個問題後，我第一個感覺就是「現在死而無憾了，從現在開始的人生是附贈的人生」，我實現了一直追求的不後悔的人生。

也許是因為在投入狀態下自信心大增，我覺得只要我進行沉浸式思考，在世界上應該沒有我解決不了的問題，因此我挑戰了從研究生時期就關注到的、在材料領域數十年間未能解決的「液相燒結時的不正常晶粒成長」的問題。歷經數月的沉浸式思考，我得到了解答。鼓足勇氣的我，再度進行下一個挑戰，研究數十年來未能解決的「金屬二次再結晶」的問題，經過數月的沉浸式思考，我再次成功解決這個問題。

這種經歷讓我感觸頗深。沒有體驗過長期投入的人，並不知道一旦使出自己擁有的所有潛力能解決何種程度的問題，也許一輩子都不會知道。我體會到，若是持續以往「努力工作」的模式，或許到下輩子我也無法取得成果；但透過「努力思考」，短短幾個月，我就突破了多年無人能解的問題。

長期投入沉浸式思考，思考能力就能有驚人發展。以圍棋來比喻，就是發展到能預測別人的下一步的程度。因此，讀到其他人的論文時，會比作者更清楚實驗結果的意義；也就是說，即使沒有親自做實驗，在解讀實驗結果時，會比親自進行實驗的人發揮更驚人的直覺力。這種情況在商場上也經常出現，處於問題中心的人往往無法正確解讀問題，但習慣沉浸式思考的人，即使缺乏相關知識，依然能更接近問題解決的核心。

解決痼疾

韓國某ＬＣＤ製造公司，曾因面臨危機而向我求助。

管理高層曾聘請相關領域的專家和技術顧問，解決製程不良的問題，儘管嘗試了各種努力，獲益依然沒有上升，最終，所有人不得不舉雙手放棄。後來，有個偶然的機會，他拜託我解決問題。雖然我不是該領域的專業人士，但我認爲這是個好機會，能向我指導的學生展示思考力的重要性，於是接受委託。

這家公司最關鍵的問題，正是即使在最終出貨檢查階段，已經採用徹底的篩選系統，卻還是沒發現瑕疵品。這種情況的瑕疵是發生在顧客使用產品的時候，因此難以制定明確的對策。

爲了解決問題，我一邊聽取相關工作小組說明的不良現象和之前累積的實驗數據，同時也聽取他們自己檢視製程範圍後提出的意見，然後開始進行沉浸式思考。經過約一週後，我的結論是：瑕疵原因並不是工作小組懷疑的製程，而是隱藏在其他地方，也就是半導體製程中多年來一直用於基板的標記筆（marker pen）被汙染了，而且，一起搭配使用多年的各種工具也被汙染了。他們一邊擴大管理範圍、一邊確認結果後，證實了原因就在於我提出的物品中，之後該公司產品裡這種瑕疵就消失了。後來我又與該公司的員工一起解決了十個左右的問題。

如果因爲問題緊急、重要就急於進行實驗，反而解決不了，這種問題需要慢慢地深思熟慮才能解決。必須有邏輯地逐一分析，縮小範圍，再系統地計畫必要的實驗。

研究員看到我以這種方式一一解決瑕疵品的過程後，也開始將沉浸式思考應用到工作現場，到目前爲止已經看得到邏輯思考的效果，而公司的獲益和品質也步上正軌。後來某位負責人說，在享受了以沉浸式思考解決問題的過程後，與過去不同的是，再也沒有任何一位員工離職了。

第三章

投入能使大腦跳舞

投入狀態的徵兆

一般認爲，愉悅或幸福是透過外部刺激獲得，但在投入狀態下，光是靜靜坐著專注思考，就能感受到幸福油然而生。這種與眾不同的經歷，改變了我對追求幸福的方法的底層思維。

其實，感受幸福的機能在自己身上，外部刺激不過是激發這個功能的催化劑。也就是說，只要調校這個功能，讓自己變得容易感到幸福，即使是在做必須做的事，也能感受到極大的幸福。若能理解該如何調整這樣的功能，就能找到既幸福又具高競爭力的人生。

不僅是幸福，所有情緒都是雖會受外部刺激影響，如何感受卻是操之在己。生活在世，有時幸福快樂、有時憂鬱痛苦，情緒的出現大部分有直接原因，但也會沒有特別原因就出現。如果能了解產生這些情緒的根本原因並加以控制，人生就會更加豐盛。

對於情緒是如何形成的，最近的腦科學已經能以十分精密的角度解析。在介紹相關理論之前，我想先說說自己在投入狀態時體驗到的獨特徵兆。

1. 只要持續數日努力專注思考一個特定問題，意識就會被那個問題占滿。
2. 到了這種狀態，光想到問題就會感到愉悅。
3. 隨著專注力提升，愉悅也會增加。
4. 在投入沉浸式思考時搭配規律的流汗運動，愉悅的感受便能持續數週、數月。
5. 幹勁和動力湧現，產生自信，變得樂觀。
6. 很快就能獲得有創意的點子，不同於平常。
7. 感官越來越細膩，每天都很興奮。
8. 雖然問題沒有進展時會稍微覺得無聊，但只要有進展，即使很微小，也會得到很大的喜悅和感動。
9. 覺得自己所做的事充滿神性，產生肅然起敬的宗教情懷。
10. 價值觀改變。

投入搭配規律運動，便能常保愉悅

在投入狀態下思考特定問題，會有種陶醉於某種事物的感覺，就像沉浸在某種氣氛中。要是被別人妨礙，就會有好心情被破壞的感覺。

週末時我會和家人一起度過，因此無法深入專注思考。到星期一早上出門上班時，我的心情就會變得很好、滿臉笑意，因爲我知道自己能在辦公室不受任何人妨礙地盡情思考。

除此之外，藉由幾個經驗可以明確知道，專注力提升時，愉悅感也會增加。比方說，開車時如果突然發現交通號誌變成紅燈，表示在綠燈亮起之前，不需要花心思在開車上，可以專注思考問題。這麼一來，即使只是短時間愉悅感也會增加，路況越塞，心情反而越好。

之所以會覺得這種感覺格外陌生和特別，正是因爲在投入狀態下，獲得的愉悅不是一時，而是可持續的。只要在投入狀態下搭配規律運動，愉悅就能持續數週、數月，像生活在天堂一樣。

以前，我認爲心情好的狀態持續久了，到了某個瞬間勢必會變得憂鬱。即使陷入憂鬱，我還是認爲只要時間一過，還是會迎來開心的時刻。我茫然地相信這就是人的正常生理現象，就像有上坡就有下坡，人生也是如此。不過，這有時也讓我感到不安，擔心愉悅結束後，憂鬱便會來襲。

然而，無數次的投入體驗讓我明白並非如此。令人驚訝的是，投入帶來的快樂並不會留下憂鬱；也就是說，投入狀態的愉悅並不是與憂鬱交接的情緒，而是只會維持好心情的狀態，沒有起伏，所以顯得更特別。

從腦科學解讀投入

投入沉浸式思考的狀態，相當於心理學探討的、在自我實現階段最大限度發揮自己能力的「高峰經驗」，伴隨著靈性情緒。然而，要是因此認爲沉浸式思考帶來的所有變化都是暫時的，或自我暗示等多少有些超自然的現象，那就錯誤理解了。投入狀態呈現的是極其科學的變化，我們的大腦就是證據。

在體驗沉浸式思考後，我也想理解在體內發生的一連串情緒變化，很好奇這種變化的原理是什麼。爲了消除這個疑惑，我開始閱讀關於腦科學和神經科學的書。

我最先看到的書是大木幸介的《逗弄大腦的分子語言》。這本書帶給我無比的衝擊，原來在投入狀態經歷的很多狀況，都能以腦科學解釋。不僅如此，對於「該如何生活」，腦科學也提供了可靠的指引，系統地展示了如何更接近幸福。

爲了追求有生產力又幸福的生活，首先要了解自己的本質。就像喪失記憶的患者無法有效構思及追求人生一樣，在對自己本質理解不足的情況下，很難構思或追求有效的生活。

二十世紀自然科學發展的核心，是基於對組成物質的基本單位「原子」的理解，即原子論。同樣地，若想理解個人行動，或由群體社會的各種現象，就要理解各成員，也就是「人」的本質。腦科學對揭示人類本質這方面做出了巨大貢獻，短時間內便展現了輝煌的成果，大幅擴展了我們對人類本質的理解，這是從前以人文的角度無法取得的成就。

愉悅迴路、多巴胺、A10神經和突觸

閱讀腦科學書籍時，令我印象最深的是名爲「多巴胺」的神經傳導物質。大腦分泌的神經傳導物質「多巴胺」會使大腦覺醒，刺激大腦的注意力和專注力，同時帶來愉悅、激發生活動力與創造力。多巴胺參與掌管的專注力、愉悅、動力、創意等，都是投入沉浸式思考時的代表性特徵。

因此，我得出了結論，沉浸式思考時肯定會刺激多巴胺的分泌。

此外，爲了理解投入狀態的情緒變化，需要理解與人類情緒相關的基本腦科學知識。首先，我們簡單了解一下何謂愉悅迴路、多巴胺、A10神經與突觸等。

快樂泉源，存在大腦中的愉悅迴路

一九五〇年初，詹姆斯·奧茲和彼得·米爾納，在研究老鼠大腦作用的過程中得到了驚人發現。他們先在老鼠的大腦植入電極，並且讓老鼠可以自行按下開關，控制通往大腦的電流。只要按下開關，電流就會刺激大腦，帶來愉悅的感覺。老鼠很快學會了按開關，結果每小時按下超過七百次。

除了開關之外，實驗人員還提供老鼠其他的選擇，如飼料、水、配偶等其他增強選項，即使如此，老鼠依然只按開關，甚至還放棄食物，最後按開關至

死。之後，其他研究人員也研究鴉片類藥物和中樞神經興奮劑「古柯鹼」帶來的愉悅獎賞效果，發現實驗動物的反應也和電流刺激時一樣。

一般認爲，這些愉悅的獎賞效果是因多巴胺分泌造成。位於中腦邊緣的多巴胺路徑會參與愉悅機制，電流的刺激會直接激發該部位的多巴胺細胞；古柯鹼也是在該部位製造過量的多巴胺，帶來愉悅感。

幸福和愉悅的真諦：多巴胺

運動會讓心情變好，是因爲肌肉的肌原纖維與大腦下視丘相連，當肌肉受到刺激時會分泌多巴胺和腦內啡，這也是爲什麼運動時會感到愉悅。眾所周知，在觀看體育活動等各種休閒活動時，會因爲分泌多巴胺產生愉悅；在墜入愛河或吃飯時，也會因爲分泌多巴胺感到快樂。我們所有的快樂和愉悅，幾乎都來自多巴胺。

但與多巴胺相關的副作用也很多。

多巴胺分泌量減少後，對周邊環境、學習、活動或對話等的注意力都會降低，可能進一步造成注意力不足過動症（ADHD）；多巴胺分泌過多則會導致專注力過度增加，引起高度警戒心，容易對瑣碎的事物產生懷疑和誤解，要是症狀加劇，甚至會導致幻覺、幻聽等超常體驗，最終出現妄想症、成癮、思覺失調症等。

統管所有快樂的A10神經

腦幹中的A10神經，會利用神經傳導物質多巴胺帶來愉悅和覺醒，因此被稱爲「愉悅神經」。A10神經被刺激後會感到愉悅，人類思考、行爲產生的愉悅感，都源自A10神經。A10神經會連接到性欲、食欲、體溫調節等原始生理需求，除了運動、學習、記憶外，甚至還連接了掌管人類高階精神的前額葉皮質區，爲人類帶來多種愉悅。

人類因爲有大腦皮質，因此不僅能透過A10神經獲得愉悅，還能根據思考方式自由調節A10神經。投入帶來的愉悅，正是A10神經受到沉浸式思考的刺激而產生的。一般認為，前額葉皮質區附近的神經沒有多巴胺的自體受體，所以沒有負回饋，能讓多巴胺維持過量狀態，這也正是我們能在投入狀態下體驗到持續性愉悅的原因。

人類經歷的快樂、憂鬱等各種情緒，都是大腦分泌化學物質的作用，我們能以藥物增強這種化學物質帶來的快樂或愉悅的效果，也可以透過娛樂、運動、休閒活動，或沉浸在工作中來增強它們的作用。選擇完全取決於自己、取決於我們是什麼樣的人，至於決定我們是什麼樣的人的因素，就與接下來要說明的「突觸」有關。

突觸與自我

人類細胞約有五十兆個，大腦神經元的數量約為數千億個，它們之間製造出的突觸連接高達數百兆個。無論我們是睡著、醒著、在思考還是在放空，神經傳導物質都在分泌，所有瞬間都有數千億個突觸處於活躍狀態。

這些由神經元突起部分連結而成的突觸，是透過學習出現的，透過學習而變化成的突觸，便代表「長期記憶」。只要活著，人類大腦就會持續形成突觸；每當我們的大腦有新的經驗，突觸就會發生變化。

美國神經科學家約瑟夫・李竇在《突觸和自我》（*Synaptic Self: How Our Brains Become Who We Are*，暫譯）中說道，我們的思考、情緒、活動、記憶和想像，都是突觸產生反應的結果，且突觸具可塑性（plastic，固體受到超出界限的力量後性質改變，即使外力消失，也不會恢復成原本形狀），會根據經驗和學習變化。

也就是說，突觸會記錄並儲存經由學習獲得的資訊。因此，突觸的學習結果對構建一個人的個性有著巨大的影響。你是什麼樣的人，取決於你的突觸是如何形成並維持的。

舉例來說，打籃球能透過練習提升實力，是任何人都能透過經驗知道的。以突觸的觀點來解讀，便能理解爲透過練習，讓與籃球相關的突觸發生了明顯變化。突觸不僅有和電腦相同的能力，也具有塑造情感的能力，因此，與籃球有關的突觸形成後會產生兩種結果：一是籃球實力提升，二是開始對籃球產生興趣。相反地，如果放棄籃球、改踢足球，那麼與足球有關的突觸會變得發達，跟籃球有關的突觸則會開始逐漸消失；足球實力和對足球的興趣會增加，籃球實力和對籃球的興趣則會減少。

突觸的「可塑性」，意味無論做出任何行爲或想法，都可能讓突觸產生永久性的改變，從而改變個性。也就是說，「一分耕耘、一分收獲」的因果法則也適用於人類神經系統——「與生俱來」的性格其實可以透過突觸的變化來改變。只要刻意控制思考和活動的輸入，使突觸朝著理想的方向改變，無論是性格、習慣或能力，都能朝著理想的方向改變。「人可以改變自己」，正是腦科學告訴我們的重要事實。

人取決於各種突觸的形成，因此最好讓「提升創意、解決問題的能力」的突觸發達，「有趣地完成自己該做的事情」的突觸能發達也很好。爲了要達成這些目標，必須輸入經驗幫助形成這方面的突觸，而輸入會受到周圍環境的影響，所以必須讓自己處在好的環境，但我們往往很難改變周遭環境。因此，建議大家從自己最容易控制的輸入管道「想法」下手，要產生什麼樣的想法，是我們能透過努力大幅改變的。在確定生活與教育的方向時，應該要考慮到這些因素。

身體決定了我們的喜怒哀樂

如果是爲了解決特定問題進行沉浸式思考，那麼即使是瑣碎的小事，只要與那個問題有關，都會變得有意義，爲人帶來感動；在解決問題的過程也會全力以赴，就像打電動一樣令人興奮。在進行高生產力的活動時還能體驗到極大的快樂，這種情緒氛圍會讓自己更努力、盡情發揮能力，從而取得超出預期的好結果。對超出預期結果的滿足會再讓人全力以赴，形成「全力以赴和好結果」的良性循環。

綜合投入體驗的經歷和腦科學闡述的內容，能得出一個普遍的眞理：喜怒哀樂的情緒、愉悅或不幸的感覺，都是在身體裡形成的。

情緒雖然會受到外部環境的影響，但與體內突觸以何種形態形成和分布，卻有更緊密的關係。即使去做同樣的事，感受還是因人而異，有人會感到滿足、幸福，有人則否，往往取決個人對相關事件的突觸是如何形成的。也就是說，個人的思想與做法會影響與事件相關的突觸的形成，形成對特定事件的不同感受。

跑者的愉悅感

有個被稱為「跑者的愉悅感」的現象，說明了在跑馬拉松的過程中，跑者會因為順利度過極為艱難的狀態，再次充滿自信和力量，繼續奔跑下去。

這是大腦為了撫平身體極端的痛苦，而分泌腦內啡來振奮情緒的現象。因此，跑馬拉松的次數越多，就越容易分泌腦內啡，也越容易忍受完成漫長比賽的痛苦。這是以腦科學的角度來看耐力的原理。

根據腦科學理論，當人感受到壓力時，這些訊息會儲存在核酸中，之後如果感受到相同的壓力，就會釋放有助於消除身體壓力的腎上腺皮質醇，以及消除精神壓力的β－腦內啡。因此，如果相同形態的壓力反覆出現，耐力就會越來越高。

耐力是獲得成功必備的品德之一。即使是進行沉浸式思考，也需要相當的耐力，因為在到達一〇〇%投入的過程中，處處都隱藏著意想不到的困難。不過，只要了解腦科學裡耐力的形成機制，在通往投入的道路上就能更容易地度過。

身體需要目標

曾出現在地球的所有生物中，還能存活到現在的物種，都具備了能在特定環境下生存和繁衍的基本進化條件。生存和繁衍是生命體的基本目的，以進化論的角度來說，這正是生物存在的原因。

植物是自營生物，動物是異營生物，從根本上來說，兩者生存方式不同。植物向地底扎根，吸收必要的養分，透過光合作用自行製造所需的養分；動物則必須從外部覓食。因此，與植物不同的是，動物會爲了尋找食物而移動。

爲了生存而移動是動物的宿命，因此動物需要具備知覺、運動功能和發達的大腦，而移動需要擁有目標，知道目的或方向，所以任何動物都不會漫無目的地移動。「目標導向」是動物的本質，無論我們採取何種行動都有原因，也就是行動的目的。

我們一切行動的基礎都是目的，因此一旦設定明確的目標，就會有盲目追求目標的傾向。

以打網球爲例，打網球的目標就是贏過對方，因此如果在比賽過程中沒有接到球而失分，就會感到煩躁。因爲「失分」讓我們遠離了贏過對方的目標，所以大腦會給予不快樂的負面回饋，這些負面回饋會使人覺醒，讓人更專注在比賽上，而專注能讓人提升執行力，減少失誤。若是成功比完一局、獲得分數，便會體驗到令人刺激的愉悅感。成功的一局就是達成小目標，也是接近大目標的方向，因此會得到快樂或愉悅的正面回饋。

投入是從散漫的狀態走向高度專注的行爲，無法自然形成，必須藉由「外力」幫助。「外力」可能是前面提到的期待感、快樂或愉悅的正面回饋，也可能是危機感、不快的感覺或痛苦的負面回饋，這些都是進入投入狀態的必要因素。處於危險狀況容易到達投入，是因爲危機感；在娛樂或休閒活動中容易到達投入，則是因爲愉悅。

以正面或負面回饋爲誘因的「目標導向」是人類大腦運作的基本機制，因此若想進入投入狀態，就一定要利用（基於危機感或樂趣的）目標導向，別無他法。了解到這件事，想提升投入程度需要做些什麼就很明確了。

設定目標會帶來意義

相較於自己國家沒有參加的足球比賽，我們有參加的足球比賽勢必更有意義也更有趣，因爲有「希望自己國家球隊獲勝」的目標。希望我國隊伍獲勝的目標越明確、越迫切，比賽就越有意義。也就是說，同樣是看足球比賽，如果有「希望某支球隊獲勝」的目標，意義將比沒有目標的比賽大上許多。這代表了設定明確的目標後，將會因這樣的設定而增加突觸的活躍程度。

同樣的道理，任何事只要制定目標並加以強化，就能讓事件產生意義。事情對自己有意義，就代表結果能讓突觸活躍、引起情緒。越接近設定目標，就會越快樂；如果遠離目標，就會得到負面回饋「不開心」，這就是所有遊戲的規則。

投入遊戲後，會爲了執行特定目標努力專注，並根據結果持續輸出正面或負面回饋的刺激。這種反覆的刺激會讓遊戲的執行者更加覺醒，提升投入程度以達成設定目標，更有效地朝目標邁進。也就是說，在遊戲中設定的任何目標，以及追求目標的過程，誘發了「投入」。

此外，身體接收資訊時的次數越多、情緒強度越大，就會越迫切。

比方說，如果參加體育比賽時有「非贏不可」的強烈目標，就會越迫切，會增強對失誤的負面回饋、也會增強對成功的正面回饋。這意味隨著比賽結果產生的興奮程度和意義都很重大，這樣一來，身體會爲了達成目標而付出極致的努力，投入程度也會提高。大腦會因此認爲這個目標非常重要，下令身體和大腦進入緊急狀態，找出能成功達標的自救對策。在這種狀態下，對比賽的專注力會達到極致、能發揮最大的能力，獲得所謂的「最優體驗」。這正是忘掉一切，只熱衷於比賽的投入狀態。

投入就是身體和大腦爲了追求特別設定的目標，而發揮極大化功能的緊急狀態。

舉網球爲例。在投入狀態下面對比賽時，如果對手往我根本接不到的方向發球，我就會瞬間產生「完蛋了」的緊張感，並拚了命地跑往接得到球的方向去，這就是緊急狀態。而順利跑過去、好不容易接過球後，還必須迅速回到原來的位置，應對下一次的攻擊，一刻也不得休息。在炎熱的夏天裡，汗流浹背地盡最大努力跑來跑去、全力以赴地比賽，就像攸關生死存亡一樣。

將這樣的原理應用在沉浸式思考中，就是：認爲自己所設定的目標問題越重要，且思考問題越多次，就越容易投入。

夢想是會實現的

一旦了解了動物與生俱來的目標導向，就能知道要提升投入程度不可或缺的要素，正是「明確的目標」和「成就動機」。

人類有種本能機制是，確定目標後便會盲目追求。因此，努力強化目標意識來激發成就動機，便能提升工作興趣和執行能力。這也是爲什麼小時候就要懷有遠大夢想的原因。

小說《人面巨石》的故事是，相傳會有和巨石上刻著的臉孔一模一樣的偉人出現在村莊，一名叫恩尼斯的少年，聽到這個傳說後每天看著巨石，期待巨石上的臉孔有一天會以眞人的面貌出現，而每天看著人面巨石的恩尼斯長大後，長得就和巨石上的臉孔一模一樣，實際成爲了傳說的主角。早在腦科學中目標導向的相關知識尚未出現時，小說家霍桑早就領悟到了這樣的智慧，並透過故事說了出來。

雕刻家羅丹的夢想

製作出〈沉思者〉或〈地獄之門〉等我們熟悉作品的羅丹，以雄偉的藝術技巧受到全世界的喜愛。羅丹一貫的作品風格是富有眞實性和生命力，能將人類情感原封不動地表達出來。

不過，其實羅丹小時候只是一個不起眼的安靜少年，曾數次報考巴黎美術學院失利。此外，在他二十多歲時，曾面臨經濟困難和姊姊的死亡等低潮，度過了一段陰鬱的時期，且雖然才華洋溢，但他的作品並不受當時人的肯定。然而。羅丹卻很早就懷抱著遠大的夢想。從他在中學時第一次說出自己夢想的趣聞，便可看出這樣的跡象。

某天，老師問道：「你長大後要當什麼？」羅丹緊握雙拳大聲喊道：「我要成爲像米開朗基羅或拉斐爾那樣偉大的藝術家！」老師只是爲了轉換無聊的授課氣氛，沒有多想就提出問題，但羅丹卻說出非常眞摯、意志堅定的回答，再加上羅丹平常的個性非常安靜，這個回答著實令人吃驚。從那之後，羅丹也經常談論自己的夢想，堅定自己的意志。

「人誕生於世後，沒有留下任何足跡就離開，這件事光想就覺得可怕。我一定會成爲偉大的藝術家，以最優秀的學生身分領獎學金進入法國最頂尖的美術大學。大學畢業時，我的沙龍展處女作將會獲得評委的一致好評，獲選爲最優秀作品，我創作的作品會受到全世界的稱讚和尊敬，被稱頌爲國家英雄。人們即使是在遠處看我，也會因爲看見我而激動不已。我的作品會永遠留在歷史中，隨著歲月的流逝，名聲會越來越響亮，我的名字終將成爲傳奇。」

正如羅丹在懵懂時期下的決心，後來他實現了自己的夢想。這條路當然不平坦，但他最終還是守住了自己的意志，成功實現了夢想。

「眞正期盼些什麼的人，總有一天一定會實現目標。」將一生獻給雕塑的羅丹，最終實現了長久的夢想。

拿破崙・希爾的成功哲學

被譽爲成功學之父的拿破崙・希爾的成功哲學，就是最大限度利用目標導向機制，以現代腦科學的角度來看，非常有說服力的內容。他認爲「想像力」才是能有創意地利用潛意識的重要方法。也就是說，若用想像力製作出名爲「好計畫」的種子，並在名爲「潛意識」的田裡澆上名爲「信念」的水，就能出現新的創造物。

他的成功哲學可以濃縮爲下列四點：

1. 擁有堅定的目標意識，和熊熊燃燒的強烈動機。
2. 制定明確的計畫，並踏實地執行。
3. 徹底忽略周遭的否定意見。
4. 跟贊成自己目標和計畫，且總是激發自己勇氣的人交朋友。

在此我們要學習的是：設定明確的目標後，只要刻意努力，絕對能達成。

假如在念書時將目標定爲班上第一名，那麼，光是設定目標就會讓念書這件事變得有意義。當然，即使設定了目標，也不代表所有人都能達成，但**光是設定目標，就能讓念書這件事產生意義**。

如果持續堅持「拿第一」的目標，相關的突觸數量就會增加並強化，如此一來，就會對平時喜歡的電視、電玩產生負面情緒，因爲這些事違背了自己設定的目標；相反地，符合目標的「念書」則會帶來正面情緒，也就是滿足。這種情緒一再累積後，不知不覺就能拒絕電視或電玩的誘惑，增加念書的時間。

在公司執行業務也是如此。

「每天規律地確立自己目標的決心或思考」這樣的行爲，會激發對被交付工作的關注和興趣，能讓結果產生巨大的差異。目標意識增強後，與工作相關的事開始變得有意義，執行任務就像在玩遊戲一樣。（再次提醒大家，所有娛樂和遊戲的原理都是「盲目追求目標」。）已經習慣隨時隨地思考工作的人，對自己工作的成就動機很高，因此能取得好結果。

因此，在嘗試投入的初期，前提就是必須明確地設立目標和成就動機。

自我實現

在投入狀態下，會覺得正在達成自我實現。心理學中的自我實現是指精神的成長，最大限度發揮自身潛能的狀態。自我實現的概念由榮格首次提出，卡爾·羅傑斯也曾提過，而馬斯洛甚至以人的動機提出「需求層次理論」。

在原先的五個需求層次中，自我實現位於最高層次，後來又增加了三個層次。有趣的是，「超越與靈性狀態」要比「自我實現」位於更高層次，有助於達成自我實現，請見圖3-1。

據馬斯洛的說法，較低層次的基本需求被滿足後，人就會追求更高層次的需求，滿足了生理上的需求，就會追求心理上的存在價值或對成長的渴望。但「超越與靈性狀態」很特別，不必依序經過下層需求，在任何層次都可以追求。

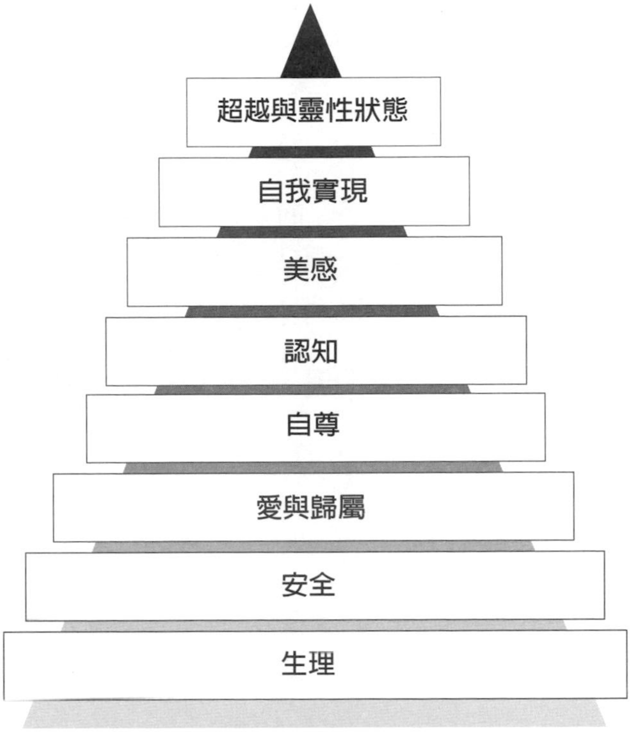

圖3-1 馬斯洛的需求層次理論

所謂自我實現，就是人類想最大限度發揮自己能力的本能欲望。成功達成自我實現的人的心理特徵，和投入狀態有很多相似之處。

在投入狀態下，會體驗智力發揮到極致，且這樣的狀態能持續很長時間，因此投入後會獲得巨大收穫，這確實是自我實現。自我實現所談論的最佳經驗，正是在投入狀態下發生的。在投入自己喜歡的事的同時，還能獲得以平常的水準無法企及的豐碩成果，沒有親自經歷同樣情境的人是很難理解的。

在投入狀態下經歷的自我實現、宗教性質的超越經驗，以及需求層次理論中的自我實現，三者雖各有不同的心理特徵，但共通點正是：透過投入，感受到足以改變價值觀的驚人經驗。

有信仰更容易投入？

腦科學可以客觀說明投入時感受到的情緒，而在投入過程中經歷的情緒變化，與宗教情懷有相似之處，這正是爲何沉浸式思考的方法與冥想幾乎相似。

雖然我不曾冥想或坐禪，但在持續進行沉浸式思考的過程中，不知不覺間，我發現自己放鬆了全身、舒服地坐著慢慢思考該要解決的問題，讓我不禁猜想，或許這就是人們所說的冥想或坐禪。不僅如此，據說修道者會透過冥想達到幸福的狀態或領悟的境界，我也體驗過類似的效果。

對我來說，「領悟」就是更深入地理解自己想解決的問題，一步步朝著解決方案前進。

科學家在沉浸狀態下感受到的宗教情懷

神奇的是，經過長時間沉浸式思考後，我感受到的情緒，與人們談論的宗教情懷相當類似。

每天我的情緒都很激昂，不僅會感激世上萬物，還會對生活周圍的一切心懷感激，讚嘆說：「這就是天堂啊！」還會覺得沒有經歷過這樣的生活、沒有領悟到這種眞理的人很可惜。我向熱衷參與宗教活動的人說出這樣的想法時，他們也歪著頭說，與自己經歷的宗教情懷相同。

至少我可以肯定，投入時感受到的特別情緒跟宗教情懷很類似。虔誠禱告的人會處於高度投入狀態，特別是以坐禪或念佛禪等方法爲代表的話頭禪，它的執行方法與只思考一件事的沉浸式思考有很多相似之處。這種宗教情懷會使人對生活抱持肯定態度，湧現創意靈感。

愛因斯坦也常提到，科學家可能擁有這種宗教情懷。他曾對類似宗教狀態的科學創造活動發表意見：「出色的科學見解都來自於深刻的宗教情懷，我相信這是我們這個時代，唯一有創意的宗教活動。」科學家根據普遍的因果法則行動，以對大自然和諧法則的深刻敬畏來表達宗教情懷。

對此，愛因斯坦表示：「這與所有時代出色的宗教人士所具有的宗教情懷非常相似，無庸置疑。」不僅如此，這種「無限的宗教情懷」很難向完全感受不到的人說明，這點也與宗教特性非常相似。除此之外，愛因斯坦還將探索和思考活動命名爲「通往天堂的路」，可以推估他是在高度投入的狀態下進行研究，並於投入狀態下經常經歷宗教情懷。

投入與話頭禪的幾個共通點

我個人經歷的投入狀態，在很多方面都跟話頭禪的「三昧」相似。以下是我以個人經驗整理出話頭禪和投入的共通點，大致可以分爲四種：

1. 投入狀態的點子、靈感或解決方案，與話頭禪的體會或領悟很相似。
2. 在投入狀態下，新構想會偶然地在某一刻突然不經任何程序出現，展現出「機緣」的特徵；話頭禪會使用「頓悟」的概念，來描述聽到深刻、奧妙的教義後立即領悟的狀態。
3. 在投入狀態下，無論睡著或清醒都在思考特定問題，總是和那個想法一起入睡和醒來；而在話頭禪，會以「動靜一如」表達在日常生活中總是不放棄話頭，以「夢中一如」表達在夢裡也不放棄話頭，以「熟眠一如」表達在沉睡中也不放棄話頭。
4. 在投入狀態下，無論是洗臉、吃飯或走路，都會刻意保持投入狀態，但話頭禪是將這一內容描述爲「恐於吃飯時心亂，正因珍貴，故要管理」。

不僅如此，進入投入狀態的過程雖然辛苦，可是一旦投入，就不難維持了。話頭禪也有類似的內容。在〈修行三十七問、三十七答〉中，有段話完美地說明了投入的意義。

· 問：在工作時或者睡覺時，也能三昧嗎？

· 答：只要努力踩自行車的踏板，就會產生慣性，之後即使不踩踏板也會自動前進，修行也是一樣。努力修行後，一旦進入三昧，即使是處在無法修行的狀態，像是說話、專注於其他事情或睡覺時，都還能保有三昧的慣性，不會中斷修行。

爲了進入投入狀態，問題的難度必須要很高，導致思考時連一丁點進展都沒有，也要伴隨想解決特定問題的迫切情緒；另外，過程必須忍受極度的無聊，然後像戀愛一樣，僅只專注思考單一問題。曹溪宗布教研究室在《佛教報》上投書的〈話頭的意義和作用〉一文中，說明了相關的內容。

話頭是無法突破的關口。雖然是一道門，卻是以鐵壁堵住的門，無法在鐵門上挖洞，絲毫能突破的縫隙都沒有，也不能從下爬或從上爬。然而，必須打開那扇門，才能開啓我們生存的道路。在所有能思考的道路都終止的地方，會對話頭流露出迫切的懷疑：到底那裡是什麼？必須抱持無論如何都要知道的鬱悶、思念魂牽夢縈的愛人的心情，才能打開那扇無門之門。要如此將全副身心投入到話頭上。

最後，在嘗試沉浸式思考時，如果產生心理負擔而沒有放鬆地慢慢思考，或沒有規律運動，就會產生頭痛等副作用，而話頭禪也有類似的副作用，也就是「上氣」。

整理投入和話頭禪的共通點後，我不禁認爲，投入本身就是一種修行。雖然投入過程感受到的情緒和快樂，與宗教上感受到的極大喜悅多少有差異，但不可否認，最終追求的方法和接近靈感的方法近乎相同。

以「活動」爲主的投入，和以「思考」爲主的投入

只要照著前面說的條件和方法實踐，達到投入就不會很難。尤其值得我們注意的是，在日常生活也能充分體驗和嘗試這一切。

投入的概念其實非常簡單，無論是誰，在日常生活中都會經歷投入。孩子沉浸在打電動、大人在觀賞世足賽時，大多處於完全投入的狀態。對自己喜歡和開心的事，任何人都很容易像這樣陷入其中、體驗投入。但在這裡更爲進階，因爲我們不是投入興趣或遊戲，而是要投入在無法自然沉浸其中的事上。

在眾多活動中，有比較容易投入的活動，也有需要經過長時間努力才能投入的活動。

舉個淺顯的例子，比較一下網球、圍棋和高爾夫球。網球是以「活動」爲主的遊戲，圍棋是以「思考」爲主的遊戲，高爾夫球大概是位於兩者之間。

如果投資同樣的時間學習這三項活動，哪項最容易體驗到投入狀態呢？

乍看之下，最容易投入的應該是網球，其次是高爾夫球，再來是圍棋，因爲一般認爲，以活動爲主的投入，會比以思考爲主的投入更容易掌握。如果調查一般人「如何開始投入」，在某種程度來說，上述順序是正確的。不過投入的強度，卻和上癮的程度恰恰相反。以思考爲主的圍棋投入程度最強，其次是高爾夫球，網球則最低。

類似的概念也適用於研究。如果將努力執行實驗定義爲以「活動」爲主的投入，將整天靜坐著仔細思考問題定義爲以「思考」爲主的投入，兩者的差異就相當明顯了。

以「活動」爲主和以「思考」爲主的投入，共通點是完全投入在特定事情上的高度專注狀態。另外，想法或意識只被一個問題占據，這點也沒有差異。兩種投入都不會感受到時間的流逝，而會體驗到自己和問題成爲了一體。並且，爲了進入投入狀態，兩者都需要克服一些困難，但只要克服困難、成功進入投入狀態，就會產生源源不絕的愉悅和快樂。無論是投入的過程還是結果，經歷的情緒變化都沒有太大差異。

然而，兩著的相異點也不少。

相較於以思考爲主的投入，以活動爲主的投入難度低、回饋快。例如，容易投入的遊戲、賭博、運動等，可以快速知道成敗的結果，在難易度方面，一般人大多不需要特別的知識或努力也能挑戰；相反地，以思考爲主的投入則很難得到回饋。即使持續思考一個問題，解決的方法還是很渺茫。

「回饋」可說是投入的基本要素。但以思考爲主的投入，卻得在沒有回饋的情況下嘗試，如果問題的難度遠高於自身實力，更必須經歷超乎想像的困難。正因如此，以思考爲主的投入，會比以活動爲主的投入更困難。但只要卡關時不屈不撓地反覆思考，也能達到投入狀態。

爲了進入以思考爲主的投入，必須只透過思考找出方法，無法使用身體。雖然以思考爲主的投入很困難，但優點是只要順利進入投入狀態，往後只需要微小的努力，就能長期或幾乎無限期地維持這種狀態，因為幾乎不會產生體力勞動的疲勞。若是持續進行足球或籃球等運動超過兩小時，必然會達到身體極限，所以消耗體力的投入無法長期維持。

Sony的「激情集團」

投入在以活動為主的部分領域，也需要思考力，那就是實驗。

乍聽之下，實驗似乎屬於以思考為主的投入；事實上，實驗時要活動身體親自確認實驗過程和結果，很明顯是以活動為主的投入。

Sony前常務董事天外伺朗，曾在二〇〇七年一月號《文藝春秋》發表過一篇文章，提到了Sony的「激情集團」。他針對創造Sony的神話「激情集團」說明特點如下，由此可知，這是典型的以活動為主的投入。

在開發CD的過程中，Sony在數位音響設備的技術規格方面，正與歐洲公司展開激烈競爭。原本需要花費三、四年才能製作出的數位設備，Sony僅用了半年就生產出來了。當時，Sony以不合理的時程強迫開發人員開發，使得他們持續熬夜工作，但在這樣的過程中，似乎某個開關被打開了，大家突然開始不斷冒出新構想，即使面對困難的問題也不屈不撓，終究解決了問題。

在Sony的案例中，平凡工程師變身爲超級工程師，這種現象在開發workstation「NEWS」時也出現過。Sony的獨創產品正是這些「激情集團」接連開發的。

京瓷集團的創始人稻盛和夫，在日本是相當受人尊敬的經營之神。他在自傳《你的願望必會實現》中，回顧自己年輕時曾在當時工作的公司進行沉浸式研究。

在戰後持續混亂的時期，我進入了松風工業這個瀕臨倒閉的公司。原本還能與同時期進公司的五個人一起互相發牢騷：「繼續待在這種公司可就慘了，

我們都辭職了吧！」如今，他們一個個離開了，五名菜鳥中只有我留了下來，

「既然哪裡都去不了，就算每天不停發牢騷，抱怨連連也無濟於事，不如埋頭研究精密陶瓷吧！」

雖然是在如此惡劣的情況下展開研究，但隨著時間過去，稻盛和夫有了新的體驗。當他埋頭研究，生活步調開始全盤改變，後來，他連往返宿舍的時間都省了下來。他將宿舍裡的廚具都搬進研究室，住在裡頭全心投注在研究工作上。於是，驚人的成果開始出現。研究了一年半後，他取得了壯舉，合成了名爲「鎂橄欖石」的新款精密陶瓷，這個足以改變業界版圖，爲日本第一、世界第一的新材料。

✧ 案例：透過以活動為主的投入，取得了意外成果

我在大學指導的一名學生，為了碩士論文，在研究室專注地研究了一個月，吃住都在研究室解決。仔細閱讀他以一週為單位記下的摘要，就能看出以活動為主的投入的特徵。

・第一週——約四天都在研究室解決吃住

5月9日，第一次開始實驗。我們排定的行程是從週六開始進行沉積到週五上午，週五下午進行拉曼分析，並決定在下週六分析實驗結果。拿第一週的實驗結果進行拉曼分析後，結果不佳。

・第二週——約四、五天都在研究室解決吃住

這週的實驗也沒有得到想要的結果。

·第三週——終於得到預期的結果

這次拿實驗結果進行拉曼分析後，得到了想要的結果。我看著拉曼分析，感覺就像猜中了樂透號碼一樣。從添加少量氣體開始分次分析，隨著添加量的增加，順利按照我心中的圖表完成了。眞的很開心，這種心情是無法以世上任何東西交換的。

·總結

從準備實驗到結果出爐，這一個月左右的時間裡，對我來說沒有週末也沒有假日，只專注在這個實驗上。並不是誰要求我這麼做，純粹是因爲我想這樣，我想知道能否得到期待的實驗結果。

坐捷運上下班需要一小時二十分鐘左右。在拉曼分析成功的前一天晚上，在回家的路上，我仍在思考這個問題，但和平時不同的是，我想到了很多點子。我已經在研究室吃飯和睡覺，埋頭研究超過兩個禮拜，就在那天，始終沒有解開的頭緒開始一一解開了。

我甚至以那個點子爲基礎，想出了明確的實驗計畫。平常總覺得上下班時間無聊又漫長，但那天卻好像過了三十分鐘就到家了。

平時我一到家就會打開電視，但那天我連電視都不想開。雖然已經晚了、身體很累，但我睡不著，不想錯過浮現在腦中的點子。等到我打開筆記本，整理完思緒後，心裡才舒坦。

◎在碩博課程中，有不少次是在面對令人頭疼的問題時，專注地研究到後來體驗到投入。有過這種體驗的學生都沉浸在喜悅中，有時還會覺得那一瞬間就是人生中的亮點，當成英雄事蹟談論。這些人大多認為，這種特別的體驗是在人生的全盛期或重要時刻偶然獲得的，並沒有想要刻意重現這種體驗，或長期維持這種狀態。但其實這種特別的體驗完全可以複製，也可以延長。

當然，若想長期維持這種投入狀態，投入期間不能累積身體或精神上的負擔。以活動為主的投入，特別容易讓身體吃不消，難以長期維持。這時，若將以思考為主的投入導入以活動為主的投入，就能取得效果。

只要讓內心放緩腳步，降低思考速度並搭配每天規律運動，如此一來，無論維持多久都不會疲勞或出現副作用，能持續或延長以活動為主的投入。

主動投入和被動投入

爲了解決問題，投入時的方法和態度很重要。

如果想要有效率地進行投入，不要像做生意的人在有破產壓力的狀況下，在承受壓力的同時一邊投入；要像談戀愛那樣，努力地主動去解決問題。必須與自己想解決的問題成爲朋友，以積極樂觀的態度，追求能攻克問題的投入活動。從醫學的角度來看，這種正面的態度會分泌β-腦內啡，能減少壓力、增加幸福感。

以快樂為原動力的主動投入

日常生活中最容易體驗到的投入經驗就是墜入愛河。

戀愛時會夜以繼日地思念愛人，腦中都是對方，這種投入就是主動投入。

在熱戀期時，會因對方而焦慮不安，就算有一整天的時間都不足以思念對方。

無論是單戀還是彼此陷入熱戀，情況都一樣。尤其是戀愛初期，會被愛情沖昏了頭，無論吃飯、睡覺還是工作，任何時候都只想著那個人。即使翻開書本要讀，眼前還是會浮現愛人的臉，看不見其他東西，如此極端的投入，正是愛情的本質，因此將「談戀愛」與「投入」畫上等號一點也不過分。

主動投入是指這種沉浸於快樂的投入。很久以前，我的朋友和現在的妻子熱戀時，曾以嚴肅的表情向我諮詢：「我跟你說，最近我滿腦子都是她。光想到她就很幸福，這應該不用多加解釋吧？問題是，我日日夜夜都想著她，到後來實際見到她、與她分開後，我會搞不清楚，到底我是眞的見到了她，還是自己想像出來的。我好像有點問題耶！」

當時我也沒能給出明確答案，但現在回想起來，我的朋友正是陷入了典型的投入狀態。那些告白說「一刻也沒有忘記過你」的戀人們，是眞正達到了實質上的強烈投入。

因危機狀況的壓力而開始被動投入

在日常生活中能體驗到的另一種形式的投入，會在面臨危機時到來。創業者破產，或在攻讀博士學位等研究期間，必須解決的問題遲遲無法解決的情況，都是很好的例子。那些時刻，我們會因危機的壓力而被動投入，壓力會變成憂心，問題一直縈繞在腦中，苦惱的狀態會持續幾天、幾週，甚至好幾個月。

但即使是被動投入，還是會常出現透過投入解決問題的效果。正所謂「窮則變，變則通」，會在一觸即發的瞬間，迸發出平時想不到的創意，或找到破口而戲劇性地解決問題，這種情況比我們所想的更容易發生。

企業家中，也有人會像玩遊戲一樣享受這種危機狀況，並爲了應對危機而進行沉浸式思考。有位做生意數十年的企業家說：「如果公司經營得很順利，反而會降低做生意的趣味，必須經歷破產等危機狀況，做生意才有樂趣。」這個案例清楚地顯示，危機並非總會帶來痛苦，有時甚至會伴隨著投入的快樂。

這與有人喜歡冒險和刺激的原理雷同。

不過，在危機狀況下的被動投入是伴隨著壓力的，投入過程會經歷痛苦，所以若非必要，通常不願再次經歷相同情況。除此之外，在承受重大壓力的情況下投入時，往往會對精神健康帶來負面影響。

話說回來，就算是危機狀況，也不代表所有人都會做出同樣的反應。每個人處理問題的方式都不同，相同狀況下，有人會停滯在憂慮階段，有人會為了解決問題而冷靜透徹地分析，專注於思考解決方案。理所當然，後者對解決問題較有幫助，因爲解決問題需要的是努力專注，而不是純粹的擔心。

從被動投入轉為主動投入

獅子在追鹿時的投入，和小鹿在被追趕時的投入截然不同；陷入熱戀的人的投入，和有破產壓力而做生意的人的投入也截然不同。前者是因爲喜歡自己在做的事而強烈地主動投入、向前衝刺，後者則是在不做就會出大事的危機狀況下被動投入。一般來說，休閒活動中的投入大多是主動投入；在職場上執行業務的投入，則大多是因危機而不得不的被動投入。學生在準備考試時經歷的投入，也是代表性的被動投入。

值得關注的是，情況是可以改變的，**透過刻意努力，就能讓被動投入轉為主動投入**。

投入意味脫離散漫狀態、進入高度專注的狀態。不過，提升專注力絕不是一件容易的事，需要很多時間和努力。關鍵在於需要忍耐一段時間，直到專注力提升到一定程度。有充分的時間，就能較爲容易進入專注狀態而主動投入，時間不足時情況就不同了。要在短時間內進入專注狀態本就不是件容易的事，因此只有在危機來襲時才可能發生，且整體來說還是屬於被動投入的狀況。

以登山爲例，假設攻頂平均需要三小時，要在兩小時內攻頂，肯定會很累；更加限縮時間地在一小時內攻頂，那可能就不只是累，而是痛苦了；如果要在三十分鐘內攻頂，那簡直是地獄般的登山。但如果是在四到五個小時，以輕鬆散步的心情爬山，那麼登山就會變成愉快的休閒。

投入也是一樣。

如果有充分的時間慢慢進入投入狀態，就能最大幅度減少隨之而來的痛苦。倘若能自由地投入，就會感到無比喜悅；但若是在被獅子追這類的危機情況下被迫投入，就會像落入地獄般痛苦。

在充分的時間內自由地提升對問題的投入程度，就是「緩慢思考」。經由緩慢思考進入投入，就像讓內心放緩腳步一樣，因爲沒有心理壓力，習慣後反而能愉快地實踐。緩慢思考是自主提升投入程度最重要的因素，在〈第六章〉會詳細探討這部分。

李知晟在《18小時投入的法則》中曾提到以下內容。

有個人因工作不認眞被辭退多達七次，因爲他總習慣在上班時看報紙，下班後和朋友到處閒晃，吃飯時聊些沒意義的事，獨處時也總是想些沒什麼用處的想法。

直到某天，他下定決心要改變人生。

「我要做出能實現夢想的事業！一天要傾盡全力親自工作十小時，扣掉睡覺時間，剩下的八個小時都以頭腦工作，之後再把工作時間逐漸延長到十八個小時。不要毫無意義地跟人見面，也不做毫無意義的活動，永遠只想著現在正在做的事。我要讓自己在清醒時完全投入在一件事上，連睡覺的時候也要做跟工作有關的夢！」

之後，他成立了頂尖公司「奇異」（GE），申請了一〇九三項專利，成爲二十世紀最優秀的發明家。而這樣的十八小時投入法則，也帶領了許多人走向成功。

最後，我想和大家分享一段薛東旭牧師的證道內容：「把研究視爲快樂地玩耍吧！和書一起玩，和時間一起玩，也把作業和工作當作一種遊戲吧！享受和公司上司見面的時間、和客戶見面的時間。此時此刻，當我想著自己時，就覺得自己一輩子都在享受，享受工作和研究。」

對死亡的洞察會引導人主動投入

這個世界上沒有比死亡更明確的事了。但是人們會準備過冬，卻不會準備死亡。

——托爾斯泰

雖然應該沒有比想像自己即將死亡還令人抗拒的事，但也確實沒有其他事，能比死亡更能迫使人思考人生的意義了。當人願意正視並省思這個令人不好受也不樂見的議題，才能邁入眞正成熟的人生。

契克森米哈伊在天才和犯人的差異中，找到了對死亡的洞察。

一般人只有在危機時才會竭盡全力，危機消失後，想盡全力的動機也會消失。但天才不僅是在危機狀況，連在平時也會竭盡全力，不斷追求些什麼。對他們來說，工作不是爲了生計，而是生活的目的。

那麼，爲什麼天才在平時也抱持著危機意識竭盡全力呢？爲了了解這點，契克森米哈伊採訪多位在各自領域取得偉大成績的人後，找到了他們竭盡全力的共同動機——正是對死亡的恐懼。他們時刻意識到死亡即將到來，因此決心要全力生活。

匈牙利詩人捷爾吉．法露迪，在七歲時曾被問到爲什麼決定成爲詩人，他的回答是：「因爲害怕死亡。」

傳奇的流浪數學家保羅．艾狄胥，幾乎一生都處於投入狀態，創造的基業達到令人不可思議的程度。他也是在小時候就領悟到死亡的意義：「小孩不會想到自己有天會死，我到四歲前也是這樣，但有一天和媽媽一起走路時，突然發現自己想錯了，於是我哭了起來，意識到自己原來也會死。從那以後，我一直努力讓自己活得更年輕。」

托爾斯泰在《生活之路》中寫道：「忘記死亡和意識到死亡時時刻刻臨近，這兩種生活是截然不同的狀態。前者接近動物的狀態，後者接近神的狀態。」

我開始投入的動機，也是起源於認眞思考「應該要過上臨死前不後悔的生活，也就是過上竭盡全力的生活」。不知是不是偶然，我的指導學生嘗試投入的動機，也是出於同樣的原因。

沒有任何事能比意識到自己隨時可能死去，更有助於盡全力地生活了。也許正因如此，蒙田留下一句名言：「學習哲學，就是學習死亡。」如果能夠永生，我們當然不必擔心死亡，但若真是如此，也會出現問題，也就是生活的意義會消失。

如果沒有死亡，生活也無法成立，我們就跟無生物沒有什麼不同。能省思生活，才可能洞察死亡。如果一直被生活追著跑，沒有時間深刻省思隨時可能面臨的死亡，那麼生活又有什麼價值？青春又有什麼價值？

來試試一個思考實驗吧！

坐擁數千億財產的七十歲富豪，向某位年輕人提議徹底交換彼此的人生，這位年輕人會有什麼反應呢？我想大部分年輕人應該都會拒絕。光是這麼簡單的計算，也能知道我們的人生價值幾千億，不，甚至更高的價值，同時也能看出金錢和物質，並不是人生中那麼重要的要素。而既然已經意識到人生比數千億的財富更寶貴，我們就應該要過上符合那樣價值的生活才對。

「今天一整天，我過了多少有價值的時間？」「今天我做的事情有什麼意義，每一個活動多少價值？」「如果持續過這樣的生活，到了人生的最後一刻，我會滿意嗎？」這些問題正是我主動選擇投入的重要動機。

透過死亡重新認識人生的意義

「對死亡的洞察」無法透過閱讀死亡相關的文章得到領悟，而是要在自己內心深切體認死亡的意義。

在過去的漫長歲月，我不曾出現在世上，在即將到來的漫長歲月，我也不會一直在世上，我只不過是暫時的存在而已，而且還是在廣袤宇宙中如灰塵般的地球這個行星上的微小存在。如果持續以這種方式思考自己的存在和生活，就能體會到自己總有一天會面臨死亡。死亡這件事，是所有生命都必須面對的，沒有例外。

從「人必有一死」這點來看，每個人就像死刑犯一樣，過著有限期的人生，只是不知道死刑何時執行罷了。可能因為車禍在今天馬上死去，可能被宣告罹癌在幾個月後死去，也可能會幸運地多活三、四十年，但可以肯定的是，人終究會死。

人生就是朝著死亡奔馳。說穿了，我們都是在出生時便開始奔向死亡。到底該怎麼接受這個宿命？對這個宿命般的死亡，我能做什麼呢？面對死亡，我能做什麼來對抗？後來，我明白了一件重要的事，發現了對抗死亡的方法：活著的時間就是唯一的機會，能否好好使用人生，完全取決於自己。面對慢慢逼近的死亡，我能做的，就是竭盡全力在有生之年，過上最像樣的生活。

我不想度過與死亡沒有太大區別的生活、不想過著不像活著卻也死不了的生活，而是要過著與死亡截然不同的生活，每天都要充滿生命力和喜悅。即使渺小，我還是要最大限度地發揮自己的能力，因為活著就是我唯一的機會。

第四章

教育與
沉浸式思考

提升思考力的學習法

在我國三時，平時常強調思考重要性的哥哥，告訴了我一件事，徹底顛覆了我的學習方法。

哥哥對我說，有個名叫「Item Pool」的題庫公司，會製作數學題賣給要準備入學考試的學校。聽說這種方式在日本已行之有年，我們使用的題庫和參考書中的很多題目，都是由這個題庫公司製作的。這對當時的我來說，著實是件出乎預料的事。原來每道數學題，都是多位專家嘔心瀝血製作後，以非常昂貴的價格售出，這件事讓我越想越覺得神奇和新鮮。

受這件事啓發的我，產生了一種莫名其妙的想法。平時不多想就拿到的題目，其實是別人付出許多努力才完成的，讓我開始覺得這些題目很有價值。可是題目卻是和答案一起販售的，這不是拉低了題目的價值嗎？於是，我認爲如果自己能不看答案順利解題，才是眞正得到了題目的價值。相反地，如果因爲題目太難就中途放棄，我就無法得到題目的價值，代表我吃虧了，這樣的念頭非常強烈。

我以此爲契機養成了一種習慣，那就是即使解不出題目，也盡量不看答案。就算我對這道題目完全一頭霧水，還是會想盡辦法用自己的方式算個五到十分鐘。當然，有些題目能在這段時間解決，也有些題目解決不了，但這樣的經歷卻帶給我與眾不同的樂趣。

一開始看到題目時，會感到茫然又有壓力，但經常再多思考一點時間就能理出頭緒，這種學習方式就像在玩遊戲一樣，趣味盎然。但要是中途放棄、直接看答案，就等於是在遊戲中認輸，因此如果不想認輸，我就要不放棄地繼續思考。

偶爾遇到根本解不開的題目時，我會先看答案，但每次看答案，我都覺得自己在「與題目較勁的遊戲」中成了失敗者，「早知道就再挑戰一下了」而感到後悔不已。這種經驗多了，之後無論遇到多難的題目，我都不會先看答案。久而久之，每次遇到難題時，基本上我都會先思考十至二十分鐘，養成花幾個小時跟問題打交道的習慣。面對那些較勁數小時也解不了的問題，我也會將它們記在腦中，隨時挑戰。

漸漸地，針對不懂的問題持續思考數小時或數天，對我不再是難事。並且，在使出渾身解數、以各種想法解題的過程中，我的數學實力開始快速進步。不僅如此，在與眾多問題打交道的過程中，我學會了有系統地處理未知問題的方法，因此越來越能熟練地面對未知的問題。我會持續思考要花好幾天才能解決的問題，因此鍛鍊了我的邏輯思考力，而且毫無疑問地，爲我往後進行沉浸式思考奠定了良好的基礎。

只要想得夠久，終究能解題

若想解決難題，就要進行持久戰，因此要先有心理準備。

如果因爲無法輕易解決問題就備感壓力，反而會妨礙解題，這樣只會爲自己帶來損失。如果問題看起來不容易，就應該先努力維持輕鬆的心態，不要被時間追趕，而是要從容地想著：「我一輩子都會思考這個問題，直到解決爲止。」這樣緩慢地思考速度，有利於解決問題或獲得創意，且就算長時間與問題較勁，也不會輕易疲憊。

許多研究人員，都會將與無法解決的問題較勁的時間，當成是最有效地開發自己的時間。因爲他們發現，沒有比這更能提升思考力、創造力和研究力的方法了。因此，如果在國高中時期養成這樣的習慣，將非常有利於往後進行研究。

初次面對問題時，會因爲完全不知如何下手覺得爲難，但只要不放棄地繼續思考，富有創意的頭腦就會開始啓動，開發大腦的能力直到極限。只有埋首於看似無法解決的問題時，才能最大限度地啓動自己的大腦，發揮最大的能力。

至於那些只學習他人教授的知識、從來沒有憑自身力量解決問題的學生，將難以發展思考力，只會計算學過的題目，面對沒看過的題目，就會認爲自己算不出來。倘若習慣了那種學習方式，就會斷定沒學過的題目超出自己的能力範圍，等於是畫地自限。以這種模式學習，將難以發展思考力和創造力，終其一生無法激發自己擁有的無限潛力。

能鍛鍊思考力的問題

有些題目需要花費一週以上的思考才能解開，但之後空虛感卻油然而生，懷疑這個問題是否眞的值得花費那麼長的時間解決。這些題目其實不需要特別的邏輯，純粹是出題者爲了提升題目難度而設計，得用特殊方法才能解題，因此需要經歷相當多次的試錯才解得出來。

這種經驗多了之後，我開始尋找眞正有助於提升思考力，更值得長時間思考的題目。我發現的方法正是，針對之後要學習的單元，先在還沒有學過的情況下，直接計算該單元的題目。由於這時還不了解專業名詞的定義，所以我會先計算一兩個簡單的範例題來掌握相關定義，之後直接計算該單元的難題。以這種方式挑戰尚未學習過的單元題目，就能有效達到單元最初設計的學習效果。這種教育方法早已被美國知名教育學家約翰·杜威提出，他強調，這種教育方法對提升興趣和動機有卓越的效果。

這樣的經驗能帶來很多好處。如果長時間不放棄地持續思考，就會產生自信，認爲自己能解決其他人都無法解決的問題；另外，由於完全掌握了之後要學習的內容和概念，所以能獲得自主思考的機會，比上課聽說明更有效果。

能解微積分的小學生不一定都是天才，只要教導解題過程，任何人都能答對；「眞正的天才」是自己思考後找到方法的人，因此習慣自己主動思考是很重要的。

何謂創意和有創意的努力？

近來教育界常強調，學習最重要的就是創意，卻很難找到能開發創意的有效資訊，在這一節中，我會介紹能開發創意的學習方法。

創意是指發掘新事物的能力，但即使是新事物，也必須顧及實用性和用途。無論想法有多新奇，缺乏實用性就沒有意義。「如何透過學習激發創意」

是很重要的問題，但可惜的是，「爲了激發創意，要有更多有創意的努力」，這一句話就是全部的答案。我們很容易把創意和有創意的努力想得很困難。我想在這裡談談更廣義的創意和有創意的努力。

首先，該如何定義「有創意的努力」呢？

如果有人發現了先前沒人能找到的解決方案或創意，那麼可以說他很有創意，做出有創意的努力。問題是，如果提高問題的難度後，這個人就無法解決問題，那麼，能說這次他就沒有做出有創意的努力嗎？

愛因斯坦說，他反覆思考了數個月、數年，過程中還發現自己錯了九十九次，到了第一百次，他才終於找到正確答案。但難道先前的九十九次都不算有創意的努力，在第一百次得到正確答案時，才算是有創意的努力嗎？

僅憑結果區分是否是有創意的努力是錯誤的。

有創意的努力是：在一開始不知道解決方案的狀態下，透過努力獲得解決方案的行爲。過程中可能會憑靠實力解決問題，也可能無法解決，但即使問題沒有解決，還是要將過程視爲個人有創意的努力。試圖解決超出自己能力的高難度問題，就是有創意的努力。即使結果不如預期，嘗試解決超越自己程度的問題，這樣的行爲本身就具有重大意義。因爲在解決高難度問題時，勢必會啓動高強度的思考系統，試圖透過思考解決難以理解的難題，這樣的過程本身就能激發創意。

然而，去解對自己來說一點都不困難、一看到就能輕易想出解決方案，不需要大量動腦的問題，就無法激發創意，不能視爲有創意的努力。

「努力去解開對自己來說無法輕易解決的問題」，才可被視爲是有創意的努力，能在過程中幾經試錯後激發出創意，而得出有創意的結果。也就是說，必須將「試圖解決未知問題的努力」本身視爲有創意的行爲，才能提供能發展創意的土壤、培養出與眾不同的能力，解決其他人都無法解決的問題。

在高度投入狀態，做什麼都能感受到樂趣

科學家能取得偉大的基業，相較於天生的智力，沉浸式思考發揮了更重要

的作用。同樣地，對一般人而言，日常生活中的投入具有更重要的意義。

沉浸式思考不僅有助於快速提升智力，還能提升學習速度、提高工作效率。也就是說，如果能訓練學生利用沉浸式思考來解數學題，數學實力就會迅速提升；如果上班族能在工作時進行沉浸式思考，就能最大限度地提高工作效率。

學生們會沉浸式讀書的情況，主要是考試前或正值考試期間，這通常是因危機而不得不進行的投入。最辛苦和痛苦的時刻，就是考試逐漸逼近卻始終無法投入學習，內心仍非常散漫的情況。不僅擔心考試，又因爲難以投入導致學習效果不佳，過得很痛苦。但隨著危機感高漲，就會開始專注學習、提高投入程度，對學習的排斥感也會減少，這正是因爲投入開始引發了興趣。

雖然投入的目的是要準備考試，但在投入程度提升的情況下，做任何事都會變得很有趣。和朋友閒聊很有趣，看無聊的電視節目或讀乏味的小說也很有趣。投入程度提高後，不只是學習效果提高，「無論做什麼都能感受到樂趣」的潛力也會增加。不過，話說回來，如果是做其他事而非學習，勢必會降低投入程度，此時若想再次提高投入程度，就得要經歷一段痛苦的過渡期。

高程度投入的狀態，會與放假經常經歷的、投入程度低的倦怠期形成強烈對比。

放假期間緊繃感放鬆，常睡懶覺，一路睡到接近中午，導致狀態不好，心情也不舒暢；而且因爲懶得起床就一直躺著，在這種情況下，連電視和小說都變得無趣。在投入程度低的時候，做什麼都無法提起興趣，因此會想尋找更激烈、刺激的事物，比方說爲了創造虛擬的危機狀況來提高投入程度而去遊樂園玩，或找恐怖片來看。

在學習時「緩慢思考」，是能主動提高投入程度的最佳方法。

首先，全身放鬆，舒服地坐在椅子上，持續十分鐘什麼都不做，閉上眼睛慢慢思考要學習的內容，讓腦波變成 α 波。因爲必須充分吸收、學習，投入程度才會逐漸增加，因此緩慢思考十分鐘後，請從難度較低的內容慢慢開始。以這樣的情況念書，很容易提升投入程度，且能長時間學習不疲倦。如果後來睏了，就坐在椅子上，脖子向後靠著睡覺。此外，在努力提高投入程度的過程中，要預防可能妨礙投入的因素。比方說，在投入程度提高到一定程度時，突然上網或看電視，投入程度還是會明顯下降。

高度投入狀態下的學習效果

在高度投入狀態下閱讀書籍或論文，將更容易掌握高深的內容，理解的速度也會加快。過去一知半解的知識，也更容易被確實理解並領悟的知識取代。

另外，對已知資訊會不斷出現新的想法，進而領悟到與其他相關知識的關聯。原本片段的知識，編織在一起後能更進一步地擴展及應用。

在高度投入的狀態下，即使閱讀比平時更大量的書籍和論文，也能以更短的時間掌握。

以我個人的經驗來說，在投入狀態的幾年間，我領悟到的知識和概念，遠多於在大學和研究所過程中領悟到的分量。更有趣的是，我領悟到的許多知識，都是書上沒有具體說明的內容，彷彿是在幫助我將已知的資訊加以整合。

就我看來，這些知識明顯有其道理，卻沒有在教科書中被提及，也由於沒有出現在書上，所以其他人完全不知道，而在我解決問題時成爲強勁的工具。

如果人人都透過投入獲得這類型的思考工具，一定能更輕易地找出答案，展現出與眾不同的洞察力。

初學者的思考力訓練法

初學者在訓練思考力時，最好使用較簡單的題目。因爲尚未經過充分訓練，嘗試難度過高的問題可能會累積壓力，造成專注力分散、破壞學習節奏。

舉例來說，低難度的問題經常看完題目就也解決了，或拿起鉛筆反覆嘗試幾次就能解決，但以這種方式學習幾乎無法讓大腦活動，因此學習效果較小，也很難提升思考力。

爲了增加大腦活動、擴展思考力，首先要充分閱讀題目，完全理解後闔上書本，鉛筆也放在桌上，然後靜靜坐著思考。光是思考就能大概建構出問題的解法，但闔上書本後，需要思考的量肯定會增加，不得不使用大腦；而且因爲書本已經闔上、不能重看題目，難度勢必會提升。當然，對記不清楚的部分可以翻開書本再看一遍。

如果看完題目後，像這樣只用思考來解題，花費的時間勢必會增加，不過因爲題目的難度不高，所以不會有太大壓力。因此，請務必在想出解題策略或方法前一直維持思考。其實只要想出策略或方法，之後通常只是單純的計算。因此，想到策略或方法後就能重新翻看題目，以具體數值計算，求得答案。雖然單純的計算過程不需要高度的頭腦活動，但要是省略這個步驟，實際上考場可能會計算錯誤，所以最好還是提前練習。

初學者用這種方式學習久了，可能會隱約覺得頭痛。這代表在動腦的過程中，不知不覺間變得緊張。這時最好能緩慢思考，緩慢思考不僅不會感到疲憊，還能更深入地專注，輕鬆地享受思考。當然，慢慢思考的解題時間勢必會比快速思考更長，可是爲了能提升到更高的階段，充分訓練緩慢思考是非常可取的。

開發才能的思考力

要求習慣用手指算數的孩子不用手指計算，問題的難度勢必會提升，迫使孩子得進行更高程度的抽象思考。如果能持續調整題目，讓難度維持在能激發孩子的興趣而不感到厭倦的程度，他們的思考力勢必會以驚人的速度進步。此外，在提升難度的同時，適當給予孩子肯定，能讓孩子感受到成就感和樂趣，甚至會纏著你繼續出題。

將孩子的興趣與成就感納入考量，以漸進式的方式讓孩子練習難題，從小開始訓練高水準的思考方式，就是「英才教育」。這樣的教育方式越早開始越好。相反地，塡鴨式教育的先修班無論多早開始，成效都無法與英才教育相比。但多數人從小學到大學或研究所，將近二十年的時間，都是以類似這樣的方式學習，雖然確實能學到知識，卻難以被認定是實用或具獨創性的。

我會這麼說的原因，是因爲在現今網路發達的社會，幾乎所有知識都是公開的，任何人都能輕易取得。因此，更具價值的不是取得或背誦知識，而是將知識內化為思考力、創造力和解決問題的能力。這些能力非常重要，無論怎麼進步都不夠。

如果能在二十年的求學期間，訓練孩子透過自主思考解決未知問題，達到能解決問題的境界，是再好不過的學習方法。可惜的是，目前以入學考試為主的教育，仍未擺脫以「學習知識」為主的範疇，若想取得高分，就得背誦教科書上的內容。但實際進入社會工作就會發現，需要解決的問題非常複雜、多樣且難以預測，幾乎沒有問題能原封不動地使用在學校學到的內容，而是必須根據不同的情況，靈活運用已知的知識和原理。因此，沒有奠基在思考力之上的知識，價值終將急遽下降。

況且，出社會後取得知識的方式與求學時不同，除了看書，也能利用圖書館的文獻資料、詢問前輩或在網路搜尋等，盡可能以各種方法找到必要的資訊，是再正常不過的事。此外，真正需要解決的重要問題，是無法僅憑知識解決的。想解決這些問題，就必須發揮高水準的思考力和創意，靈活運用學過的基本原理。

培育數學天才的頑強意志和毅力

歷史上優秀的科學家中，有很多人是以自學的方式開拓出全新的領域。如果不想跟別人學習，而是想自行領悟，那麼自然要思考很多。從這一點看，自學也可說是英才教育的一種方法。

舉例來說，牛頓雖然創造了微積分等諸多數學基業，但在國中之前，他根本沒學過數學。藉由牛頓的傳記，就能知道他是如何獨自領悟幾何學的。他買了笛卡爾的《幾何學》後，在獨自閱讀的過程中，遇到了數不清的難關，每翻兩三頁、三四頁，就會有無法理解的句子阻礙他的思考。每當這時，他都會發揮極度的毅力和意志力，毫不猶豫地翻回第一頁，重頭開始、一點一點地繼續閱讀。這種方式最終讓牛頓在沒有他人的幫助和教導下，自行將知識全部融會貫通。

能思考一分鐘的人，只能解決思考一分鐘能解決的問題；能思考六十分鐘的人，可以解決難六十倍的問題；能思考十小時的人，可以解決難度六百倍的問題；一天能思考十個小時、思考十天的人，可以解決難度六千倍的問題；能思考一百天的人，甚至可以解決難度六萬倍的問題。如果相較於一般人，能解決難上數十倍、數百倍問題的人是英才，那麼能解決數千倍、數萬倍難題的人就是天才。正如我在〈前言〉引述韓國科學文化研究所所長李仁植說的，「天才和一般人之間的智力差異不是品質，而是數量。」

如果「長時間思考無法解決的問題，最終自己想出了解決方法」是最好的學習方法，英才教育就是給孩子出高難度的問題，引導他們進行長時間思考，自行解決問題。教育的效果通常會在十年或二十年後才出現，因此很難持續追蹤來辨別不同教育的好壞，不過，如果同一位老師能培育出多位優秀人才，就可以輕易推估其教育方式的成效。

英才教育的先驅——拉斯洛．拉茨

在布達佩斯路德學校任職的高中數學老師拉斯洛．拉茨，以與眾不同的教育方式，培育出了多位優秀的科學家。

一九六三年諾貝爾物理學獎得主尤金·維格納曾表示，多虧了高中數學老師拉斯洛·拉茨，他才對數學感興趣。他說：「沒有人能像拉茨老師那樣讓學生們帶著問題意識。」還將拉茨選爲改變他人生的老師。最早建立現代電腦架構的數學家約翰·馮·紐曼、被稱爲「原子彈之父」的物理學家利奧·西拉德，以及被譽爲「氫彈之父」的愛德華·泰勒，都受過拉茨的教導。

拉茨的教育方式可說是英才教育的範本，値得關注，他影響學生的重要因素有兩項：一、他會觀察學生的才能，並給予信任和關懷；二、他會給特別多的功課和關注，讓他的學生得到更多的訓練。

爲了激發學生的思考力，他每個月都會在學校的數學雜誌刊出一道題目，難度大約需要高中生花費一個月才解得開，因此學生會爲了解題，紛紛進行沉浸式思考。這種方式不僅讓學生養成持續思考難題的習慣，也培養了深入且敏銳的思考力。或許正是因爲如此，往後成爲科學家或數學家，也是理所當然的結果。

有趣的是，傳奇數學家保羅．艾狄胥雖然沒有直接被拉茨教導，但據說他每個月都成功解開了拉茨刊在學校數學雜誌上的題目。

諾貝爾獎得主的物理老師——巴德

另一個以成功的英才教育聞名的典範，是物理學家理查．費曼和朱利安．施溫格的高中物理教師——巴德。

巴德向施溫格提出有趣又有挑戰性的物理問題，也就是「最小作用量原理」。幾年後，他也向費曼提出了同樣的問題。後來，費曼和施溫格都以最小作用量原理的相關基業獲得了諾貝爾獎，從這一點就能推測，巴德的影響力發揮了很大的作用。

費曼在回憶巴德時，曾說出以下的話：「某天下課後，巴德老師叫住我，對我說：『你在上課時看起來很無聊，我給你出道有趣的題目好了。』並給我出了一道題目。我完全被那道題目吸引住了，直到現在，我還持續被那個題目吸引著，那就是『最小作用量原理』。」

費曼是一位典型的以沉浸式思考解決物理難題的科學家，他不否認這種傾向源於童年時的思考訓練和思考習慣。費曼忠實地遵循了巴德的特殊教育方法，最終獲得了諾貝爾獎這一豐碩的成果。

這個故事清楚說明了，向才華橫溢的學生提出高難度的問題，並引導他們持續深度思考，對發展創意和思考力能產生多大的影響力。

實踐沉浸式思考的猶太英才教育

拉茨和巴德的教學方法，被評價為歷史上成功的英才教育，如果深究將其奉為圭臬的學校的背景，就會發現一個共通點：拉茨任職的匈牙利布達佩斯的學校和巴德任職的美國紐約的學校，都是猶太人學校。

在關注英才教育並追蹤資料的過程中，我發現了猶太人教育的特色。猶太人的教育簡直就是最理想的教育，讓孩子從小就養成思考的習慣，引導他們不斷思考，最終成爲能進行沉浸式思考的人。

席捲諾貝爾獎的猶太人

據說，目前全世界的猶太人約有一千四百萬——美國有五百九十萬，以色列有五百三十萬，其餘的遍布世界各地——比首爾和首爾近郊加起來的人口數還少，但其中的諾貝爾獎得主有多少人呢？

自獎項設立的一九〇一年起算，至二〇二三年爲止，猶太人獲得諾貝爾獎的人數多達二一四人，占所有諾貝爾獎得主的二十二%。猶太人主要的獲獎領域爲物理、化學、生理學、醫學和經濟學，和平獎和文學獎的比例相對較低。如果只計算科學和經濟學領域，猶太人獲獎的比例超過三分之一，非常驚人。

不僅如此，據說在美國常春藤聯盟的名校中，有二〇%的教授是猶太人，美國百大富豪中，也有二〇%是猶太人。在政界和商界的猶太裔權威人士也不容小覷，前美國聯邦儲備局主席葛林斯潘、辭去高盛集團執行長職位擔任美國財政部長的羅伯特．魯賓和亨利．鮑爾森、曾任哈佛大學校長的前財政部長勞倫斯．薩默斯、Google 共同創辦人謝爾蓋．布林、紐約市市長麥克．彭博，以及美國前國務卿馬德琳．歐布萊特……猶太人在美國的學術界、財政經濟界、政治界等，都可說占有主導地位。達到這種程度，說猶太人是進行英才教育的團體也不爲過，也就是說，「猶太人教育就是英才教育」是成立的。

猶太教育的七個特點

猶太社會中有被稱爲「拉比」的領導人，是最受敬重的階層，人人都希望成爲拉比。要成爲拉比，最關鍵的特質就是要聰明。一旦被選定爲拉比，就可以重新規畫教育並傳授給成員。在領導人和成員相互回饋的過程中，讓彼此都有所成長，使猶太人逐漸變成更聰明的團體。

猶太社會建立的這種良性循環，充分顯現在他們的教育中。猶太教育的特點，正是匯集智力超群的拉比的智慧，以《舊約聖經》爲基礎，在長時間中持續進步。世上各個角落都無法找到比猶太教育更系統化和標準化的體系。猶太教育有七項明顯特徵。

1. 教育子女是父母的義務

根據宗教教誨，猶太母親會自豪地說自己是子女的第一位教育者，認為身為女性，教育孩子是當仁不讓的義務。英語中的「Jewish Mother（猶太人母親）」一詞具有幾個意義，其一便是「強烈向子女強調學習的必要性的母親」，這句話可說是清楚體現了猶太父母對教育孩子的熱情。

2. 子女不欠父母人情

猶太人相信，父母應該始終扮演父母的角色。據說猶太人即使年老或生病，也不願讓子女奉養。猶太人雖然會教育孩子，從父母身上得到多少，就要交給孩子多少，但若以要求子女奉養為代價，則會被認為是種恥辱。也就是說，父母只管付出，子女只管接受就好，與韓國人的想法完全不同。

韓國人經常認爲，父母爲子女付出這麼多，子女也理當報答父母的恩情，這樣的想法大幅影響了教育方式。韓國父母甘願爲了子女的教育犧牲，在這樣的期待之下，不免希望子女能成功，也期待子女能在老後照顧自己。在韓國，子女出人頭地，意味父母能享福，因此通常教育的最終目標是爲了讓子女取得成功，短期就是考上明星學校。至於讓孩子提高思考力的教育方式？家長並不感興趣。正是這樣不同的觀點，造成了韓國人與猶太人在往後的差異，雖然韓國人對教育的熱情不輸猶太人，但在科學領域，卻始終未能培育出任何諾貝爾獎得主。

3. 教導孩子要動腦筋，而不是使用身體

猶太人從小就被教導要「活得像個猶太人」，比起使用身體，更要動腦筋。猶太人從小就強調，有系統地思考是件好事，將這樣的觀念深植在孩子心中。因此，與其說猶太人天資聰穎，不如說他們是透過教育變得聰明，引導孩子們持續動腦的，正是教育體系。並且，他們也將這些訊息以故事的形式，收

錄在猶太經典《塔木德》中世代流傳。

猶太人相信，教育的目的不是傳授知識，而是學習如何將知識吸收、內化成能靈活運用的能力，因此他們不使用填鴨式教育，而是讓孩子在領悟原理後培養出思考力和應用能力。因此，猶太人都是在以最大限度活用頭腦的環境中成長的。據說，猶太人相當排斥填鴨式教育，甚至不要求孩子背九九乘法表。

4. 為了引導思考而持續提問

比起教師單方面講課，猶太人通常是以對話、提問及討論的方式授。《塔木德》中寫道：「教師不能只是自己一人明白，喋喋不休地說話，如果孩子光是聆聽，一聲不吭，無異於培養鸚鵡。教師講話時，孩子必須提出相關的問題。無論是什麼問題，只要師生間多交流，教育效果就會提高。」

猶太人教育的核心——對話法，要求教師和父母擁有一定的忍耐力和毅力。假如孩子在玩具店纏著父母買玩偶，不管要花上幾小時，父母都應該向孩子解釋爲什麼不能買。而且，不僅是孩子要聽父母的話，父母也要認眞聽孩子說話。在學校課堂上，老師說明完後，孩子也會不斷提問並對話。正是這樣的教育方式，培養出猶太人不斷提問和對話的習慣。

5. 反覆體驗「學習甜如蜜」

要讓孩子不厭其煩地學習，就要讓他們領悟到「學習就是在領悟甜如蜜的智慧」，因此，猶太人的小學教師會在一年級的學童前，用沾有蜂蜜的手指，寫出希伯來語的二十二個字母，教導孩子：「從現在起，你們要學到的東西，都是從這裡寫的二十二個字開始的，而且就像蜂蜜一樣甜蜜可口。」還有學校會送蛋糕給所有新生。在灑上白糖的美味蛋糕上，擺設以糖霜寫出的希伯來語字母。小朋友會在老師的引導下，邊用手指摸著白糖上的字母、邊品嘗甜味，這也是傳授「學習甜如蜜」的好方法。

6. 教導猶太人的認同感

猶太人會向孩子灌輸「神的選民」的榮譽感，一有機會就談論自己民族的偉人。在各領域都有很多猶太人締造出卓越基業，理所當然會對自己的民族感到自豪。不僅是物理學家，還有思想家、經濟學家，甚至是藝術及文化等，幾乎所有領域，猶太人都留下了各式各樣的基業，且直到現在仍相當活躍。

當然，民族優越感和曾經歷的苦難史，也是重要的教育內容之一。為了留下歷史教誨，他們會如實地讓孩子看見同胞在奧斯威辛集中營死去的悲慘面貌，為的是讓災難不再重演。

對長期失去國家、飽受苦難的猶太人來說，民族優越感會成為支撐他們認同感、維持命脈的力量，同時帶來民族自豪感和根深柢固的自信。自信是提高內在目標的重要因素，影響著個人如何設定夢想和人生目標。設定崇高而堅定的人生目標，是最能發揮身體目標導向機制的好方法。

另外，在童年時期就理解民族的苦難史，能讓孩子的心智更為成熟。這種教育帶來的思想深度和精神成熟，讓猶太人終其一生都不陷入懶惰或放蕩的道路，不會滿足於微小成就或停滯不前，能為了人生的崇高目標持續努力。從這個意義上說，建立猶太人身分認同的早期教育，可說是十分巧妙的方式，不僅能讓孩子理解曾經的苦難史，還能培育出民族優越感，進而勇於追求崇高的人生目標。

7. 透過經典傳授教育哲學

所有猶太母親都以《塔木德》或《塔納赫》等經典，用同樣的教育哲學和教育方法教導下一代。以優秀拉比們的智慧建構出理想的教育典範，以故事的形式編輯成冊，世代相傳，這種體系也是猶太人獨有的。而且，不僅是家庭和母親如此重視思維能力，學校及全體教師也都秉持同樣的哲學，實行強調思考力的教育方式。

✧ 提升思考力的「提問式教育」

有位國小四年級學生，在學了四邊形面積的計算方式後，想學習三角形面積的計算方式。現有的授課方式是教導「三角形的面積是四邊形的一半」，教導公式是「（底×高）÷2」，接著說明何謂底和高，並讓學生練習習題，學會計算三角形的面積。這種方式雖然告訴了學生如何計算三角形的面積，卻無法提高學生的思考力。那麼，什麼樣的教法才有助於培養思考力呢？關鍵在於「提問式教育」。

提問式教育不會說明任何計算三角形面積的方法，而是讓學生在遇到問題時，試著以先前學過的知識自己解決問題。這時，學生會挖掘腦中的各種知識並加以整合，展開活躍的思考活動，在學習新知的同時一併訓練思考力。

為了有效運用提問式教育，首先，要根據孩子的程度提出適合的題目；其次，要設定有助於學習的核心題目；第三，教育者必須先具備該領域的深度知識。

1. 從簡單的題目開始

即使是提問式教育，最好還是先以簡單的題目來確認孩子的程度，以思考五到十分鐘就能解決的問題最合適。以計算三角形面積為例，第一道適合的題目是求等腰直角三角形的面積，如圖1。由於已經學過計算四邊形面積，學生很快就能明白，答案是正方形的一半。在這個階段，為了讓學生算出答案，重點是營造有助於認真思考的氛圍。

2. 仔細想一想

接下來請提升問題的難度。即使學生解不開，光是在學習前充分思考，也足以提升思考力。由於難度偏高，為了讓學生有充分的時間思考，最好能在一至兩週前就提供題目。這時適合的題目，是求銳角三角

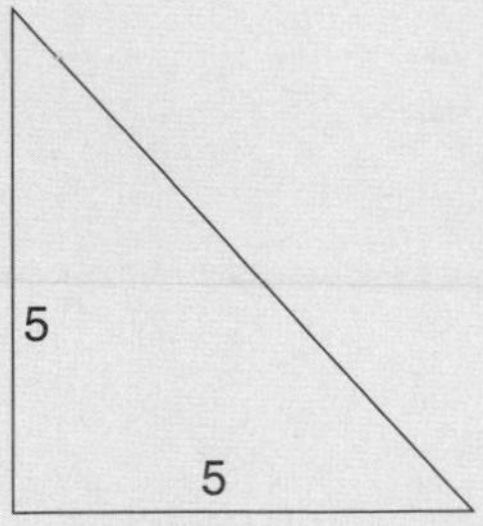

圖 1

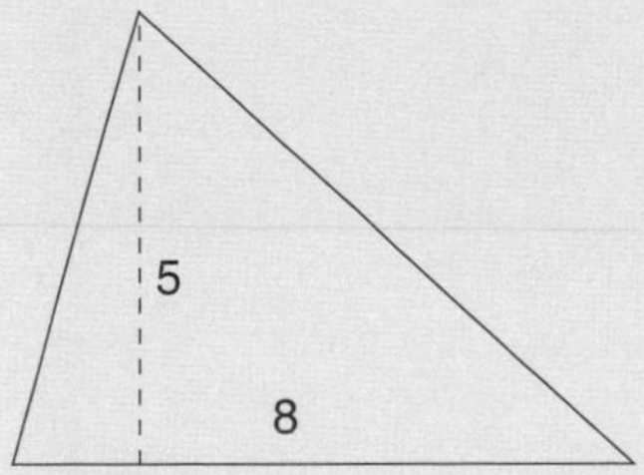

圖 2

形的面積，如圖2。在這個階段，鼓勵學生針對題目進行長時間的思考並給予適當的提示，效果會更好。

3. 以高難度的題目訓練思考力

難度低的題目可減少學生對學習的抗拒並激發興趣，難度高的題目則會激發學生的挑戰精神，領悟到深度思考和持續思考的必要性。

以三角形面積為例，這時適合的題目是求鈍角三角形的面積，如圖3。此時建議給予適當的提示，以激發學生解題的動力。即使算不出來，學生也經由思考掌握了更多核心觀念，好奇心也變得濃厚，若趁這時說明解題方法，就能讓孩子更容易理解，而不只是背公式，是確實掌握了解題概念。充分的思考訓練能讓學生不產生壓力，而是保持舒服的狀態在內心放緩腳步，像散步一

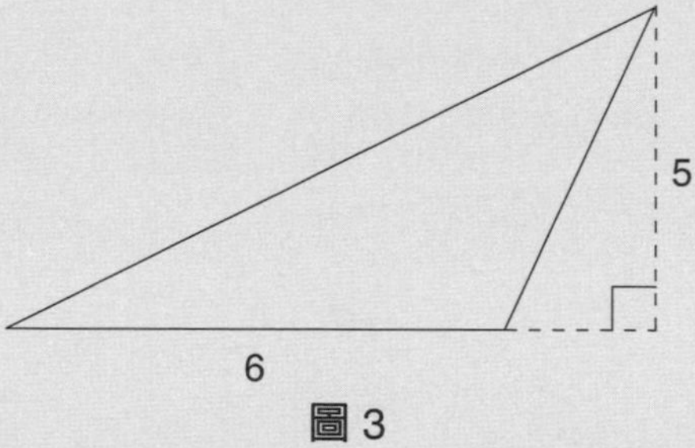

圖3

樣地慢慢思考，一步步靠近解決方法，就像熟悉游泳的人僅用最少的動作，也能快速地長時間游泳一樣。

即使是不習慣思考的初學者，只要接受提問式教育，也能有效掌握思考方法，找出問題的核心以解決問題，像玩智力遊戲一樣享受學習。但我想提醒大家的是，在提問式課程中，教學者只是嚮導，不能說出正確答案，「思考」和「解題」的責任須完全交給學生，讓他們能充分享受學習的機會和權利。

◎美國芝加哥大學數學系之所以能成為世界級的數學研究機構，是得益於數學家羅伯特．李．摩爾的教育方法。摩爾拒絕讓學生被動聽講，直接以在數學課本上學到的定理和證明解題，而是讓學生自行透過思考發現定理的證明後定義概念，並會讓他們在沒有教科書和其他說明的情況下，自己證明第一次看到的題目。摩爾希望透過這種課程，開發學生創造性的數學能力、正確的邏輯推理能力，以及嚴謹表達想法的能力。摩爾積極的數學教育方法，對培養真正喜歡數學以及有創意的數學家，產生了深遠的影響。隨著他的學生成為傑出的數學家，他的教育方法也受到了關注。這就是能提升思考力和創造力的教育方式。驚人的是，摩爾的數學教學方法，在許多方面都與提問式教學一致。

第五章

職場中的沉浸式思考

沉浸式思考，最強的競爭力

我們的意識長期被「努力工作」的模式支配。理解了多少與思考了多久並不重要，工作了多久才是重點，這才是帶來穩定工作和經濟報酬的成功指標。人們試圖透過努力工作和學習擺脫貧困，爲了撫平對未來的不安，追求穩定的工作似乎是最好的方法。

在這種模式下終求的「成功」，是爲了累積充分財富而做的布局。但難道成爲富翁就會幸福嗎？諷刺的是，在累積足夠財富的人中，眞正幸福的人並不多。由此可知，金錢不是幸福的必要條件。金錢雖然能讓生活變得便利，卻無法保障幸福。

不過，幸福可以在嘗試投入的過程中透過努力獲得。即使是以賺錢爲目標，只要投入其中、努力尋找方法，就能在過程中體驗到幸福。

從投入延伸出的「努力思考」模式，正是讓大家即使在學習或工作的過程，也能體會到快樂的方法。就像運動時得到的正面回饋，打網球或打高爾夫球時感受到的樂趣，**讓行為本身成為了目的**。

「努力思考」的模式能讓我們快樂地活在當下，做任何事不再是爲了追求未來保障而做的犧牲。在這種狀態下，不僅能達到更好的工作成果，能力也會快速提升。不再需要以現在的幸福換取未來的幸福，而能在享受幸福的同時，也確保能獲得更好的成果。

在「努力工作」的模式下，儘管不情願，還是要勉強去做；但在「努力思考」的模式下，工作是自己想要、甘願的，因此「努力工作」的效率絕對比不上「努力思考」。工作不該是生存手段，應該是生活目的，如此才能過上有意義、美好的生活。

如果未經思考就晝夜不分地工作，只會消耗自己而無法帶來成長。況且，以這種方式工作勢必會逐漸失去熱情和好奇心，並開始擔心如果有天自己無法再如此賣力，是否就會失去價值，不再被公司需要。然而，在「努力思考」的模式下，無論睡著或醒著，都在分析、思考自己的工作，能力勢必將迅速提升，熱情和好奇心也會被激發，成爲公司裡有能力解決所有問題的人，也是意料之中的事，這樣一來，反而是公司擔心你跳槽。

成功運用沉浸式思考的企業

多數值得我們尊敬的企業家或企業，都已經認知到思考的力量和投入的重要性，並將其引入經營之中，落實在第一線。

眾多跨國企業皆相信思考的力量並付諸實踐。這帶來了實質的經營成果，因此能大放異彩，代表案例就是微軟、IBM、3M，以及日本的未來工業。並非下令員工思考就能讓大家照做，而是要制定具體且特別的制度，讓員工能實踐自己的想法，以下介紹的公司就是具備這種完善制度的企業。

微軟的 Think Week

這些企業中，屬微軟最會利用以思考為主的投入概念。微軟是世上唯一讓所有研究員能獨自享有辦公室的企業。主管會明確定義各自的工作，員工只需遵守一定的工作時間，上下班都很自由，也就是說，微軟保障了最自由與理想的職場環境，讓員工能有效進行投入。

比爾．蓋茨每年會有兩次「思考週」，在偏僻別墅專注思考微軟未來的方向，這點已經透過《華爾街日報》廣爲人知。令人驚訝的是，微軟所有高階主管，每年也都有兩次的思考週。

微軟每位高階主管需解決的重要問題，都會被放在內部網站和所有人共享。要進行思考週的人，會從中選擇一個問題專注思考，之後再將結論上傳到內部網站，屆時，包含比爾．蓋茨在內的全體管理階層都會看見並給予評價。比爾．蓋茨和微軟的思考習慣，使微軟成爲當今全球首屈一指的創造性企業。

IBM的Think Smart

IBM的經營哲學是「Think Smart」。這就是在強調思考的重要性，也如實反映了ＩＢＭ傳奇人物托馬斯・華生的經營理念。「Thinkpad」這款眾所周知的筆電，也是仿效ＩＢＭ的這種經營哲學命名的。

ＩＢＭ培訓員工的架構正是以「思考」爲中心。簡單來說，就是「閱讀思考材料、聆聽思考材料，再透過討論來修改、整理模糊的想法。觀察其他人事物的情況，思考讀到、聽到、討論和觀察的內容」，且這些方式都會在業務第一線被徹底實行，因此意義更加深遠。

３Ｍ準備思考的時間

３Ｍ是少數能持續百年的成功企業，旗下擁有六萬多項產品，是全球銷售最多商品的公司。３Ｍ產品之所以廣受消費者青睞，是因爲他們以解決消費者的微小不便爲目標，不斷開發創意商品。

３Ｍ以建構所有員工都不得不思考的結構聞名，若近四年開發的新產品銷售額不及當年銷售額的三成，團隊主管就會被開除。這種結構掀起了革命性的熱潮，面對這樣的制度，一定要透過思考和研究，製作出有創意又實用的產品。

當然，其中還是有適當的福利。爲了讓員工自由進行研究，3M會安排十五%的工作時間讓員工進行思考，而這正是3M競爭力的來源。

上班族的天堂——日本的未來工業

七十歲退休、終身職、每年一百四十天的休假和特休、三年的育嬰假、每五年全體員工出國旅行等，這種所謂「烏托邦式的經營」、日本年輕人稱爲「夢想企業」的地方，就是未來工業。更讓人吃驚的是，該公司在業界市占率排名第一，到底是怎麼獲得這樣的結果呢？

未來工業的高度競爭力，源自新創產品的專利和一萬八千種創意商品，公司的口號是「時刻思考」。但並非要求員工思考大家就會開始思考，因此公司建立了相關制度，實際幫助大家落實思考習慣。他們經常以紙條向員工募集創意，只要內容不是批評上司或抱怨薪資，就能無條件獲得五百日元，以這種方式訓練員工思考。或許一開始是爲了獲得金錢獎勵，但大家也不會隨便提出點子，會稍微花心思想新構想，久了思考力也就提升了。或許剛開始沒辦法提出什麼有價值的想法，但幾年後就進步到想出任何人都想不到的點子了。

適用於職場的投入方法

在急需完成重大任務的緊急狀況下，經常會被迫忘記一切、投入工作，這正是典型的因危機而經歷的「被動投入」。這種被動投入伴隨著壓力，使人對投入產生負面印象，除非是緊急情況，否則不會想再次投入。因此比起被動投入，「主動投入」是更可取、有利於長期發展的狀態。

雖然執行業務的自由度會因公司、主管而異，且每個人自主工作的成果也不同，但若希望能達到主動投入，最重要的還是要培養自主工作的習慣。總結來說，過於自由可能變得放縱，過於限制可能變得被動，應該適當平衡兩者，但大方向朝著提升自主權的方向發展。爲了提高職場上員工的投入程度，公司和員工都要努力。

專注只做一件事

爲了提高投入程度，一次專注做一件事比較有利，因此要避免多工。比如醫學院教授需要上課、看診和研究，一天做三件不同的事很難提高投入程度，但如果將時間分成三等分，一部分只上課、一部分只看診，另一部分只進行研究，也就是說，將一年分爲四個月連續授課、四個月只看診，剩下四個月只進行研究，將更有利於提高投入程度。當然，可能會有人覺得這種方式會比同時進行三件事更無聊，但連續投入一項業務能讓人清楚地理解和長久地刻印，結果將更有成效。

縮短開會時間

在職場上，會降低投入程度的代表性妨礙正是「干擾」，各種會議及雜務就屬於這一類。

即使提升了對業務的專注度，只要一開會，就會讓投入程度降到谷底。頻繁開會反而會降低工作效率，應該要考慮這點來調整會議，此外，各種雜務也會分散專注力。爲了提高對重要事項的投入程度，確保投入時間的完整度非常重要。可以將處理雜務和重要業務的時間分開，保留完整處理重要業務的時間，如此一來就能提高投入程度。阻絕不必要的資訊也很重要，不要在上下班或休息時間看新聞或閒聊（如果要聊天，話題也最好與工作有關），而要繼續思考有關工作的事，那麼執行業務時就很容易投入，能有效率地工作。

在投入特定問題前，首先要充分學習相關的知識和背景，接著充分地專注思考，之後再跨入實驗等研究階段。只要專注投入一個月左右，腦中就會開始浮現新構想，讓人產生自信、相信自己有能力做到，並開始享受工作的樂趣，好奇結果會變得如何。若能利用這種主動投入，就最大限度地提高工作效率。

在職場上，我推薦使用以下三種投入方法。

架設「思考房」

如果無法像微軟那樣給所有研究員獨立的辦公室，也最好能在各部門外設立能獨自專注思考的空間，也就是所謂的「思考房」。在部門遇到重要的問題時，與問題最密切的人，就能在思考房內專注思考解決問題的方法。思考的時間短則幾小時，長則幾週。

設立思考房除了能自然營造出思考的氛圍，還有一個優點，就是能體驗在思考房專注思考、什麼都不做的感受。這種思考體驗不僅能增加解決該問題的可能，還有助於提升思考力，發展成對自己職務的熱愛。

導入「思考週」

微軟透過實際行動，證明了「思考週」的效果，因此能進階到從少數高階主管開始執行，並持續擴大範圍。如果在思考週期間完全進入投入狀態、冒出各種想法，那麼延長時間也是很好的方法。找出公司需要集中力氣解決的問題，在思考週期間專注思考至少一個星期，這是比架設思考房更積極的投入。

設立「全職投入思考者」

在管理顧問與領導力專家約翰．麥斯威爾的著作《思考的黃金法則》中，有則有趣的故事是關於「全職投入思考者」。

執行長帶著新進的年輕主管熟悉辦公室環境。走著走著，兩人經過角落一間大辦公室，裡頭沒有桌子、電腦、檔案櫃，也沒有其他常見的設備或器具，只有一位女士舒適地坐在椅子上望著窗外。

新進主管：「那間辦公室爲什麼不使用？」

「沒有不用啊。」執行長回答。

「喔，我沒看到桌子或任何東西。請問坐在椅子上的那位是誰？」

「那是公司副執行長，這是她的辦公室。」執行長解釋。

「她的工作是什麼呢？」

「思考。」執行長微笑回答。

「您僱用她只是讓她思考？您是說她不必從事任何『生產』？哇，我也很想做這樣的工作。」

「她最近的一個構想爲公司『生產』了兩千萬美元。如果你能有這種穩定表現，有一天也很可能得到像她這種工作。」

「全職投入思考者」這個詞或許聽來陌生，其實就是選出一位喜歡投入思考，且善於透過思考解決問題的人，將他選爲全職投入思考者，並減輕他的其他業務，讓他一年花幾個月在思考房裡任何事都不做，除了思考。在思考的過程中，如果要解決問題，當然可以找資料，也可以外出。這種設立專人投入思考的制度，是最積極將沉浸式思考應用在經營上的方法，試過以這種方式解決問題或開發新構想的人，必定都會承認其效果。

第六章

沉浸式思考的五個階段

第一階段：二十分鐘的思考練習

✦ 方法：思考無法解決的問題二十分鐘，一天練習五次，練習兩週以上。
✦ 意義：在準備投入的階段養成思考習慣。
✦ 目標：對自己的能力產生自信。

馬拉松幾乎對每個人來說都是很好的運動，幾乎任何體力一般的人都能做到。但如果沒有適當的準備或訓練，幾乎沒人能在剛開始就跑完四二・一九五公里。爲了跑馬拉松，訓練時需要準備適合的鞋子和服裝，從暖身或健走開始，之後則要持續練習跑一公里，再逐漸增加距離。

就像在運動前要先熱身，在嘗試投入的初期，也同樣需要熱身。首先要緊的是，培養能冷靜地坐著專注思考十分鐘、二十分鐘的能力。因爲長時間思考的投入也和馬拉松一樣，不是一次就能完成的。得先經過充分的思考訓練才能進行沉浸式思考，連專注思考十分鐘都做不到的人，是無法立刻進到投入狀態的。

在準備投入沉浸式思考時，得充分練習在二十分鐘只思考一個問題。選定要思考的問題後，在二十分鐘內只思考那個問題，然後每天進行五次以上的二十分鐘思考練習。

選定的問題最好是邏輯性的問題。對學生來說，最好選擇數學或物理問題；對一般人來說，最好是與工作相關的、尚未解決的問題。由於這是沉浸式思考的基礎練習，所以問題難度最好是那種雖然剛開始沒有頭緒，但是思考十到二十分鐘左右就能解決的程度。

最好的做法是身邊有人清楚知道你的程度，能幫忙選擇問題，否則自己選擇難度適中的問題通常很困難。如果不小心選到難度太高的問題，往往無法在二十分鐘內解決，要是遇到這種情況，請記得這一步的重點是進行二十分鐘的思考訓練，而不是解決問題。即使無法解決問題也不要灰心，只要在二十分鐘內多練習思考，就算達到目的了。第一階段的目的是要鍛鍊思考力和基礎體力，以準備投入眞正的沉浸式思考。

練習思考的核心要點

爲了進到第二階段，必須體驗僅憑思考來解決問題。一般來說，大部分學生遇到不知如何解決的數學題時，都會認爲無論自己再怎麼努力也解決不了，必須學過相關知識並掌握解題技巧才能解決這麼難的題目。

雖然剛開始會失敗、無法立刻解決問題，但只要不放棄思考並持續練習解決難題，有天就會開始在腦中浮現點子，體驗到單僅憑思考就能解決問題的經驗。看似絕對無法解決的問題，只要思考一段時間還是能解決，這種經驗會帶來驚人的感受。幾次經驗累積下來後，就能建立自信，並充滿自信地思考。我敢肯定，只要以適合自己程度的問題練習思考，任何人都能複製這樣的經歷。

反覆透過各種案例體會到這種經驗後，就會相信再難的問題都能以邏輯思考解決，也會體驗到解決問題的快樂，到後來，這種經驗還會發展成無法言喩的喜悅。像這樣建立新模式，就是在第一階段要掌握的最重要事項，也是進入下個階段前必備的熱身活動。光是實踐第一階段，解決問題的模式就會產生巨大的變化。

實踐第一階段對所有人都有益，無論是學生還是上班族。通常，如果在職場上執行業務時遇到不知如何解決的問題，就會斷定自己解決不了，然而，只要不放棄、遇到問題就練習思考二十分鐘，有天必定能體驗到開始浮現新點子。

現實生活中，大部分人往往很少深入思考，而是在忙碌的生活中，讓時間一天天過去。能思考的時間其實很充裕，很多人卻幾乎不思考就下判斷。選擇前應該要專注思考，重要問題要像深思熟慮後下圍棋那樣，長時間充分考慮後再判斷。如果在下圍棋時深思熟慮，就能提高獲勝機率，實力會迅速提升，樂趣也會倍增。同樣的道理，若在生活中選出眞正重要的問題專注思考，相較於不思考，實力必定會快速提升，工作也會更開心。恕我冒昧地這樣說，就算只是嘗試沉浸式思考的第一階段，只要全國人民都實踐，就是成爲先進國家的證明了。

日常生活中訓練思考二十分鐘

規律練習思考二十分鐘最合適的時間，就是「上下班時間」。一般通勤時會在公車或捷運上看新聞、玩遊戲，或亂想各種事情打發時間，但如果在這段時間專心思考現階段需要解決的問題二十分鐘，就能讓通勤時間變得具有生產力。每天上下班時練習思考二十分鐘，將有助於培養規律思考的習慣。如果已經習慣思考特定問題二十分鐘，覺得這種程度的專注並不困難，接下來就能以更高難度的問題，進行更長時間的思考訓練。

人的腦袋總是一刻不曾空閒，總是在想些什麼。據說，人每小時會想到兩千件事、二十四小時就會思考五萬件事，因此才有了「千頭萬緒」的說法。然而，這些想法只是「浮現出」的思緒，自己並沒有成爲大腦的主人，反倒是讓未經思考的想法占據了大腦。相較之下，應該要制定明確的目標，成爲大腦的主人，系統性地以「思考」解決問題，才是妥善運用大腦，且獲得最多快樂的好方法。

第二階段：兩小時的緩慢思考

✦ 方法：思考無法解決的問題兩小時，一天練習一次，持續練習兩週。
✦ 意義：領悟到如何不費力地長久思考。
✦ 目標：達到覺得思考一點都不費力，能思考一整天的狀態。

現在該練習跑十公里了。第二階段的目標是花兩小時專注思考同個問題。任何人都能輕易做到思考二十分鐘，且成爲習慣後，要持續思考三十、四十分鐘應該也不難做到，但要專注思考長達兩小時，可就不那麼容易了。

挑戰第二階段的人，應該已經充分體驗過以思考解決問題。一般來說，思考時間越長，相對能解決更高難度的問題，因此在這個階段會建議大家選擇更困難的問題，然後兩小時只思考那個問題！

一開始可能覺得針對同個問題思考兩小時很難做到，不僅需要高度耐力，還會因爲無法解決問題備感壓力。若是碰到解不開的難題，一般人都會絞盡腦汁去解決，可是這麼一來勢必會累積壓力，無法長時間維持思考。因此，爲了在兩小時內思考專注一個問題，我們必須改變思考方式，學會進行「緩慢思考」。

擅長游泳的人會放鬆全身，有效利用必要的肌肉運動，因此能游得快也不會累。打網球、高爾夫球或彈鋼琴也都一樣，如果手掌或手臂用力就會不太順利。也就是說，熟練的人都知道該如何放鬆全身，只專注在必要的部分。這樣做不僅不會疲憊，還是提升技巧的最佳方法。思考也是一樣，緊張狀態會讓頭腦很快感到疲勞，反而不利於解決問題，因此最好進行緩慢思考，想成自己正在安靜地冥想。

放鬆全身、輕鬆坐在舒適的椅子上，最好有能支撐脖子的靠墊，讓頭部舒服地往後靠，如果用脖子支撐頭部，時間一久勢必會對身體造成負擔。坐著時要維持最舒服的姿勢，但腰部不能往後躺超過六十度。閉上眼睛，維持舒適的姿勢，到這一步都和冥想沒什麼不同。保持舒服的狀態後，就能開始慢慢思考特定的問題，可以想像自己是在內心放緩腳步，像散步一樣地慢慢思考。一旦學會這樣緩慢思考，無論多久都不會累，思考得越緩慢，反而越容易想出創新的點子。

從第一階段進階到第二階段的重點，是充分體驗「只用思考解決問題」這件事；從第二階段進到第三階段的重點，則是學會「緩慢思考」的方法。學會緩慢思考的方法，能讓思考變得毫不費力，甚至可以思考一整天，達到這種狀態就表示準備好進入第三階段了。

緩慢思考的要點

在日常生活最容易實踐緩慢思考的時間，就是「睡前」。此時能舒服地躺在床上，慢慢思考要解決的問題後再入睡。這時如果浮現出點子，可能會睡不著，但請不要強迫自己睡覺，而是要起來將想法記下。如果覺得睡眠比獲得點子重要，那乾脆選擇難以輕易想到點子的高難度問題，更有助於睡眠。

早上醒來時也很適合實踐緩慢思考。如果醒來後發現還不到起床時間，可以先躺著思考，這種狀態幾乎和打瞌睡差不多。這時請繼續思考昨天入睡前想著的問題，一有想法就立刻起身記下。

飯後去公園邊散步邊思考也是個好辦法。散步會讓人心情舒暢，很容易專注思考一件事。若在慢慢地散步時思考，就會覺得思考的速度也變慢了，走得越慢，思考就越慢，這樣一來就能抓到一些感覺，了解緩慢思考是如何進行的。如果在思考問題時無法專注，可以試著在跑步機上邊慢走邊思考，很有效，因爲在跑步機上周圍場景不會改變，比散步更容易專注。

如果習慣了緩慢思考，就能直接運用在自己的課業或一般業務上，也就是放鬆全身，坐在舒適的椅子上進行。我主要的工作是備課、閱讀及寫論文，都是以這種姿勢進行思考的。我會坐在高度較低的椅子上，把筆記型電腦放在腿上工作。以這種方式工作能達到很高的專注力，很久也不會疲憊，也不會厭倦或產生壓力，只不過偶爾會犯睏，但我相信打瞌睡是好事，所以睏了就會直接脖子往後靠、小睡一下，醒來再繼續工作。

在某些特殊的情況下，得要像以前那樣以緊張的姿勢坐在書桌前工作，但專注力明顯下降，很快就會疲憊，而且那樣長時間工作還會累積壓力。工作時坐姿端正、保持緊張感，跟全身放鬆、維持舒服的姿勢，兩者的差異跟練習高爾夫時用力過猛和放鬆的差異非常相似。

日常生活中訓練緩慢思考

爲了訓練緩慢思考，如前所述，選擇難度低的問題更有利。以下是小學四年級的數學題。請慢慢閱讀這些題目，在完全理解題目後闔上書本，然後慢慢思考。問題雖然不難，但都需要十分鐘左右才能解開，請以充分思考的心態緩慢地在腦中解題。爲了避免頭腦產生任何負擔，即使是刻意的，也要以緩慢思考解決問題。

・第一題：今天是星期三，如果從今天起算的一百天後會放假，請問放假的那天是星期幾？

- 第二題：某個數字應該要乘以四十二，卻計算錯誤，變成了加四十二，結果算出六十一，如果正確計算，答案應該是多少？
- 第三題：現在時間是五點整。此時時針和分針形成的角度中，角度大的和角度小的各是幾度？

請放鬆全身，以舒適的姿勢坐著，讀完這些低難度的題目後閉上眼睛或者闔上書本，盡可能訓練自己以緩慢思考解題。緩慢思考能讓人毫無壓力地順利專注，持續這樣訓練後，就能了解其中的要領，還能體驗到心情開始變得舒暢。

第三階段：藉由規律運動維持最佳狀態

- ✦ 方法：每天規律做喜歡的運動一小時；每天思考解決不了的問題兩小時，星期天則要思考一整天。
- ✦ 意義：維持能持續思考多天的最佳狀態。
- ✦ 目標：領悟到為了最大限度發揮自己的能力，必須規律運動並養成習慣。

這時要透過半程馬拉松等短程馬拉松來預備全程馬拉松。到了第三階段，已經達到了七成的投入程度，無論學生或上班族，都已經習慣在生活中以沉浸式思考解決問題。專注的時間變長後，選擇的問題難度也會自然提升。此時「管理身體健康」非常重要，因爲沉浸式思考是極致發揮精神力量的腦內活動，可能導致身體或精神出問題，這也正是一定要搭配規律運動的原因。

在這個階段，請選擇自己喜歡的運動，每天規律運動一小時。這時要注意的是，運動本身不是目的，只是維持最佳狀態的手段。要是過度運動超過兩三個小時，反而會降低投入問題的程度。

每天都要規律運動，平日繼續進行第二階段中的緩慢思考兩小時，週末則要在週六或週日中選擇一天，挑戰一整天只思考一個問題。只要持續規律運動，身心就會處於最佳狀態，維持一整天只思考一個問題。

保持最佳狀態的核心要點

規律運動是激發生活和工作熱情的重要動力。不喜歡運動的人如果開始每天規律進行一小時流汗運動，持續一個月後，勢必將提升對生活和工作的熱情。

原本我是完全不運動的人，爲了解決沉浸式思考過程出現的失眠症狀，才開始每天打網球一小時，至今已持續多年。即使沒處於投入狀態，我依然每天規律打網球。規律運動的效果眞的很驚人，我發現，透過規律運動帶來對生活和工作的熱情，遠超過獲得雙倍薪資的效果。如果薪資提高一倍，對生活的滿足感和動力大概能維持三四個月，但終究會慢慢變得平淡；然而，規律運動帶來的動力卻會持續增長。

無論你想追求的是幸福還是成功，熱情高漲、動力提升並維持在最佳狀態，都是非常重要的。處於最佳狀態的我，和一般或不佳狀態的我是完全不同的人。從追求的目標或追求目標的態度和動力中，不難看出在最佳狀態時，對生活目標十分明確、健全，但在狀態不好的情況下，會將偉大又健全的目標忘得一乾二淨，只想隨心所欲地生活。

若能長期維持在最佳狀態，生活自然會走向成功；相反地，長期狀態不佳的人，生活會往困難的方向發展。如果把維持最佳狀態的生活，比喻爲知道正確方向並堅持航行的船；狀態不佳的生活就像失去方向後隨波逐流，被風吹得到處漂泊的船。

狀態良好時，能按照自己的意志生活，萬一狀態持續不佳，想按照自己意志生活的力道就會減弱，不做該做的事，而去做不該做的事。沒人會樂見自己變得肥胖，墮落到無邊際深淵的人，也不是因為自己理性的意願才變成那樣。得過流感或重病的人都感受過，狀態不好時根本無法思考，更別提什麼崇高理想了，所有想法都會下意識專注在如何消除眼前的痛苦。這個概念跟馬斯洛的需求層次理論說的一樣，如果無法滿足基本需求，就無法進入更高層次的階段。

想實踐沉浸式思考，就必須具備想過上有意義人生的堅定意志，以及對生活的自信。沉浸式思考的目的在於開發自身潛力，成為擁有思考力、創意、享受工作的人，而非期待眼前立即出現好結果。因此，為了真正投入沉浸式思考、提高思考的品質，讓自己湧現對生活的自信、抱持更高的意志，透過規律運動保持最佳狀態是非常重要的。

在日常生活中訓練保持最佳狀態

緩慢思考能獲得冥想的效果，達到心情平靜、幸福的狀態，再搭配規律運動維持充滿動力和自信的最佳狀態，就是同時掌握幸福和成功的最佳方法。要讓這種狀態成為生活的基礎，才能產生自信、追求極致的能力和最佳生活。

最佳狀態顯然與大腦和身體的專注度有關。

流汗運動會讓大腦和身體高度專注，而沉浸式思考正是一種大腦高度專注的狀態，所以可以理解為，透過運動達到一定程度的專注狀態，就更容易投入沉浸式思考，並且一旦達到投入狀態，想要脫離也能輕易離開。前面提過，完全不搭配運動就投入沉浸式思考，就算想脫離投入狀態，也會難以按照自己的意願離開，反而容易傷害身體和精神健康，需要特別注意。

當然，真正意義上的最佳狀態，是只有在完全投入時才能得到的。不過，即使沒有完全投入，只要下定決心，任何人都可以同時進行「容易實踐的規律運動」以及「帶來冥想效果的緩慢思考」，這樣既可以獲得關於工作的好點子，也能在日常生活中維持最佳狀態。

第四階段：思考七天讓大腦活動極大化

- ✦ 方法：思考無法解決的問題七天。
- ✦ 意義：體驗高度投入。
- ✦ 目標：一整天只想著一個問題，想著問題入睡，也想著問題醒來。

現在開始真正跑馬拉松了。是時候嘗試「一〇〇%的沉浸式思考」了。

充分進行第一階段的思考訓練後，會開始對自己的思考力產生自信；在第二階段學會慢慢思考後，能思考一整天也不覺得累；在第三階段則透過規律運動的習慣，讓每天都能維持在最佳狀態。已經具備了一切能體驗沉浸式思考的條件。如果已經適應了第一階段到第三階段，那麼可以嘗試投入三天，不過，建議第一次嘗試的人空出一週左右的時間，讓自己有餘裕地慢慢挑戰，試著一星期只思考一個問題。學生可以利用放假期間、上班族可以利用休假期間，這樣就能空出一週的時間。至於嘗試投入前需要準備的事項，可以參考〈第二章〉。

大腦活動極大化的核心要點

現在要決定該針對什麼問題來投入了。

到了這個階段，會有股動力和自信想解決某種具重大意義的問題。如果在多次緩慢思考的訓練後，在業務或學習領域的思考力和創造力已經大幅成長，面對任何問題都能長時間思考、不會疲倦，那麼，這個階段最好開始挑戰高難度且重要的問題。因爲無論挑戰再多別人能解決的簡單問題，都無法感覺到更大的進步。

就算只是單純想了解「緩慢思考」的眞正威力，也要嘗試挑戰高難度且重要的問題。如果解決了，接下來就要挑戰可能改變人生的重大問題，這樣才能以緊張卻極度眞摯的姿態發揮自己的最大能力。

買股票的人不僅會關注股價指數，還會關注國際油價、全球經濟等，會因股價又哭又笑，正是因爲他們賭上了錢。投資一千元和一千萬元的人的關注和熱情，肯定不一樣，但如果是要解決關乎自己人生的問題呢？那時的投入不僅會最大限度地提升大腦的活躍程度，還直接關係到自我實現。

在日常生活中訓練大腦活動極大化

既然選定了高難度問題，現在就要挑戰七天只思考那個問題。

由於問題難度高，想個幾天都不會有進展。要解決已經盡最大努力投入還是毫無進展的問題，絕非容易的事。然而，如果先前已經累積許多緩慢思考的經驗，具有能長時間思考的能力，只要下定決心，就能做到連續思考七天。

這時我們的大腦會發生很多變化，乍看之下，在解決問題這方面毫無進展，但只要繼續思考，能解決問題的想法和意志就會不斷輸入大腦，在內部一點一滴地發生變化。這種狀態只要維持三天左右，大腦就會轉換成緊急狀態，認爲要是無法解決這個問題，就可能有生命危險，於是對身體宣布進入緊急狀態——這種狀態就是完全投入，意識裡沒有任何其他的想法，單純只思考那個問題。

開始嘗試後，最快可以在第三天體驗到完全的投入；即使無法在第三天體驗到也不要放棄，繼續挑戰七天看看吧！第一次挑戰的人很難一次就成功，但希望你不要放棄，每年都制定一兩次的思考週挑戰自己。

若要做到沉浸式思考，首先要實踐「努力思考」，但要使用「緩慢思考」的方法。用緩慢思考的方法持續思考，就會變成「深度思考」，如果更進一步提高投入程度，就會體驗到「思考的樂趣」。

第五階段：價值觀的改變

- ✦方法：持續體驗投入超過一個月。
- ✦意義：透過投入體驗感受變化。
- ✦目標：領悟到最佳生活。

用馬拉松來比喻這個階段，可以說是跑完全程後，確認自己變化的過程。此時身心已經適應了全程馬拉松，現在只要下定決心，隨時都可以持續跑馬拉松。

可以根據需要，也可以根據意願調整節奏。到了這個階段，已經超越了解決瑣碎問題的程度，而是在深入了解相關領域後，達到擴張思考範圍、改變價值觀、產生對人生的洞察力，找到成功和幸福，達到能靈活接受一切的境界。

人必須相信自己做的事情是世界上最重要的，才能全心投入那個問題裡，如果沒有這樣的信心，無論做什麼事都只會呈現得過且過的態度，眞正想的是一走了之。那種情況只會用上極小部分的能力，難以在工作中感受到樂趣，也就是難以投入。

李昌鎬認爲「圍棋」是世界上最重要的事，也將自己的人生全部投入在圍棋上；老虎．伍茲認爲高爾夫球是世界上最重要的事，於是一生奉獻給高爾夫球。雖然這種「相信自己的工作是世界上最重要的事」的信念是非常主觀的，但爲了最大限度發揮自己的能力，請刻意努力建立起這樣的價值觀。

價値觀變化的核心要點

人的價値觀不是一朝一夕形成的，而是透過長期的經驗慢慢成形，且不容易改變。但如果體驗過長期沉浸式思考，就會形成新的價値觀。我認爲，沉浸式思考狀態下常經歷的打瞌睡，對這種價値觀的改變發揮了很大的作用。

人沒有經歷過就不會眞正相信。體驗沉浸式思考一個多月後，會開始認爲自己做的事很崇高。會將沉浸式思考的成果，也就是投入所獲得的創意匯集起來，最終完成一個作品，這個過程就像自己懷了孩子一樣，甚至帶給人一種神聖的感覺。不僅如此，沉浸式思考還能讓人區分出人生中眞正有意義的事。在投入狀態下看世界的眼光明顯與平時不同，長期體驗沉浸式思考會改變看世界的眼光，價值觀也會隨之改變。

如果你一直以來都蹉跎光陰，過著空殼般的生活，那麼，現在開始你可以選擇度過更有意義的生活，重新調整看世界的觀點和價值觀。沉浸式思考不只是一種思考方式，而是能改變個人價值觀，讓人重新思考人生眞諦和價值的信念系統。

你也能做到沉浸式思考

沉浸式思考是高度的精神活動，至少要用三天以上的時間忘記生活的一切，只思考需要解決的問題才能做到。因此，事前需要經過充分的思考訓練，也要有強烈的意志才能投入。

本章介紹的五個階段，即使是初學者，只要能堅持實踐，就能投入其中。若能從第一階段開始循序漸進地實踐，最終就能眞正體驗沉浸式思考的投入狀態。**就算最終無法進入最後的投入階段，各階段的學習也會讓學生提高學習力、讓上班族提高工作能力。**

掌握第一階段的思考練習，解決問題的能力會急速上升。

掌握第二階段的緩慢思考，就能擺脫壓力，愉快且自主地學習和工作。

掌握第三階段，也就是維持最佳狀態的階段，就能充滿自信，始終朝著一個目標生活下去。

在第四階段準備好進入沉浸式思考且持續體驗投入狀態，就會達到第五階段，也就是獲得各種人生體悟。

沒有必要從一開始就以最後階段的投入狀態爲目標。首先，從自己能實踐的階段開始堅持練習看看，觀察自己進步的變化吧！

你會從某一刻起想挑戰更高階段的投入。所有過著忙碌生活的人，都很難經歷到我所體驗的極端投入狀態，但這種體驗卻是我人生中最有生產力，且最幸福的經歷，至少這個明確的事實不會改變。

如果每天都要上學或上班，投入程度必然會很低，但只要有意識地朝著最深入的投入方向前進，就能系統性地提高投入程度，並隨著投入程度的提升，更大程度地發揮自己的智力與開始感受到工作的樂趣。

練習沉浸式思考的階段越高，投入程度就越高；學到的階段越高，工作起來就會更有趣、更有效率。重點是，實踐這五個階段就能建立良性循環。

職場上的惡性循環是：對工作產生壓力，因壓力不想工作導致工作效率下降、成效不彰，因此被上司責備，面臨更大的壓力，越來越不想工作。一旦陷入這種惡性循環，職場生活就會逐漸令人倦怠。然而，只要學習沉浸式思考的五個階段就能擺脫這種惡性循環，甚至在第二階段就能開始在工作時不感到壓力，反而像玩遊戲一樣有趣。

在第一階段和第三階段，思考力和專注力會提高，身體會處於最佳狀態，所以能徹底發揮自己的能力，成果自然也會變好，因此覺得工作更有趣、有意義，這就是工作的良性循環。對學習的態度也是一樣，不再認爲學習是壓力，反而覺得很快樂。投入的五個階段會一步步改變你的生活，逐漸擴大充滿正能量的時間。

沉浸式思考能讓你成爲眞正的人才

對企業來說，成功招攬一位人才，是比得到許多訂單更有價值的事。奇異前董事長傑克．威爾許表示：「我將七五%的時間都用於尋找、安排和獎賞核心人才。」微軟創辦人比爾．蓋茨說過：「如果當初沒有二十名核心人才，就沒有今天的微軟。」全球頂尖企業爲了聘用優秀人才，幾乎像是在打仗般爭奪，因爲人才就是企業的競爭力。即將到來的未來也並無二異，現在這個時代需要的，是具有思考力和創造力的熱情人才，而沉浸式思考將使這件事變得可能。

想法雖然無法被肉眼所見，但越專注就越能取得看得見的成果。能否將任何人都能想到的想法，轉化成自己獨有的嶄新創意，取決於你的投入程度。一且養成思考的習慣，循序漸進地學習沉浸式思考，任何人都能同時掌握成功和幸福。

沉浸式思考的神奇之處

我曾以「該如何生活」的問題投入思考一週，過程中浮現很多想法，但最終我得出了兩個簡單的結論：一、是「幸福地生活」；二、是「全力做好該做的事」。

人經常只將該做的事視爲維生的手段，但那樣想會讓工作和生活變得無趣。工作本身必須成爲想達成的目的，才會提高效率和成功的機會。學習也是一樣，只有享受學習的人才能成爲前一%的人，也只有他們才能成爲「天才」。

現在起，一起將要做的事、要讀的書，當成世上最崇高的目標吧！這麼一來，生命中的每個瞬間都會變得幸福，這就是我想透過本書傳遞的內容。享受該做的事、幸福生活的方法究竟是什麼？我從「沉浸式思考」中找到了答案。

假設有件非做不可且已經定下期限的事，那麼當身邊的人期待越大，你承受的壓力就會越大；當要做的事超過自己的能力，動力就會減弱，但是請換個想法吧！旁人的期待越高、問題的水準越高，不就是讓自己實力被認可的好機會嗎？沉浸式思考能讓人想出有創意的點子，也能讓人享受期待和壓力，因此讓非做不可的事變成了愉快的事。

內在的投入可以轉換爲外在的社會性成果，這正是沉浸式思考的神奇之處。

結語

希望這本書能開啓你的投入體驗

從一九九〇年到一九九七年經歷的沉浸式研究，對我來說是非常特殊的體驗。這段經歷不僅成爲我人生的閃光點，我似乎還因此掌握了研究的祕訣，學會了爭取幸福的方法。因此只要有機會，我就會向身邊的人講述這個如英雄故事般的經歷。

聽到我的故事後，第一個建議我出書的人，是韓國電子通信研究院的朴文浩博士。我聽到他的話後便開始苦惱，不僅是因爲完全沒有出書經驗的人要寫書，需要花上很多時間和努力，我也懷疑這樣的經驗是否值得出書。

一開始，我以爲對研究投入的心理學家而言，這已經是眾所周知的事了，因此寫了電子郵件給《心流》的作者，也就是世界級心理學家米哈里·契克森米哈伊教授。我簡略地提到自己的經歷，表示想親自拜訪他，詳細說明這個體驗。他欣然接受了我的請求，於是我在二〇〇五年夏天，參觀了他在美國蒙塔納州的別墅。

契克森米哈伊教授對我的故事表現出極大的興趣。他開心地說，我經歷到的部分內容是他已經知道的，但這是他第一次聽到如此有架構又完整的說明，如果這種投入能不只發生在我自己，也能在別人身上複製，勢必將是一個非常棒的理論。尤其我在自己的經驗還特別細膩地觀察了情緒的變化，這一點很特別，因此他鼓勵我說，我有能成爲優秀心理學家的資質，也爲我打氣，說該內容相當有價值，足以整理成論文，也值得出書。

從那時起，我就下定決心，總有一天要把這些內容整理成書。某天，我的指導學生李東權開始嘗試沉浸式思考，他完成了四十天的投入體驗，他的經歷對理解沉浸式思考很有幫助。我獨自經歷的時候，很難區分是源自於我個人的特性，還是投入時會出現的共通現象，但李東權的經驗，對沉浸式思考的普及有很大的幫助，我們兩人的經驗確實有不少共通點。

同個學院的李正中教授，讓我首次有機會向企業介紹沉浸式思考，業界對我的投入體驗表現出的高度興趣令我相當意外，成爲我開始向多間企業發表演說的契機。消息傳開之後，現在也持續有人邀約我演講。

在演講過程中，我發現聽眾中和我擁有相似經歷的人出乎意料地多。大部分人經歷到的投入，雖然不及我經歷的程度，但多少還算是類似的體驗。看到這麼多人對我的故事產生共鳴，我相信我經歷的投入體驗是可以普及的。

本書不是將我所體驗到的特別投入做完結的內容，相反地，我想把本書的意義放在首次提出這個問題上。希望這本書能拋磚引玉，讓更多人投入沉浸式思考，提高內容的完整度，也希望更多人能透過沉浸式思考，找出具生產力又幸福的生活。

據說，古人從沒想過閱讀時可以不發出聲音，但隨著某個修道士確認默讀的可行性之後，便在十二、十三世紀開始傳播，現在全人類都在使用默讀；同樣地，相信在不久的未來，我體驗到的沉浸式思考會得到驗證，讓更多人都有能力這樣做。

爲我的投入體驗帶來決定性幫助的，正是我研究所時期的指導教授尹德鏞。

我想藉此再次感謝他的優秀教導，希望這本書能讓更多人了解他教導方式的用意。另外，我也想感謝韓國電子通信研究院的朴文浩博士，他是第一個建議我寫這本書的人，還讓我詢問許多關於腦科學的專業知識，也要感謝同個系所的金度然教授、李京宇教授與IGM顧問李鍾勳博士。他們不僅協助我寫稿，還提出建議方法更有效地宣傳投入。此外，我想要感謝大德網的李錫烗社長，他對我的投入體驗表現出與眾不同的關注，在百忙之中仍抽出一週的時間嘗試沉浸式思考。

在完成這本書的時候，李東權的幫助最大。李東權以自己的投入體驗爲基礎，仔細閱讀我的草稿並幫忙修改。成均館大學兒童系的崔仁秀教授在讀完初稿後，幫助釐清「心流」的概念，尤其他還建議我寫入比較我的體驗和話頭禪的內容。感謝KBS國樂廣播主播徐珠熙和材料工學部的朴順英在讀完原稿後給予協助。感謝黃寶敏英小姐、指導學生鄭容彬，以及遠在美國的白承協，他們允許我在本書中收錄關於自己嘗試投入體驗的電子郵件內容。〈第三章〉提到的羅丹和愛迪生的軼事，皆摘錄自《18小時投入的法則》，感謝作家李知晟允許我收錄這段內容。

與朱正林編輯合作也是愉快的經驗，我從來沒有寫過專業領域外的書，但朱正林編輯給了我自信，持續引導我寫出這麼好的書。也想感謝作家金蘭熙，她修改得讓讀者能讀得更順暢。另外，還要感謝我大哥，他從小就強調思考的重要性，鼓勵我進行沉浸式的研究。

最後，我想向妻子表達感謝，她聽我談論投入體驗談論了無數次，卻總是像第一次聽到一樣，非常關注地聆聽並閱讀我的草稿，也想要和親愛的秀珍、圭賢一起分享出版這本書的喜悅。

圓神出版事業機構 Eurasian Publishing Group 用心與你對話・視野無限寬廣
方智出版社 Fine Press
www.booklife.com.tw reader@mail.eurasian.com.tw
生涯智庫 217

沉浸式思考：自我革命，改變人生

몰입 Think hard!：인생을 바꾸는 자기 혁명

作　　者／黃農文（황농문）
譯　　者／葛瑞絲
發 行 人／簡志忠
出 版 者／方智出版社股份有限公司
地　　址／臺北市南京東路四段 50 號 6 樓之 1
電　　話／（02）2579-6600・2579-8800・2570-3939
傳　　真／（02）2579-0338・2577-3220・2570-3636
副 社 長／陳秋月
副總編輯／賴良珠
主　　編／黃淑雲
責任編輯／李亦淳
校　　對／林振宏・李亦淳
美術編輯／李家宜
行銷企畫／陳禹伶・黃惟儂
印務統籌／劉鳳剛・高榮祥
監　　印／高榮祥
排　　版／莊寶鈴
經 銷 商／叩應股份有限公司
郵撥帳號／ 18707239
法律顧問／圓神出版事業機構法律顧問　蕭雄淋律師
印　　刷／祥峰印刷廠
2024 年 6 月 初版

定價 390 元　　ISBN 978-986-175-797-1　

「想實現成長，一定要經歷思考這個環節。」

——《巨人的筆記》

國家圖書館出版品預行編目資料

沉浸式思考：自我革命，改變人生 / 黃農文著；葛瑞絲譯. -- 初版. -- 臺北市：方智出版社股份有限公司, 2024.06
304面；14.8×20.8公分 --（生涯智庫；217）
譯自： Think hard!：인생을 바꾸는 자기 혁명
ISBN 978-986-175-797-1（平裝）
1.CST：成功法 2.CST：生活指導 3.CST：思考
177.2 113005047

討好者的自適指南

The People Pleaser's Guide

to Loving Others Without Losing Yourself

將注意力從博取認同拉回，
逐步還原關係裡的「真實我」

Mike Bechtle麥克·貝勒——著　謝慈——譯

獻給愛芙莉

你是傑作

上帝的詩篇

我看著你時總是感到驚喜

你已經夠好了

你原本的樣子就足矣

目次

第二部分 善良者面向世界的五個不安

第三部分　找回內在力量的十個起手式

第四部分 把夢想縮小

引言
不要低估善意的力量

既然我注定令人失望，至少我不要再令自己失望。

無名氏

我之所以寫這本書，是因為我累了。

終其一生，我都努力討好別人。我並沒有意識到自己的行為，因為這已經成為生活的一部分——就像是魚不會特別注意到水的存在那樣。我希望人們喜歡我，所以我所做的決定幾乎都以此為目標。

高中時期，我對自己很沒信心（但每個人都是這樣吧？）。於是，當我開始找工作時，總是選擇和朋友們不同的工作：在太平間上班、賣樂譜、經營商業印刷、主持通勤時段的廣播節目、擔任婚禮攝影師等。我以為人們會注意到我的不同，並對我刮目相看。

我的計畫很成功，人們確實很佩服我。然而，我的不安並沒有改善。內心深處，我知道他們佩服的只有我的作為，而不是我這個人（至少我是這麼以為的）。我從未給他們機會看見真實的自己，因為這樣風險太大了。

我太過執著要當個「好人」。我所仰慕的人通常都是慈祥和藹、不輕易動怒的大人。他們個性穩定、始終如一，受每個人喜歡。我很好奇，他們為什麼不會對任何事生氣，我以為他們天生就沒有脾氣。因此當我生氣時，會學著壓抑怒火，不讓任何人知道。我或許氣在心裡，表面上卻會說：「沒關係。」

當然不是沒關係。我開始偽裝，但我以為，這是為了生存而不得不為。換句話說，我從不坦誠面對自己；為了討好其他人，我扭曲了自己的模樣。這並不容易，因為我必須隨時保持警覺，才能維持這樣的表象。漸漸地，表象成了自我認同，而我努力地偽裝下去。

我是個嚴重的討好者。

你仍然可以討好

最終，我開始燃燒殆盡。我意識到，自己一直為了其他人而活，而不是為了自己。但我覺得自己被困住了，找不到脫逃的方式。每個晚上我都因為內心焦慮而輾轉難眠。我知道自己撐不了多久，遲早會崩潰。

我當時心想，也許能從書上找到解決方法。於是我去書店翻閱一些書後，得到三個啟示：

一、討好別人不好。

二、我們不應該繼續討好別人。

三、停止討好別人的方法，就是專心討好自己。

乍看之下挺有道理的，但我就是無法信服。這些書似乎是要我激怒別人，搞得天怒人怨，只關心我自己。這和我一直以來的為人和形象截然不同。我不是個討厭鬼，我是個好人。如果停止當個好人，一切會變好嗎？

看完這些書，我又看了不同的文章和網站，看到的建議都大致相同，「我得轉移注意力，不再一味滿足其他人，而是把自己擺到第一位」。讀得越多，就會發現重點並無二致。假如真是如此，那麼我以往對其他人的關注，只是讓我不斷迷失自己。顯然我必須更自私一些。

但我的內心深處，卻不斷浮現一些惱人的想法。

討好難道沒有好的一面嗎？

除了仰賴別人的看法外，有什麼更能提升自我感覺的方式嗎？

我能保有更健全的自我認同，同時繼續討好別人嗎？

我能更有自信、更堅強地關心別人嗎？

我的成長之路由此啟程。為了回答前述問題，我開始探索如何不將自我認同建立在其他人的看法上。假如我能看見真實的自己，學習接受自己的獨一無二，就不再需要尋求其他人的認同。可以單純把其他人放在心上就好。

除此之外，這本書將比市面上其他類似書籍再更進一步。如果藉由討好別人來提高自尊，就是不健康的行為傾向；首先，我們可以學習更專注在自己身上，讓自己的身心更健康。

假如能達到這樣的健康心態，就能奠定穩健的基礎，成為「強大」的討好者。我們可以做對的事，幫助他人，滿足他們的需求。我們可以在接受真實的自己後，再真心地關注其他人。

不再討好，要慢慢的

我希望可以這麼說，我已經從長期努力討好別人的掙扎中痊癒了。但實際上，討好別人的傾向依然存在，我的旅程並未結束。不過，此刻我已重建信心，可以做自己，並且善用自己的獨特性來幫助其他人。

我正在追求自由的旅途中，而我想邀請你一起加入。我不會假裝自己已經得到所有的答案，但我希望能給予你在初期一些啟發。

你可以想像我們一邊品嘗咖啡、一邊聊天。本書每個章節點出這趟成長之旅的不同面向。我們會討論哪些方法有幫助、哪些沒有，也會分享其他人經歷過的掙扎和困境。坐而言不如起而行，我們將一步一步勾畫通往終點的地圖。

我的名字後面加上了「博士」這個頭銜，但我不是心理醫生。我不會假裝自己能像心理治療師那樣，提供可貴的專業觀點（我曾在專家的引導下覺察自己的動機和驅動力，所以切身知道專業的價值）。高等教育和成人學習是我的專業領域，而我迄今的職場不是在大學就是企業的講堂裡，探索如何克服解決溝通上的挑戰。從實務的角度切入人際關係，是我所能提供與眾不同的觀點。這也是前幾本書的主題。

這段旅程後會給予你幾個禮物：

- 你會發現，掙脫長久以來的生活模式比想像中容易。
- 你將學到如何拒絕，而不是直覺地答應。對象是誰都一樣。
- 你將在人際關係中更自在，不再需要去掌控其他人，就算對方是控制狂。
- 你會發現「做自己」反而更容易討人喜歡，因為現在的自己已經夠好了。
- 你會學習找到真實的自己，並愛自己，而且不再逼自己改變。
- 你的壓力會大幅減輕，因為你不再需要努力追求自己在人際關係中的定位（不再追求掌控一切）。
- 你會成為真實的自己，但仍然可以做個「好人」，好過以前。

- 你將學習如何不帶侵略性地面對衝突（而是充滿自信心）。
- 你不再時時焦慮，終於能一覺到天亮。

重要的是，你確實能改變。你不須繼續在討好別人的流沙中苦苦掙扎著建立自尊。然而，當你為自己打下健全的基礎時，你將會成為真正的討好者——而且是最完美的狀態！你越是討好自己，就越能討其他人的歡喜。

乍聽之下，這個過程難如攀登聖母峰，對有生以來習慣討好的人來說尤其是。然而，沒有什麼一蹴而就。我們可以做的就是踏出第一步，然後是下一步，再下一步。每一步都很容易，只是需要一再重複。

沒有人會偶然間就登上一座山峰。那必然是有心完成的——而且方法確切可行。準備好邁出第一步了嗎？現在展開我們的成長之旅。

第一部分

看見當下的狀態

Building a Vision

這兩件事你會選擇做哪一件？

（一）跑一場馬拉松。

（二）吃點培根（或你喜歡的其他食物）。

假如你已經建立鍛鍊身體的習慣，或許就會選擇馬拉松。馬拉松是重大挑戰，需要耗費幾個月來準備，卻能帶給你能量。你選擇困難的挑戰，因為最後的成果帶給你動力。

然而，這樣的人或許是少數。對大多數人來說，面對喜歡的食物飄來香氣時，真的很難選擇開始長跑。但假如想達到重大的目標，我們就必須學會做出有些痛苦的短程選擇。這就是為什麼我們上健身房或是每天晨跑。雖不容易，卻是到達終點的必經過程。

運動很困難，吃東西很簡單。

我個人寧願跳過跑步去吃培根，因為吃培根的當下就是享受。然而，假如我的目標是跑完馬拉松，這就會是錯誤的選擇。我們大部分的選擇，在當下都不會有顯而易見的後果。立即性的愉悅感如果夠強烈，我們就很難抗拒，畢竟後果似乎在遙遠的未來。就如同詹姆斯・克利爾（James Clear）在《原子習慣》所寫：「好習慣的代價在當下，壞習慣的代價則潛藏在未來。」

假如每吃一片培根體重就會馬上增加十公斤，我們會怎麼樣呢？即便我們依然很享受培根的美味，但這立即的後果會幫助我們避免放縱。但後果往往要一段時間後才發生，於是在困難與簡單的抉擇間，我們通常會選擇後者。

每個人都希望過得舒適又快樂，我們天生傾向如此。這就是為什麼我們選擇愉悅、逃避痛苦。在追尋快樂的過程中，我們總是在「眼前的愉悅」和「未來的愉悅」之間的鋼索上，小心地保持平衡。我們希望自我感覺良好，於是直覺地竭盡全力讓自己隨時都能如此。

對於討好者來說，要專注在別人的需求很簡單，因為人們正面的回應就能帶來滿足。這就是為什麼要把注意轉移到自己的需求，會如此困難——但唯有如此，才能讓我們朝健康的未來前進。

付出，不是為了提升自我感覺

讓我再提一個問題：自由會是什麼模樣？截至目前為止，我們已經大略了解何謂討好他人，我們又是如何成為討好者。在這本書中，我們主要聚焦在讓自己更健康的「復原」過程之外，也探討如何善加利用討好人的渴望。然而，我們在開始旅程前還有很重要的一步：了解我們的目的地。

如果不需要持續擔心自己的形象，會是什麼感覺？假如我們內心有足夠的安全感，能自由地幫助別人，而不需要對方的認同呢？

這就像是開車長途旅行那樣。第一步是決定終點。決定以後，在衛星導航或地圖軟體輸入目的地，就能得到許多不同的路線。其中一條或許最快，另一條或許風景最優美。然而，假如目的地不明確，就什麼都不會有。沒有目的地，我們就只能一直原地繞圈。

之所以討好別人，是為了肯定自己的價值——不知何故，我們轉向他人以滿足這樣的需求。只有當別人喜歡我們，我們才能感受到自我價值。一旦這樣，為了維持自我價值就得一生討好別人。

不健康的討好者身上，可觀察到下面的模式：

- 覺察自我價值的需求
- 從他人的看法中得到肯定
- 成為他人看法的奴隸
- 為了自我的利益幫助他人，而看不見對方的需求

- 覺得被困住

本書會讓這樣的人學習新模式：

- 覺察自我價值的需求
- 從內在得到肯定，發現自己的獨特
- 傾聽他人的看法，但不以這些看法自我批判
- 為了他人的利益而助人，而不是為了自己
- 得到自由

讓我們展開旅程，了解我們如何討好別人，至今的討好行為又給我們留下怎樣的影響。

第1章
與各種評價和平共處

當討好者離世時，他們眼前閃過的是別人的一生。

無名氏

你正在百貨公司閒逛，買些東西，享受人生。當你轉過某條走道時，瞥見鏡中的自己。這讓你猝不及防、錯愕不已，「什麼？我看起來是這樣嗎？」問題或許出自你的體重、穿著、髮型或神情和你想像的不一樣，於是你開始批評自己，開始負面的自我對話循環。

太噁心了——我好噁心。

其他人都看見我的樣子了，一定也覺得噁心。

我竟讓自己變成這副德性。

我看起來糟透了。

我做了很糟的選擇，讓自己淪落至此。

我必須現在就改變，或許開始減肥，或是改變形象，再不然整型手術也好。

接下來一整天，我只能吃生菜。

看到鏡中的自己就引發這種心理反應——就在幾秒之內，這令人難以想像。前一刻，你甚至根本沒有任何這類念頭，只是快樂享受著人生。幾秒鐘之後，你的自我形象卻天翻地覆……都怪鏡子擺在那裡。是鏡子觸發一切。

走入生鮮賣場時，你的心情跌入谷底。經過食品區，聞到剛出爐肉桂捲的香氣，你知道這能讓心情好轉，於是買了一個。甜點被稱為療癒食物有其道理。第一口帶給你即刻的滿足，但你馬上意識到自己做了什麼，結果心情更低落。因為你在只吃生菜的計畫真正開始前就食言了。

你從經驗中學習到，鏡子是尋找真相的工具。每天早上準備出門時，你都照鏡子，確保自己符合想要的形象。你在試衣間裡照鏡子，想知道衣服穿起來的樣子。廁所的洗手檯也有鏡子，讓你確認自己是否準備好面對世界。

我們從不質疑鏡子。鏡子可以信賴。沒有人會說：「嘿，我看起來不是那樣。這面鏡子有問題。」我們認定鏡中影像都是對的。

這樣的狀況從我們很小的時候就開始了。研究顯示，嬰兒大約八個月大就能認出鏡中的自己。然而，他們不會因此而自我批判，而是想著：「嘿，是我耶！」如果某人說：「你真是個好看的孩子。」孩童便會直覺地看向鏡子，想知道「好看」是什麼樣子。

隨著時間流逝，鏡子成了我們分析別人話語的工具。假如有人說：「你的額頭上有黑色污漬。」你會看看鏡子裡自己的額頭，的確有污漬的話，就盡可能弄乾淨，讓別人再次覺得你「好看」。

孩童時期，我們會假設鏡子裡的影像反映的是真實形象。長大後，我們漸漸開始將鏡子裡看到的，和我們理想的樣子相比較。假如兩者相符，就萬事太平；假如不相符，我們就挫折沮喪。

但，假如我們使用鏡子的方式錯了呢？

雞蛋裡挑骨頭——對自己

大部分的鄉村市集都會有「歡樂屋」，展出新奇有趣的事物。其中一項常見的設施，就是充滿哈哈鏡的鏡室，有的讓我們看起來又高又瘦，有的則把我們變得矮胖，有的讓我們的身體很巨大、頭卻只剩乒乓球的大小，更有一種讓我們的腳像汽車一樣大，身體則像火柴人。我們會開懷大笑，因為知道鏡子是扭曲的。鏡中的影像不是真的，所以不會讓我們難過到想要吃個肉桂捲。

問題就在這裡：當我們還是孩子時，就學會以其他人為鏡。我們相信他人對我們的看法。每當有人說了什麼，我們就認為是正確的，無論對方在乎或討厭自己，都認為他們的觀點就是事實。假如我們開始相信，他人的看法就像鏡子一樣準確，別人就會漸漸取代真正的鏡子。沒能看破這一點的話，成年之後也然會保持相同的模式。

事實上，這些觀點的正確性，恐怕就像歡樂屋裡的哈哈鏡。扭曲的部分其實很明顯，但我們卻忘記了。我們的自我形象會開始反映出其他人的想法——或是我們想像中其他人的想法。

更大的問題來了，或許根本就沒有人提及我們，甚至對我們沒任何想法，但我們覺得有。我們將自我形象投射在他們身上，認為他們看見我們那些行為之後，也一定會用我們評價自己的方式來評斷我們。

想像我們剛接觸某種運動，例如壘球。我們還不太會接朝我們飛來的球，於是心想：「我接球接得很爛，每次漏接隊友都會失望。」

這樣的想法漸漸成為真實，我們也相信了。其實沒有人說什麼，但我們假定大家想的都一樣，都會說：「你接球接得很爛，我們很失望。」我們甚至會想得更多，認為對方不希望我們留在球隊裡。

沒有人說任何類似的話，但我們卻把這些話投射在他們身上。於是，我們開始將他們當成鏡子，但鏡子是自己創造的。當其他人看著我們時，所見和心裡所想會與我們一樣。假如我們批判鏡中的自己，就會相信其他人也批判我們。

我與妻子在浴室中擺了一面有放大功能的鏡子，取名為「恐怖鏡」，因為它讓我們看見一般鏡子看不到的東西。假如需要拔掉一根小刺的話，這鏡子就很好用，但普通情況下，它只會凸顯出臉上每個細微的缺點。假如我們透過恐怖鏡來審視自己，並假設每個人都像挑刺般仔細地檢視我們，那問題就大了。

聚焦於每個小缺點，會使我們只用負面的眼光解讀自己。

從小時候就開始了

嬰兒出生時什麼能力也沒有。他們沒辦法餵飽自己、不會換尿布，基本需求需要其他人來幫他們完成才得以生存。照顧嬰兒不會讓我們感覺很差，因為我們了解長大就是這麼回事，我們的工作就是幫孩子做好準備。

我們知道，隨著時間過去，孩子能學會自己來。我們不期待他們成為專家，但他們自然會去嘗試，並培養自己的技能。我們評估後可能插手，但他們終究會學著滿足自己的需求。假如無法做到，那就是某些地方出了問題。

在接下來的幾十年中，我們一邊提供孩子所需，一邊期盼他們越來越有能力照顧自己。他們漸漸發展，對我們的需求越來越低。我們將人生的主權和照護都轉移給了他們。目標是讓他們進入社會時做出聰明的選擇、滿足自己的需求。

當然，有些人有生理、心理或情緒上的先天障礙，需要不同程度的照護。然而其他人各方面都肯定會漸漸成長。他們學會滿足自己的生理需求，發展思考能力，並學會尋找內在的安全感，而不需要追求別人的認同。

這幫助我們建立穩固的基礎，讓我們能向外發展，以自然且健康的方式投入其他人的人生。建立自我形象並不需仰賴他人肯定，你能自由地和人互動，不期望回報；能從準確的鏡子中看見自己，也能清楚地看到其他人。

有人在這樣的轉換過程比較顛簸。原因可能是他們從前沒有學到滿足自身需求的能力，而且到成年還未處理。或許他們的環境只教會他們該想什麼，而不是該如何思考。以致很難判斷好壞，並自信地抉擇。

情緒在所有發展中相對不容易。健康的人們在成長中學會對自己感到滿足，了解到自己的價值取決於「我是誰」，而非「我的能力」。這樣的人在包容的環境中茁壯，而不只是注重表現。他們的鏡子面向自己真實的內在，建立起內在安全感，所以能準確理解周圍的看法，並基於安全感判斷真相。

大多數人在這個部分面臨許多考驗。成長過程中，或多或少都有人讓我們感受到自己的不足。假如內在安全感足夠，就能自行分辨這樣的批判是否正確。但假如缺少安全感，我們就會看到錯誤的鏡子。鏡子失效的話，你就只能在其他人的哈哈鏡裡，徒勞地尋找真相。

寫本書時有些人問我：「你在寫些什麼？」我答道：「我在寫一本關於討好人的書。」

回話幾乎都是：「天啊，我真需要看看。」進一步探問，他們會說：「我總是在討好別人，總是擔心別人的想法，甚至為了讓別人快樂而捨棄自己真正想要的。」討好成為多數人的行為模式，而當事者卻總希望找到自由。這個傾向深深刻劃在內心，讓他們看不見出路。

討好，但不給自己徒增負擔

如前所述，我讀過的書與文章大都強調「討好別人有多糟糕」。它們指出我們對自己做的，是為了給他人深刻印象而犧牲自己；維持表象必須保持警戒，耗盡自己的情緒能量。

它們提供的處世智慧，是不再試著讓別人開心，集中心力讓自己快樂。看起來很棒，但實際照做只會讓你倍感挫敗。關注自己而忽視周遭利益的人，就是在建構一種自私的生活方式和友誼。我們希望快樂，但孤單的人很難快樂。這就是過度關注自己的結局。

怎麼做可以得到發自內心的安全感？找到真確的鏡子，看見自己真實的內在就可以嗎？

分為兩個階段：

1. 找到自己獨特的價值，而非盲從其他人的意見。
2. 用這樣的獨特之處來幫助他人。

我們不再會為了自我感覺良好才幫助他人，而是因為自我感覺良好，於是可以幫助他人。

假如能建立穩固的自我價值和安全感，我們就不再需要避免討好。討好這時成了我們影響其他人生命的強大工具。

該怎麼改變？首先，得先找出自己是哪個類型的討好者，才能決定下一步該怎麼做。我們可以發掘真實的自己，以及這對未來代表的意義。

第2章 我是哪一種討好者？

你不需要燃燒自己來溫暖他人。

無名氏

討好別人的資歷越久，就越難意識到這件事。這個模式再自然不過。可能我問：「你總是討好別人嗎？」而你直覺地答：「不會啊。」

這種回答背後有兩個因素：

1. 你知道自己會討好別人，但你不希望讓我產生負面看法。因此，即便你知道是事實也不會承認。

2. 你沒有察覺到自己在討好，而這已經內化成你的一部分了。這是你的自我認同，你沒辦法想像其他情況。

就像是房子的地基：你知道每棟房子都有地基，但除非出了什麼問題，否則你根本不會想到地基。

舉例來說，我們買房子都會先從頭到尾看過一遍，最後才完成簽約。這時我們可能會看到一堆問題，覺得非改變不可。

「這裡的護壁板太舊了，得立刻換新。」
「這些絞鍊都生鏽了，得全部清掉。」
「車庫的門壞得差不多了，可能很危險，得換成新的。」

搬進新房子後，擺設家具、安頓好的時間似乎總是比預想的更久。接著，我們得繼續工作，繼續過日子。新房子那些本來讓人焦慮不已的問題，似乎不再迫切，很快就被我們拋到腦後。

問題還是在那裡，只是我們慢慢習慣了，不再注意到而已。

習慣討好別人就會導致這樣令人熟悉的模式。孩提時期，我們追求其他人的認同和肯定。假如得不到，我們就會想方設法，一再重複有效的方式，直到成為習慣。隨著時間過去，這些行為都變成無法自拔的癮頭，我們開始需要定期的「認同快感」。這是我們選擇的毒品，但我們卻欺騙自己：我們沒有上癮。

這是個難題，因為這癮頭帶給我們的結果很高尚：幫助他人。因為結果是好的，所以我們可以輕易合理化自己的行為。我們越是討好別人，就能讓別人越開心；別人越開心，就可能越喜歡我們；別人越喜歡我們，我們就能越愛自己。

然而，別人沒有義務愛我們，那是我們自己的事。

誠實地看一眼鏡子

任何恢復過程的第一步，都是承認問題。討好者的這一步特別困難，因為他們太想要幫助他人，為人服務。然而，「幫助他人」和「希望自己在別人眼中樂於助人」是不同的。前者很健康，是發自內心關心他人；後者卻很自私，只是利用他人滿足自己的需求。

我們從澄清開始，需要先拿出「恐怖鏡」來看清楚自己的動機。一旦能正確清晰地看見自己，就能邁出治癒的第一步。

接下來的測試，目的是幫助我們看清楚目前討好症狀的嚴重程度。讀完每個問題後，請回答最接近直覺的選項。不要花太多時間思考答案——假如你是個討好者，這點格外重要，因為你已經習慣回答你「應該」說的話。請盡可能地誠實，因為目標是要釐清自己，而不是要表現給別人看。

不要一邊回答，一邊在心裡加總你的分數；標註好一到三十的題號後，記下每個答案就好。這可以讓你回顧最能凸顯問題的部分，以及需要投注最多心力改變的地方。討好者或許擔心其他人看到答案會輕視自己，這就是為什麼要另外寫下答案，而不是記在這本書裡。完成之後，你隨時可以把答案撕碎。

「討好健康指數」測驗

接下來的問題，請在「總是、經常、有時、很少、從不」五個選項中選出最符合的答案：

1. 你經常焦慮、憂鬱、頭痛、胃不舒服，或是背痛嗎？
2. 你會為了避免遭到批評，而逃避衝突？
3. 人們曾告訴你，你是他們遇過最好的人嗎？
4. 你會把負面的感受壓下嗎？
5. 你曾在很想拒絕時，卻答應請求？
6. 因為害怕別人不喜歡你，而無法想像你為了自己挺身而出？
7. 你經常想知道別人對你的看法嗎？
8. 你年幼時，是否因為表現出憤怒而遭到處罰？
9. 你認為自己是完美主義者嗎？
10. 拒絕別人會帶給你罪惡感？

11. 會因為怕被別人看到，而不敢寫日記？
12. 你曾覺得很難開口向別人求助嗎？
13. 你總是讓客人待得太晚嗎？
14. 別人不讚賞你的成果，會讓你感到受傷嗎？
15. 你會為了避免遭到拒絕或誤會，而修改事實嗎？
16. 你會批判自己過去的決定——和自己過不去？
17. 你會隱藏自己的感受嗎？
18. 你總有做不完的待辦清單，快把自己逼瘋？
19. 你很難獨立做出決定？
20. 即便不是你的錯，你仍會選擇道歉？
21. 你多常覺得自己身不由己，不得不討好，而且情況一直惡化？
22. 當別人抱持不同意見，你會讓步？
23. 你會為了討好而稱讚他人？
24. 你曾期待被誇讚而提早上班或加班？
25. 你會時常拿自己與他人比較嗎？

26. 別人在抱怨某件事，你不認同某些部分，卻保持沉默？

27. 你只願意嘗試有把握的事？

28. 對你來說，付出是否比接受更容易？

29. 面對不良的服務或產品，你決定不反應也不抱怨？

30. 你很在意自己的形象嗎？

用以下的量表計算你的分數，再加總起來：

總是＝四分

經常＝三分

有時＝兩分

很少＝一分

從不＝零分

以下是分數代表的意義，

• 總分在九十一到一百二十分之間：

假如你的分數落在這個範圍，討好別人已經是你的生活模式和身分認同。甚至你或許不會意識到，但你知道自己的感覺——這已經影響了你的健康、理智、情緒和人際關係。你過度依賴其他人對你的看法，假如有人看不上你，你會覺得是自己的錯。因此，你很可能精疲力竭、緊張焦慮，甚至沮喪憂鬱。人們或許會喜歡你，但你認為這是因為你裝出他們喜歡的樣子；假如他們認識「真正的你」，或許就不會這麼想了。

這是身分認同的階段，討好的需求太過強烈，定義了你這個人。你無法想像不同的做法。幸運的是，有一些簡單的練習可以幫助你快速看到轉機。在這本書裡，你將學會如何成為世界級的討好者——而唯有建立穩固的內在自我認同，才有可能如此。唯有健康的狀態，你才能自由地討好其他人。

• 總分在六十一到九十分之間：

假如你的分數落在這個範圍，討好別人並非你的全部——但你大概會一直惡化下去。你已經練習討好別人夠久了，連對別人的看法也受到影響。或許在人生中，你會有一些可以展現真實自我的朋友，但他們是少數例外。別人的看法對你影響巨大，無論是真實的或推測出來的。跟你越是親近的人，可能讓你越是痛苦，你或許會恨他們不夠欣賞或珍惜你。為了自己的利益，你還是會花大量心力去討好別人，而這令你非常、非常疲憊。

這是習慣的階段。在這個階段，你的決定將左右未來的發展，是惡化成身分認同，或轉變為健康的生活型態。幸運的是，若想要朝正確的方向前進，只需要做出相當簡單的抉擇。在後面的篇章中，你將學會一些簡單而實際的步驟，立即開始改變自己的人際關係。

- 總分在三十一到六十分之間：

假如你的分數落在這個範圍，你對於自己仍保有相當符合現實的認識。你可以覺察自己討好的傾向，或許也能意識到自己這麼做的理由。這還是有風險，因為你會看見偽裝自己時，從其他人身上得到的正向回饋。正向的回饋越多，就越容易重複這類行為，建立起負面的行為模式。

這是例行公事的階段。是時候正視事實並做出行動了。在這個階段，要痊癒是最容易的，因為這只是不健康人際關係的初始階段。你還是得下定決心成為自己的主人，所幸發現得早，過程不會帶來負擔。你溫暖體貼、喜歡伸出援手，但你得探討背後的真正目的。

- 總分在零到三十分之間：

你或許偶爾會有討好人的衝動，但你懷抱健康的自我認識。你的價值不因為其他人的觀點或行為而改變，你也有能力接受有建設性的批判，或無視沒有意義的個人意見。假如有人認為你不體貼、不敏感，也不會影響你的自我價值。

這是健康的階段。然而，就是有人知道如何踩到你的痛腳。你在其他人面前都沒事，卻發現自己特別不擅長應付某些人或情境。對你來說，最有意義的會是學習辨識出這些情境，以及控制自己的認同和情緒。這本書的步驟將成為你的工具，在需要時給你幫助，因此你不需要立刻開始使用。

圖 1　我是哪一種討好者

分數	階段
91 ～ 120	身分認同
61 ～ 90	習慣
31 ～ 60	例行公事
0 ～ 30	健康

不只是測驗

誠實面對自己可能讓人不安，特別是當我們已經自我欺騙了這麼久。畢竟，討好成了自我防衛機轉，帶來的總是好的結果。我們越謹慎地偽裝自己，就越可能連自己也一起騙過。

我在演講生涯初期發現了這個真相。我用許多故事來佐證自己的論點，而許多故事都來自我的人生經驗。一開始，我會一邊說故事，一邊留意觀眾的反應。假如沒有任何反應，我就不會再用這個故事；假如反應很好，我就會一說再說。

為了讓效果更好，我開始無意識地調整說故事的方式。故事本身符合事實，但為了得到更好的回應，我修飾細節。每次說故事，我都會在心中描繪整個情節，再描述此情景。

某天，當我一如往常依照內心的圖像說故事時，突然醒悟道：故事已經大幅偏離事實。我對「新」版本越發熟悉，相信它正確。我覺得「心中影像就像錄影畫面般清晰——但明明真實的情況並不是那樣」。

我相信的是現實改編後的版本。

當晚回家途中，我思考著其他隨著時間改變的故事。我發現自己上了當，我被自己給騙了，於是暗自承諾，未來只說符合真實的故事。我會繼續精進演說技巧，但會維護自己的誠信正直。

討好測驗分數對應的結果，也許是你原本不期待看到的。就像是醫生在開立處方箋之前，都必須先仔細地檢查和診斷，在改變之前必須先知道真相。

現在可以按以下兩個步驟，藉測驗看清方向：

- 仔細思考測驗結果，專注在與你相關的解釋。看清楚自己現在的模樣。判斷一下這些敘述是否符合你的狀況，你又該如何改變，才能更貼近真正的自己。
- 回顧每一題的答案，花些時間檢視你回答「總是」或「經常」的問題，想想這如何反映了你的人生。哪些情況下，最符合題目的敘述？當你意識到問題後，你的感覺是什麼？

這些可以一步一步探索，過一陣子也可以再回顧。漸漸地，你對於現狀就能看得越來越清楚。到時，真實的鏡子會取代討好別人的哈哈鏡。

接著，你會努力走完這本書的旅程。我們將為你開發出客製化的處方，帶領你回到健康的價值觀點。最棒的是，你會發現這些步驟出乎意料地簡單——只要你以真相為起點就足夠了。

發掘自己真實的人際關係後，下一步呢？討好的行為讓我們難受，但我們大半輩子維持這樣的思考模式，又該如何找到未來的希望？我們該如何逃脫，如何找回完整的自己？

就讓我們從清楚的「未來的我」形象開始。這會指引你方向，接著我們再從實務面著手。

第3章 把好人面具摘下

我得走了，我得去當別人才行。

無名氏

以下的情況似曾相識嗎？

- 你站在擁擠的電梯前，準備下樓到大廳。電梯門打開，你踏出電梯——卻發現走錯樓了。每個人都看著你。你會回電梯，還是讓門關上等下一班電梯來？
- 公司為了某個剛生孩子的同事舉辦線上募款。你希望收到禮物的人知道你有所貢獻，但這麼做會讓大家都知道你出了多少錢。你本來計畫只出十美元，不過其他人都至少拿出二十五美元。你會改變自己的數字嗎？保持原本較低的金額？還是選擇匿名？

- 你在買咖啡時選擇刷卡，接著店員轉過螢幕讓你打小費。服務不夠好，原本甚至想乾脆不給。但店員就在旁邊看著你。你會填反應真實感受的數字？還是選擇比心理數字略高的金額？
- 你走進餐廳的單人廁所，把門鎖上後，看到裡面一團混亂。有人在外頭轉動門把，你知道自己出去的話一定會被看到。你不希望他們認為是你弄的，但你也沒有義務幫忙打掃清潔。這時怎麼辦？
- 你的朋友選了一間很棒的餐廳，甜點是招牌。你很期待品嘗看看。然而，當服務生問大家要不要甜點時，其他人都說：「不用，謝謝，沒關係。」你還是會點嗎？

這些情境都有個共通主題：擔心別人對我們的看法。我們都希望自己在這種情境下有必要的勇氣。然而，我們在身歷其境時，卻很難做出真正想要的決定。

為什麼？因為我們相信不合群會引來批評，即使其他人沒有說出來也會這樣想。對討好者來說，被評判是痛苦的事，所以很難順從真心。因此，我們會逃避令人尷尬難受的危險，並做出馬上就後悔的承諾。

就如同著名媒體人羅伯特．奎林（Robert Quillen）所說：「我們用自己沒有的錢，去購買我們不需要的東西，只為了讓不喜歡的人另眼相看。」這就像是靠信用卡生活——做出當下無痛的選擇，卻得在未來付出長遠的代價。

負面評價較可信

我們都希望自我感覺良好，這是人類所有行動的根本動機。自信和肯定讓人較可能大有所為。自卑不安則會敗事有餘。假如內心「破碎」，我們會覺得什麼都做不好，因為外在的形象和內在有強烈衝突。

當我們將自我形象建立在其他人的看法上，就會相信他們所說的一切。即便對方什麼也沒說，我們仍然會認定自己準確推斷他們的想法——而這些想法幾乎總是負面的。

聽起來似曾相識？比起正面看法，我們更輕易地相信負面看法——當別人對我們做出負面評論，那就是事實；正面看法則代表對方在拍馬屁，或是他還不了解自己。我們總是無視肯定的言語，卻過度強調負面的批評。

被讚美，不開心

從許多情況看來，這句名言有漏洞：「棍棒和石塊可以打斷我的骨頭，但言語永遠傷不了我。」因為斷掉的骨頭會痊癒，但言語的傷害可能影響一輩子。言語造成的傷口很深，幾乎形塑了我們面對一切的心態。

我們於是認為，讓自我感覺良好最好的方法就是討人喜歡，因此偽裝出別人會喜歡的模樣。我們忽視自己的獨特，認為光是特別還不夠。我們放棄自己的需求只為了滿足其他人。我們把所有的心力都耗費在塑造出樂於助人的形象、關心人的形象，以及——沒錯，好人的形象。

這就是問題核心。我們不再努力追求讓自己快樂，轉而追求其他人的快樂。一個人只有足夠的力氣來照顧好自己，不斷想討別人開心就會失去能量、精疲力竭。

成長過程中，我們不太確定如何讓其他人開心。因此，我們尋找榜樣，也就是擅長討好的人。我們會向總是能得到正面回饋的人看齊。學習他們的人格特質，模仿他們的態度、行動和言語。「像他們一樣就能人見人愛了。」我們如此相信。

這就是萬劫不復的開始。一旦相信需要偽裝自己，就會開始營造虛幻的表象，試著讓其他人都相信。在模仿別人的過程漸漸將失去自我，並開始相信自己編出來的故事，相信這空洞的假象。

偽裝會發揮一陣子的效果，讓我們獲得更多正面回饋。但我們知道，其實對方回應的不是「真實」的自己，因此讚美變得不再吸引人。我們察覺對方並不真正了解我們，也不會喜歡或認同真正的我們，而後，就再也不會脫下自己的偽裝。

偽裝到後來厭世

偽裝的人生就像是偽鈔，外表真假難辨。錢包裡混入偽鈔時，我們可能完全不會注意到。然而只要仔細看，就會發現一點價值也沒有。

為了別人偽裝自己時，我們也精進了偽裝的技術。起初笨拙而充滿破綻。為了誘導別人相信自己的偽裝，持續練習技術。我們了解其他人的喜好，努力營造那種形象。熟能生巧，編造出越美好的虛像。我們不會問：「你覺得我裝出來的這個假象如何呢？」

只會觀察其他人的反應，將他們當成鏡子。我們將自己的價值建立在他們的反應上，就像是不斷使用假鈔，希望沒有人發現真相。

我們可以從偽裝中學到許多事：

偽裝者是追求精準的工程師，而非藝術家。他們要的不是發揮創意、表達自我，而是盡可能準確，讓別人相信假鈔是真的。

之所以稱為偽裝，代表有真品存在。就定義上而論，複製品就不是原創，而是對真實存在事物的仿製，代表真品是存在的。就像是有些不上教堂的人說：「教會充滿偽善者。」這代表真正的善在這世上確實存在，人們才能如此偽裝。

真品越有價值，人們就會花越多時間在模仿上。比起一元鈔票，偽造者會花更多時間來製作百元鈔票。由於偽造需要大量時間和心血，他們不會浪費在低面額的鈔票上。這就是為什麼商店會檢查百元鈔票，但不會看一元鈔票——畢竟損失的差距高達一百倍。真品的價值越高，偽造的過程就會越仔細。這就是為什麼討好這麼令人心力交瘁。我們得極度努力，才能讓別人相信偽裝是真的。

想看破偽裝，就先研究真品吧。合作過的銀行主管告訴我，銀行在培訓櫃員時，會讓他們經手大量真鈔。受訓者對真鈔的質感夠熟悉後，往往一摸就能分辨出假鈔。他們仔細研究過真鈔的細節，所以假鈔的差異顯得一目瞭然。

不完整的大人

或許你是個討好者。即便不是，你大概也認識幾個這樣的人。然而，你並不知道他們的動機，或討好如何抽乾了他們的靈魂。你或許只看見了他們的正面人格特質。

- 簡單來說，他們就是你遇過最好的人。每次碰面都精神抖擻，對你不斷稱讚鼓勵。
- 你不會頻繁拜託他們，但你從過去經驗知道，只要開口，他們永遠都會答應。你可以確定他們會站在你這邊。
- 他們永遠對你的近況感興趣，卻很少聚焦在自己。事實上，他們被問到比較私人的問題時會快速回答，再把焦點轉回你身上。
- 他們非常可靠，總是能準時完成任務。

- 他們隨時準備好伸出援手，總是第一個挺身而出。通常在你開口之前，就察覺到你的需求，並給予協助。

聽起來很棒吧？他們總是帶給每個相遇的人正面的影響，讓人們樂意和他們相處。假如我們內心很不安，他們會成為效法對象。這種渴望如果有健康的出發點，就無傷大雅。它就像是回答了「我們長大以後想變成誰」，並演示與他人互動相處的有效方法。然而，只看表象的話，我們不會真的知道內在發生什麼事。對不健康的討好者來說，內在的邪惡多半必須妥善隱藏。

- 他們從不超過期限，但在過程中或許承受極大的壓力，並不斷拖延。
- 他們計畫照顧自己，但卻犧牲這個部分，優先迎合他人。
- 他們認為自己不值得別人的愛與接納。
- 或許有人喜歡他們（甚至多數人都喜歡他們），但這樣還不夠。即便只有一個人不認同，他們都會竭盡全力要對方回心轉意。
- 他們投注極大心力去維繫人際關係，假如感受到對方的不滿，甚至願意放棄自己的界限。

- 只要稍微為自己做點事，他們就會覺得自己太過自私。
- 他們其實厭惡自己總是如此讓步，也不喜歡和他們太過相似的人（他們覺得這樣的人很軟弱）。
- 他們隱藏真實的自己太久，漸漸忘了自己的模樣。
- 由於必須隱藏自己，他們成為欺騙偽裝的專家。
- 他們通常是遵守規矩的完美主義者（至少外表如此）。
- 假如有人對自己不滿，他們就覺得做人失敗。

根據市井字典（Urban Dictionary）的定義，「討好者」是「相信自己比地球上多數人都還糟糕，但必須在所有遇到的人面前隱藏這一點」。因此，我們表現在其他人面前的，宛如好萊塢電影的場景，每一處看起來都很完美，但假的布景後方都只有鷹架支撐。我們忙著彩繪外觀，於是沒有足夠時間搭建結構和裝潢內部。外表看起來真的很棒，多數人都眼睛一亮。然而，我們不會得到真正需要的，因為我們知道，人們看到的只是假象，而非現實。

我們都希望被接納，也會盡全力達成目標。從我們購買的東西就可見一斑：花更多錢來買炫目亮眼的汽車、衣服和高爾夫球桿。

不過，既然每個人都這麼做，其他人大概最終也不會特別注意到我們。

第二部分

善良者
面向世界的五個不安

Fear Factors

近年來，密室逃脫成為熱門的團體活動。參與者到了活動場地，被「鎖」進一間特定主題的房間，比如說監獄牢房、山洞、手術室等，必須在限定時間內逃脫。破解的方法很隱晦，需要團隊合作來擬定策略。玩家會四處探索，找尋線索，並解開謎題來找到脫逃的「鑰匙」。

一開始，破解謎題似乎難如登天，過了三十到四十分鐘依舊非常困難。某些隊員會因為解開任務而興致勃勃；其他人可能覺得毫無希望，決定直接投降，等遊戲結束後工作人員來接他們。

問題總是會有解決方式，只是比較晦澀難懂，需要策略思考和團隊合作。

討好者的情況也差不多。大部分討好者一生都這麼做，彷彿身處於名為「人生」的密室中。進房之後，就無法退出遊戲。他們看見找到解答的人，但卻覺得自己依然受困其中，於是放棄希望。他們討厭這個遊戲，卻繼續奉陪，因為有某種恐懼使他們不再嘗試。

這些人到底在怕什麼？有許多可能，但討好者最大的五個恐懼如下：

- 我需要你喜歡我：怕（被）拒絕
- 我需要你不生我的氣：怕衝突

- 我需要你的關注：怕被忽略
- 我需要你的肯定：怕自己不夠好
- 我需要被你需要：怕自己不重要

我看過許多關於討好的書，幾乎都教我們要專注在自身需求，而非他人需求。這樣做短時間有效，卻是治標不治本。我們**雖然感覺好些了，犧牲的卻是同情心**，並且會認為必須根除討好人的傾向。

不好好處理這些恐懼，會讓人感覺像是在地下室裡充滿了蟑螂。我們可以關門再密封門縫，讓蟑螂不會跑進廚房。我們可以把房子打掃乾淨，舉辦晚宴派對，但我們永遠知道，蟑螂在暗處不斷繁殖著。我們永遠會擔心，它們或許能找到其他方法進入屋子。

唯一健康的解決方式就是根治問題，即了解並面對困住我們的恐懼。這是我們逃出密室的方法。唯有先得到自由，我們才能逐漸成為世界級討好者。我們將不再受到自己的恐懼所限制，而能開始影響其他人的人生。

健康的討好者能改變世界，而第一步便是處理那些困住我們的恐懼（蟑螂）。當我們將燈光打在蟑螂上，它們就四散亂竄。有些恐懼的應對方式，是了解之後改變行為；

有些或許會需要專業的除蟲大師——也就是諮商師或治療師。

讓我們一起打開地下室的門，看看裡面有什麼吧。我會帶殺蟲劑，你負責拿好手電筒。

現在是面對蟲子的時候了。

第4章

我需要你喜歡我：怕（被）拒絕

不要害怕你的恐懼。恐懼的目的不是嚇你，而是要讓你知道某些事物的價值。

作家　喬伊貝兒（C. Joybell C.）

高中時代，我邀請一個不太熟的女孩參加返校活動。她拒絕了。開口邀請其實有違我的本性，因為我對拒絕很敏感（或至少我這麼覺得）。我從來不願意冒這個風險，除非很肯定對方會答應。少數經歷過的拒絕，都讓我痛徹心扉，而我可不想再承受一次。

但我的生活太過乏味。我不需要面對拒絕的痛，但也沒有任何斬獲。沒有痛苦，也沒有收穫。就是這麼平淡的人生。

這或許是驅使我冒險的理由。一方面，我害怕她會嘲笑我竟敢開口邀約；但另一方面，我必須試試看。我很確定她不會答應，但假如我不問，就是在擅自幫她做決定。

我不認為她有男朋友，也從沒想過她可能已經有對象了（雖然舞會就在隔天）。我知道她參加學校的啦啦隊，卻沒料到她參加了返校舞會皇后的選拔。她有機會雀屏中選。假如我事先知道，大概就會說服自己放棄了。

我鼓起勇氣撥了電話。我不記得自己說了什麼，但多半是很尷尬難堪的邀約。但我清楚記得自己等待她的答覆，準備好面對不可避免的拒絕。

她拒絕了。但她的說法如此優雅委婉，絲毫沒有讓我心痛。她說已經和家人約好，美式足球比賽後要一起出門，並深深感謝我邀請她。這或許只是藉口，但她向來真誠，所以我當時認為她說的是實話。

拒絕並非總是如此。拒絕通常很痛苦，而且會持續很久——甚至持續一輩子。因為害怕被拒絕，**我們選擇不去追逐自己的夢想**；因為不想再承受痛苦，我們可能無法向前邁出一步。

這是我們成為討好者的理由之一。對於拒絕，我們甚至連想都不願意去想，所以設法確保沒有任何被拒絕的機會。這可能有兩種做法：

- 我們從不開口要求（對方就無從拒絕）。
- 面對別人的要求，我們總是答應（他們就不會失望）。

做一張拒絕集點卡

一般來說，拒絕並不會阻止我們冒險，對拒絕的恐懼才會。阻礙我們的不是現實，而是可能性。一切都存在於我們大腦中。我們用特定的方式看待自己，並假定其他人也有相同的感受。即便沒有任何事實基礎，我們都成了業餘的讀心師。

拒絕是人生中很正常的一部分。不是每個人都會答應我們的任何要求，冒著拒絕風險時感到緊張也是很正常的。在找到工作前，我們可能會被拒絕好幾次；在談成交易前，我們可能得打好幾通失敗的推銷電話；我們可能會發表一些其他人不同意的看法。

健康的人終將學會面對拒絕的失望。對於討好者來說，拒絕卻會對自我價值帶來沉痛的打擊。當其他人成為我們的真實之鏡，我們就會處處受到對方看法的擺布。我們的努力被否定，當要求被拒絕，對方不只是說了「不」，我們聽到的是對於自我人格的批判。

假如我們能學會用不同的方式看待拒絕，就能學會接受隨之而來的失望，不致受打擊。拒絕這時不再令我們原地踏步，而成了成長與成熟的養分。

幾年以前，我讀到一篇文章，講述一名男子非常想成為暢銷作家，並為熱門的雜誌寫專欄。這是在網路和電子郵件之前的事，所以得靠一般的郵件來投稿。你寄過去的信件要包含貼了郵票的回郵信封，編輯才能給你以下兩種回覆的其中之一：「刊登通知」，說明他們接受了你的投稿；或是「拒絕箋」，通常是制式化的印刷物，告訴你他們不想要。

這名男子相信自己不是好作家，作品永遠不會刊出。但他決定把投稿當成遊戲，看看自己的投稿可以收到幾張拒絕箋。每次收到就貼在狹小書房的牆壁上。他的目標是把拒絕箋當成壁紙，貼滿整個房間。

他把第一個提案寄給編輯。大約兩個星期後，他收到有禮貌的拒絕信，於是立刻貼到牆上。他持續投稿給不同的雜誌，也不斷被拒絕。他很開心地發現，才幾個月的時間，他的牆上已經累積了七張拒絕箋。進步的速度比他預期的更快，他充滿繼續努力的動力。

然而，無法想像的事發生了：一位編輯接受了他的投稿。這對他的壁紙計畫是一大打擊，但他試著把這當成小小的波折。當然，對方寄來一張支票，有效地安撫了他的失望。

他繼續投稿，繼續被拒絕。但接著，只經過六次拒絕，他的投稿又被接受了。

你大概能猜出接下來會怎麼發展。他繼續投稿，繼續被拒絕。但於此同時，他的文筆也因為持續投稿的練習，而不斷進步。他的投稿越來越常被接受而非拒絕。他未能完成偉大的壁紙計畫，接下來的職涯一直都是全職的自由作家。但即便如此，他還是會收到拒絕箋。這不代表他失敗，而意味著他不放棄嘗試；而拒絕只是過程中很自然的一部分而已。

我的生涯中也收過許多拒絕箋，即便現在也是。最初，我覺得很難接受，因為內容往往是：「謝謝您的投稿。不幸的是，稿件內容並不符合編輯部當前的需求。」包含我在內，大多數的作家都會這麼解讀：「你是個糟糕透頂的作家，最好不要投稿了。」信箋拒絕的是我的文章，但我卻認為是我本人被拒絕了。

假如我們可以學習將拒絕看成別人的意見表達，而不對自己的人格做出任何批判呢？如此一來，拒絕就不再可怕，因為那只是其他人的觀點而已。只要了解到，拒絕傳達的是某人的特質或觀點，而與我們本身無關，就能在別人批判我們的作品時，依然自在地做自己。我們通常會把自己的行為和人格連結在一起（其中之一遭到拒絕，代表另一方也受到否定）。但在其他人眼中，這兩者通常是分開的。

這意味著，我們不會再因為別人拒絕而痛苦嗎？完全不是。痛苦是人生經驗的一部分，完全正常。感受到痛苦代表我們很健康。人生中充滿無法避免的拒絕，如果想要逃避，才是不健康的。

懂得「拒絕之道」，人緣更好

接下來就是比較麻煩的部分了。假如我們討好是為了避免被拒絕，那我們會認為這是在保護自己。事實上，這卻讓我們更容易被人操控。當人們發覺我們總是答應，就會用更刻意的方式包裝要求，讓我們充滿了不得不答應的罪惡感。

「我想知道自己在臉書上有沒有真正的朋友。若是你想繼續聯絡，就在這篇文章下回覆『是』。」

「在這場婚宴中，我們希望能錄下您給新郎與新娘的婚姻建議。我們會逐桌錄影，所以請想好要說什麼。」

「這個星期六可以幫我搬家嗎？我的家人無法幫忙，他們太自私了。但我知道你會挺我。可以嗎？」

當我們同意這類請求，通常內心都感到憤恨，因為我們並不真的想這麼做。我們同時也在生自己的氣，因為我們沒有為自己說話的骨氣。這樣的惡性循環持續下去，會讓我們感覺深陷於自己的軟弱中。

所以在回答之前，應該先問問自己以下問題，來檢視自己的動機：我是真的想要這麼做，或是希望別人看見我這麼做？

我們不願意冒拒絕的風險，是希望保護自己不受到傷害和痛苦；然而，這麼做的代價要高得多了。例如：

- 我們失去成長和探索的機會。如果不冒著某種程度的風險，我們會一直困在當下的情境。就如俗話所說：不入虎穴，焉得虎子。

- 如果我們不說出自己的想法，就會錯失影響別人，幫助別人改變觀點的機會。
- 假如不和家人與朋友分享真正的感受，那麼連我們最深刻的人際連結也會顯得膚淺。
- 我們可能成為每個人的「萬用鑰匙」。人們有任何需求都會找我們，讓我們漸漸累積憎惡感，阻礙了真正親密關係的建立。
- 為了不要受傷，我們在人際相處中退縮。但隨著時間過去，我們終將孑然一身，因為我們搭起圍牆，不讓人靠近。
- 我們錯失活在當下的感覺。這就像是出席相親時，只擔心自己看起來如何，以及對方是否會有好感，而不是享受這場聚會。

想要痊癒的其中一個關鍵，就是刻意練習，練習專注在對自由的想像。唯有面對潛在的痛苦，再加上挑戰和冒險的勇氣，魔法才會顯現。假如我們能將拒絕重新塑造為成長的工具，就能漸漸學會承受痛苦。越是這麼做，就能建立越堅定的信心。當我們的信心夠強烈，就能創造真心而坦誠的人際關係。

每次被拒絕，都是微小成功

假如你感受過拒絕的刺痛，或許會希望未來永遠不要再次發生。假如有人背叛你的信任，你為了保護自己，可能很難再相信任何人。我們在學習將拒絕正常化的過程中，初期的痛苦並不會減輕。然而，我們不該讓痛苦左右了未來的選擇。我們有能力走上不同的道路。

該怎麼做？以下簡單觀念能幫助我們踏出第一步：

1. 我們的內心知道該如何痊癒。受了傷，就給自己悲傷難過的時間。但永遠要以復原為目標。接近痛苦，學習完全體驗痛苦，待時間成熟全心投入恢復。

2. 拒絕不會打倒你，但後悔會。拒絕是發生的事實，而後悔則是影響一生的心態。覺察到悔恨時，往往都已經太遲，唯一避免後悔的方式，就是在被拒絕的那刻抱持正確的觀點。如同美國前總統老羅斯福（Theodore Roosevelt）所說：「失敗固然難受，更難受的卻是沒有嘗試過成功。」

3. 我們的一生都圍繞著我們的想法、感受和行動。不要讓想法和感受宰制我們的人生。我們可以有恐懼的想法和感受，但依然要懷抱著勇氣行動。

4. 相信自己有能力承擔重大風險。我們比自己想像的更堅強。

5. 只要你「跌倒了再站起來」，拒絕就會讓你離目標越來越近。總是懷抱越挫越勇的心態，就像音樂藝術家法蘭克・辛納屈（Frank Sinatra）寫的歌詞：「深呼吸，振作起來，拍拍泥土，重新出發。」

6. 需要別人的喜愛，才能感受到自己的價值——就代表你把他們看得比自己更重。假如你學習覺察內在的價值，就能與他們平起平坐。不自傲亦不自卑。透過這個方式建立的，才是真正的人際關係。

或許你有生以來都在逃避拒絕，對改變不抱希望。但改變是有可能的，你不需要當別人的受氣包。改變的方法是看清拒絕的本質，重新定義拒絕這件事。當然，拒絕發生時還是會痛，但運動也是痛苦的啊。只要抱著正確的觀點，痛苦能幫助我們鍛鍊討好的技術。

逃避拒絕固然能讓我們免除痛苦，但也會使人生失色許多。我們可以改變心態，看見風險的另一面，也就是可能性。前參議員羅伯特・班尼特（Robert Bennett）曾說：

「人們害怕的不是拒絕本身，而是拒絕可能帶來的後果。應當準備好面對這些後果，把拒絕看作學習，讓我們離成功更進一步。這不只將幫助我們征服對拒絕的恐懼，也幫助我們欣賞並珍惜這些拒絕。」

這是一種能用真相來克服的恐懼感。

第5章

我需要你不生我的氣：怕衝突

重要的事值得衝突。

暢銷書作者 派屈克．蘭奇歐尼（Patrick Lencioni）

魔術表演總是令我著迷。孩提時代，我會看著魔術表演，心裡想著到底是怎麼做到的。我看著不可能的事情在眼前發生。我的理智告訴我，這是不可能的，但我無法解釋自己的親眼所見。我知道這都只是魔術戲法，卻總是驚奇不已。

我有個好友當了許多年的職業魔術師。他會許多不可思議的戲法，而且拒絕洩漏其中的祕密。我曾問他：「你是如何讓我相信這些不可能的事？」

他回答：「我辦不到。是你的內心自己相信的。我研究過人的心理機制，只是好好利用了。」他又繼續說：「魔術戲法的本身不是重點，關鍵在於了解人們會如何感知發生的事。」

他向我說明，我們的視覺如何扮演了舉足輕重的角色。我們總以為自己看到的就是真相。然而，我們可以透過簡單的假象，改變人們的觀點和認知，有名的慕勒－萊爾錯覺（Müller-Lyer illusion）就是一例。

乍看之下，我們會覺得兩條線長度不同。但實際上一樣長。

這位朋友告訴我，他大部分的戲法靠的都是人們的大腦無法同時專注在每一件事上。大腦會優先處理某些訊息，判斷哪些資訊最需要注意。當我們仔細關注特定的事物上，就會錯過注意範圍以外的明顯事物。

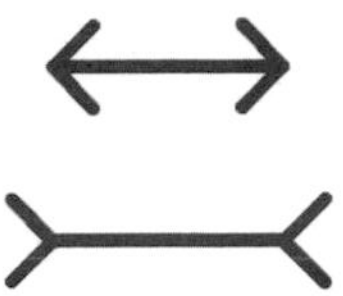

圖2　慕勒—萊爾錯覺

魔術師是欺騙和誘導的專家。討好者也是，特別是處在衝突的情境中。

當人們的意見分歧，情緒就會越來越高張。這時，只要在人群中放進一個討好者，情勢就會立刻緩和。雖然問題沒有解決，但討好者能轉移人們的注意力，並改變焦點。解決方式沒有出現，但衝突也消失了（至少當下如此）。

衝突就如變戲法般地消失了。

會吵架，關係更健康

對討好者來說，衝突大概是全世界最糟的事。衝突會波及他們的個人價值觀和自我價值，因此必須竭力避免。他們是這麼想的：

我的價值取決於其他人的看法。

我需要別人喜歡我，所以得讓大家隨時對我感到滿意。

衝突是快樂的相反。

假如出現衝突，大家就可能不喜歡我。

假如他們不喜歡我，我的價值就受到威脅。

為了確保我的自信心完好無損，我得不留痕跡地避開衝突。

討好者渴望親密的人際關係但他們誤會了，親密關係並不等於「沒有衝突」。可以看到他們極力確保沒有令任何人失望。在他們眼中，衝突是破壞人際關係最快的方法。

但事實正好相反。衝突是通往親密的捷徑，我們必須學會擁抱衝突，讓衝突成為增強人際關係的工具。短期來說，避免衝突確實比較省時，心裡也比較舒服，但就像是整天都在吃糖果——嘗起來甜蜜卻危害我們的健康。

有位學者發現，「親密關係的正向感受多寡取決於親密度的提升，而非衝突的避免」。要鞏固人際連結，避免衝突只會得到反效果。最好的方法是誠實面對自己的感受。

你或許會說：「但衝突讓我很不自在。衝突很痛苦，我不可能選擇衝突。」幸運的是，這只是一種心態。這樣的心態是錯的，卻把你困住了。「面對並接受衝突」的能力是可以後天習得的，透過一點一點地練習和累積，慢慢提升。這麼做的同時，我們也在建立信心，真誠地拉近人際的距離。

假如你一直以來都在逃避衝突，突然要開始面對衝突，感覺大概有如在一月跳入幾乎結冰的池塘裡。我們追求的不是在一夕之間變得好辯又討人厭，而是逐步冒著一點風險誠實表達自己，並以此為基礎發展下去。

我有個朋友某天厭倦了自己的身材，於是就上健身房。第一天，他就全力舉了最大的重量，也用最快的速度在跑步機上跑了好幾英里，還用遍健身房裡每個器材。

在那之後，他全身痠痛，好幾天都動彈不得。他上健身房的第一天就是最後一天。每次只要想到健身房，他就會記起這段糟糕的經驗，因而不希望重蹈覆轍。

我們會覺得：他應該從基礎開始，慢慢提升強度才對。如果應用在衝突上呢？我們之所以避免衝突，不就是害怕這樣的痛苦？我們有過太多負面經驗，所以不願意再嘗試。然而，就如同健身房本身不是問題，問題也不在衝突上，而在於我們的觀點。我們會記得痛苦，而不希望再次經歷；但我們必須從細節出發。

任何健康的人際關係都會包含衝突。讓關係免於衝突的唯一方式，就是隱藏真心的想法和意見（或是根本不在乎）。健康的衝突能讓關係更穩固，因為我們不再只有表面上的連結，而是更深入地交流了。這可能讓我們不安，畢竟我們的身分認同似乎搖搖欲墜。

假如能善加運用衝突，衝突就會是最大的優勢。身為討好者，我們沒有能力好好表達自己真實的想法反倒為了贏得正面評價而偽裝自己。一旦培養有效面對衝突的能力，就能建立起最健康的人際關係。討好將成為我們的「超能力」，因為我們有意識地影響著身邊每個人的生命。而這一切都出於我們的誠實、脆弱和力量。

你將有機會幫助別人展現出脆弱，因為他們會看見關係中的價值。你管理衝突的能力將很有感染力，讓其他人也用有意義的方式處理衝突。因此，你的所有人際關係都將變得更真誠和滿足。你會發現，以前不斷逃避衝突所追求的親密關係，其實恰好要透過衝突才能真正達到。

小時候的「乖孩子」長大以後……

討好並非寫在我們的基因之中。任何有孩子的人都知道，嬰兒從子宮中誕生時絕不是溫和乖巧，渴望討好身邊所有人的。嬰兒很自私，只在乎滿足自己的需求，這完全正常。沒有父母會覺得：你什麼時候才會養我們？為什麼總是我們餵你？

當嬰兒成為幼兒後，他們依然自私。於此同時，他們卻開始發現旁人對自己的行為會有所反應。在健康的情境中，他們會了解到，身邊的人愛的是他們本身，而非他們所做的事。父母可能因為他們的行為而生氣或受挫，但這種衝突不會摧毀孩子的自我價值。

在不健康的情境中，父母可能期望過高，因此充滿批判，實施過度嚴苛的規定。父母在愛與認同上過度保留，並因為孩子犯錯或生氣而施以懲罰。孩子在這種情況下會感到焦慮，認為做自己不安全，隨之而來的後果，是他們未來所有的人際關係都受到影響。

逃避衝突的行為模式，也可能源自好勝心過強的手足。假如父母不加以干預，劃清界線，有些孩子可能無法學會面對衝突，而自我價值也會受到負面影響。

除此之外，如果父母的原則或行為難以捉摸，孩子們就會學到要「乖」才能不惹麻煩。久而久之，他們就會體驗到父母那種有條件的接受。而他們唯一的生存方式，就是確保沒有人對自己不滿。

他們隨著人生的發展，又會有怎樣的表現呢？避免衝突將會成為他們面對每個情境的方式。成年之後，他們會展現出以下討好的行為：

- 當其他人陷入衝突時，他們會出現心理學所講的「戰或逃」（Fight or Flight Reaction）的反應，試著化解衝突，或逃離現場。
- 他們希望自己在別人眼中善良又脾氣好。
- 氣氛緊張時，他們很擅長轉移話題。
- 他們的特徵就是無止盡的好意。

- 他們假裝去在意自己根本不在乎的人。
- 他們壓抑自己真正的感受，就算內心很痛苦也依然保持微笑。
- 他們希望自己是出於在乎才幫助別人，但事實是，他們更在乎給別人留下好的印象。
- 當衝突爆發，他們又身陷其中，就會設法無限逃避爭議的主題。
- 當情緒高張，他們會試著讓每個人冷靜下來，理性對話。
- 他們專注在細節，而非真正的議題。
- 他們會利用幽默搓掉衝突。
- 他們可能會感受到強烈的情緒，但加以隱藏，不希望給人情緒化或失控的印象。由於不發表意見，別人以為他們同意了。
- 他們總是會讓步，讓別人如願以償，就算心不甘情不願。
- 為了維護形象，他們會選擇撒謊。

試想，這會對婚姻等日常的人際關係造成什麼影響？兩個人相愛後結婚。在婚禮之前，他們可能各自擁有品味、生活方式、信仰和人生觀。他們會做出自己的選擇。在婚禮之前，他們都關注於彼此的共通之處。

婚禮後六個月，他們會開始思考「你是誰？你對我的伴侶做了什麼？」。其實真正改變的事物不多，但他們漸漸注意到彼此的不同。這些不同是正常的，卻會導致衝突。

衝突爆發的原因很單純：兩個人想法不同，得找出面對的方式。根據這個定義，衝突是兩人透過溝通而成長的大好機會。然而，假如其中一方是討好者，就會認為衝突是嚴重的威脅。他們會以為，只要自己當個「好人」就能化解衝突，並拉近彼此的距離。事實上，這種行為只會讓情況更糟。

學會化解對立危機

我們越是透過衝突認識別人，就越能建立起深入的理解和同理心。衝突是通往連結的道路，值得我們學習去好好面對。

有許多書都教導我們，應當選擇衝突而非逃避。而這個章節的目的，並不是全面且仔細地說明該如何改變，因為內容太多，篇幅實在不夠。由於每個人對衝突的恐懼程度都不同，我們或許需要大量的書籍、研討會，甚至是心理治療才能解開這些根深柢固的問題。

成功的關鍵在於改變思考的方式。我們的目標是用不同的觀點來看待衝突，了解衝突在親密關係的建立中，能發揮多大的影響力。不斷逃避，只會讓我們破壞這種親密感。

要如何簡單地開始改變心態呢？

將「衝突」與「對方的反應」分開來看。當你提起某個話題，引發某人的憤怒時，並不代表衝突就是不好的；這只是對方對這個話題的反應而已。觀察他們的反應，然後藉此來辨識出真正的問題在哪。這讓我們的注意力維持在衝突上，不會因為對方的情緒而恐懼或退縮。

在衝突發生時努力提出自己的看法。你不需要是辯論高手或邏輯專家，找個方法簡單闡述自己的觀點就好。其他人或許會回應或攻擊你的立場（「你怎麼會這麼想？」），但這不代表你的看法就因此被否定了。你至少不再因為害怕衝突，而隱藏自己的想法。假如你不發表意見，就不會有機會創造出健康且有意義的結果。

了解到「有衝突」其實很正常。練習參與衝突，而非逃避。我們自然會想要等釐清自己的看法之後，再清楚地陳述，但更好的做法是盡快提出。不要思考太久，把真話說出來就好。說得簡短一點，簡單地再次說明，而後不需要為此抗辯。你有權利擁有自己的看法。假如有人不同意，嘗試攻擊你，也千萬不要中招。記得，你不需要在討論中「獲勝」，只是在練習參與衝突而已。

練習親身經歷衝突。比起面對面表達，用書寫或電話分享自己的看法容易許多。這不全然是壞事，但我們還是得練習面對面的能力。用寫的比較簡單，因為我們不會體驗到對方最直接的反應。但我們的目標不是成為作家，而是克服對衝突的恐懼——唯有身處於衝突爆發的對話，才有可能做到。

放慢腳步。

當情緒高亢時，邏輯就會消失。語言越來越激烈，會讓我們不知該作何反應。我們不應該立即回應他人的評論，而是要花幾秒鐘仔細選擇我們的用字。這不只幫助我們找出最適合的應對方式，也能改變對話的步調，沉靜彼此的情緒。

適時簡單地道歉。

討好者時常會過度表達歉意，認為一切都是自己的錯。學會在適當的時候，試著用以下四句來道歉（也可以按順序全部用上）：

- 我很抱歉。
- 我錯了。
- 我道歉。
- 請原諒我。

這樣就夠了。多說只會削弱力道。

挑選值得的戰場。

問問自己：「這真的值得一爭嗎？真的這麼重要嗎？這個時間和場合適合討論這個話題嗎？」

精準地溝通。

- 清楚說明你的立場，不要翻舊帳。
- 使用「我」作為句子的主體時，不要引發對方的防衛心。比如，「我討厭你都不整理床鋪」改成「每天都要鋪床讓我很受不了」會更能讓對方聽進去
- 確定對方是否理解。「你的意思是，當我（做某行動）時，你覺得（情緒）？」這會給對方澄清的機會。

腦力激盪出解決方式。

不要花太多時間反覆討論某個問題。時機一旦成熟，就立刻往下一步發展，和對方一起找出解決方案。否則，你們將永遠陷入負面的循環，而無法繼續向前進。

適當的痛是養分，讓你自發光芒

最近，我到自助洗車場洗車，把車開進吸塵區。我打開車門，發現有人把菸灰缸倒在地上。我不確定內容物到底有什麼，但我一點也不想知道。有一些菸蒂、幾個紙團，但也有幾枚硬幣和紙鈔，全都被某種黏滑的不明黑色物質給覆蓋住。

我猜裡頭大概有五塊錢。假如在地上看到五塊錢的鈔票，我一定會撿起來。但有了那堆黑色黏液，我連碰都不想碰。

我在使用吸塵器時，忍不住又想到地上那堆垃圾。萬一裡面有十元鈔票呢？我會撿起來清乾淨嗎？假如有百元鈔票呢？價值多少才值得挖出來呢？

鈔票的價值越高，我越有可能去撿。

衝突就像是埋藏在一堆穢物中的鑽石。對討好者來說，他們無論如何都想要避免。然而，學習面對衝突，就像一顆珍貴的鑽石，能幫助我們建立起世界級的良好人際關係。當然，衝突的情境可能很糟糕，讓我們不想接近。但結果會是值得的。

或許是開始挖掘的時候了。

第6章

我需要你的關注：怕被忽略

大多數時候，我都覺得自己是隱形的，
彷彿只是空氣中漂浮的塵埃，唯有光打下來時才被看見。

美國詩人 宋妮雅．索恩斯（Sonya Sones）

我最大的孫女愛維莉非常喜歡《哈利波特》。故事中，年輕的哈利和朋友們一起去霍格華茲念書，學習魔法。隨著學習新的法術，他們也得到了不同的工具和資源，來面對各式各樣的挑戰。

幾年前，我也開始閱讀這套書。雖然我不像愛維莉那樣著迷，但也讀得很起勁。我非常愛我的孫女，所以我們常常一起讀。（她目前已經看了七遍，我仍然在努力看完第一遍。）

某天早餐時，愛維莉問我：「爺爺，如果你能擁有其中一樣哈利和朋友們使用的工具，你會選擇什麼？」這題很簡單。「隱形斗篷啊。」我回答。隱形斗篷是很長又有兜帽的袍子，穿上之後可以隱形。

「為什麼？」她問。

我記得自己是這麼回答的：「這樣我就可以在別人不知道的情況下，偷聽他們對我的看法。」

那之後，我們討論了很久。

接下來的幾天，我都想著自己的答案。我意識到，從孩提時代開始，我就因為同樣的理由而希望自己能隱形。我總是追求別人的肯定。我早已展現了討好者的特質，想透過別人對我的看法來建立自我價值。

大多數的討好者其實內心都充滿掙扎。他們相信，如果關注其他人，讓自己成為背景，就能討人喜歡，因為這樣會顯得他們「人很好」，引人注目而不高調。事實上，他們認為其他人會注意到他們的好，並主動稱讚他們。但他們因為退居後方，所以很難被注意到——他們因此覺得不受重視。他們寧願得到「不隱形斗篷」，確保自己被看到。

當我們得不到想要的回應時，就會覺得自己不被看見，覺得自己是周遭事物中可有可無的部分。人們只會看見我們所做的事，而不是我們本人。我們花好幾個小時傾聽，希望讓別人覺得受重視，希望對方也能問起我們——但這從來沒有發生。

我們覺得自己微不足道，我們不被看見。

別關注我，但要在乎我

壞消息是，這背後的原因終會歸結在我們身上；好消息是，這個問題並不難解決。討好者通常會想：人們從不會注意到我。他們認為，原因在於自己不值得被關注，這也銘刻在他們的自我價值中。他們相信自己殘破不全，無法被愛；畢竟，假如值得被愛，人們應該會自動地關注他們才對。

當我們刻意將別人看得比自己更重，希望因此被珍惜時，其實是無意識地讓對方忽略自己。我們的做法適得其反，在周圍隱形化。用「自己沒有價值」擴大解釋，但實際上，我們只是刻意讓自己被忽視。

現實是：大部分的人無論如何都不會想著我們。他們只想著自己——我們也是如

此。

這個現象在青春期特別明顯——我們積極地想知道自己是誰，並在世界上找到自己的定位。過程中，我們渴望融入，渴望被他人喜愛和接受，總是從他人的反應來判斷自己的表現。這消耗了大量的專注和能量。感覺被喜歡時，我們欣喜若狂；被批評或忽視時，我們就跌落谷底。

當時的我們沒有想到，其他人也都在經歷相同的過程。假如他們喜歡我們，是因為我們讓他們自我感覺良好。假如合不來，他們就藉由貶低我們來得到優越感。

不幸的是，很多人並未隨著年歲增長，而超脫這個過程。即便是四十、甚至六十多歲的人也會在他人身上尋找自我價值。他們沒有意識到，人類大多數時間都只想著自己，根本不怎麼關切他們。

我曾經聽過一種說法：每個人的脖子上都掛了一塊牌子，寫著「讓我在當下感覺受重視」。我在職業生涯中，曾與許多企業主管和生產線員工共事，這驗證了我的觀察。受重視是人類的基本需求，假如沒有得到滿足，就會覺得沒有存在感。

一個貼切的例子是，某些人加入地方教會，希望建立起充滿關愛的人際關係。而他們選擇了大型的教會，讓自己可以不受矚目地加入或離開聚會，而且不參與教會生活中重要的小組活動。他們不懂為什麼沒有人主動關心自己，卻沒意識到自己被動地等待別人跨出第一步。這對他們本來就脆弱的自我價值來說，又是一次沉痛的打擊。

撇開別人的眼光

有什麼方法能解決不被看見的問題？**主動採取行動，讓自己被注意到**。

這不代表內向要改成外向，你也不必偽裝成別人的模樣。只要在其他人面前，好好地表現出自己內在真實的樣貌。你不需要表現得吵鬧、粗魯、惹人厭，像電視廣告中的汽車銷售員。只要表達自己。

我們不能期待其他人的關注從天而降。我們得透過自己的選擇，來解決自己不被看見的問題。

大部分的人主要關切的只有自己，而較少想到他人；因此，任何能讓他們感受到重視的行動，都能讓我們進入他們的關注範圍。但這麼做時，不能懷抱虛假的動機（只為了討人喜歡而做），這會讓你很快露餡。具體策略是：

1. 學習找到自己內在的價值，不再仰賴他人的看法。透過正確的「鏡子」看見真相，建立內在的信心。

2. 由信心出發，主動關注他人的需求，讓對方感受到重視。你的動機將會很純粹，因為你不需要從對方的反應中尋求安全感。

你在什麼情況下會覺得不受重視？

- 社交場合，覺得自己是全場最不自在的人。
- 表達意見時，遭到別人批判貶低。
- 你是在場最年輕或最年長的人，覺得大家沒把你放在眼裡。
- 別人只看見你的身分（如服務生、銷售員、咖啡師），而不是你這個人。
- 你身為父母，卻只被當成孩子的延伸。
- 人生充滿日常瑣碎的事物，而你懷念曾經的刺激和活力。

如果能覺察自己會在哪些情境中，覺得不被看見，就能幫助我們決定下一步該怎麼走。我們無法期待其他人改變，只能從自己開始。

在《人性的弱點》這本經典中，卡內基提出了發展人際關係的務實建議。此書出版超過八十年仍歷久彌新，因為內容立基於人類的渴望和需求。假如我們接受這些需求確實存在，就會做出呼應需求的行動。

有趣的是，卡內基沒有在書中提到任何改變他人行為的建議。一切都建立於我們改變自己的能力。就如「意義治療學」開創者維克多．法蘭克（Viktor Frankl）在《意義的呼喚》中所寫：「當我們不再有能力改變現狀，就只能努力改變自己。」

該如何讓自己更被看見呢？

1. 負起責任。不要將自己的感受歸咎於他人。任何人都不須為別人的感受負責。你或許不喜歡某人的言語或行為，但你可以選擇如何回應。

2. 提醒自己客觀。不要沉浸在感受中。相反的，想想如果你的朋友陷入相同的情境，向你求助時，你會給出什麼建議。

3. 當你知道自己必須參與某個社交場合，先規畫好話題。設想你可能遇到哪些人，想一些可以用來開啟對話的問題。曾經有人告訴我，在大公司工作的人必須隨時想好在電梯裡巧遇執行長的話要聊些什麼（詳見我的前作《如何帶著自信溝通》）。

4. 在熟悉的人際關係中，改變你的做法。與你熟識的家庭成員或朋友們，可能早已習慣和你互動的方式。他們會預期一切維持不變，因此不太會有理由改變對你的看法。假如你在大家心中永遠是那個在聚會時煮飯、清理的人，那麼今年就安排在其他人家裡、或找個餐廳聚會。不需要問，直接安排好再通知其他人。倘若有人抱怨，是因為你沒有按照他們的預期行動。但他們總會想通的。

5. 擺脫成規。舉例來說，你或許不斷滑著社群軟體，因為他人成功的表象而痛苦不已。這時候，不要陷入比較和挫敗的心態，而是改變自己的模式。早點起床，換一條上班或辦事的路線。檢視自己的日常小慣例是否值得調整。

6. 相信你的感受。當你有強烈感受時，代表身體正試著讓你注意到某些事。放慢步調，仔細關注，和你信賴的人分享感受。許多人會想壓抑感受，甚至會批判自己多愁善感，讓自己麻木，忽視自己的需求，而不是相信並善用它。但感受就像是人生中的GPS，值得我們的覺察和關注。

7. 主動與他人交流。舉例來說，我時常會遇到看起來冷淡疏離的第一線服務人員，似乎完全不想為我提供服務。我們很容易為此挫折，在心裡埋怨他們的態度。然而，我發現只要簡單幾個字就能建立起溫暖的連結，徹底改變對方的反應。他們之所以顯得疏離，是因為把我們當成（隱形的）客人而非另一個人；他們也認定我們抱持相同的態度。但當他們感受到重視，就有了短暫建立起真正連結的機會。這不只會改變我們的感受，也會改變他們的感受。

你今天可以做些什麼，來擺脫你的隱形斗篷呢？

第7章

我需要你的肯定：怕自己不夠好

使用你的尺來測量時，我就無法達標。

無名氏

拍照時為何要微笑？

別人幫我們照相時，總是會說：「好，笑一個。」即便沒這麼說，我們仍會直覺地微笑。我們知道其他人會看到照片，所以希望建立正面的形象。無論喜不喜歡，我們都會露出笑容。

假如攝影師說：「好，現在展現出你真正的感受。」你會露出什麼表情？

每一年，我們都會收到家人和朋友的聖誕節照片。每個人都盛裝打扮，面帶笑容。

但經驗法則告訴我們，他們可能拍了五百多張照片才有一張看起來和樂融融、相親相愛的。

有時候，賀卡中也會描述當年的重大事件。通常會是每個人的成就，以及讓大家自豪的事。他們或許會提到一些挑戰，但多半是無法掌控的事件（像是病痛或裁員）。我從來沒有看過類似下面的聖誕賀卡內容：

泰瑞十月就滿十九歲了。我們快受不了他了，因為他非常不負責任（而且目前還住在家裡）。他表現太差，丟了工作，整天幾乎都在滑手機。他做任何事都會拖延，只有找保釋官報到會準時。他才剛在手臂上刺青女朋友的名字（還拼錯），兩人就分手了。我們今年糟透了，完全不知道該拿他怎麼辦。我猜這代表我們是很差勁的家長。

聽起來很誠實，對吧？某種角度來說，也讓人耳目一新——因為生命的不完美總能讓我們感同身受。

我們似乎總是想表現出最好的一面。履歷表描述的是至今最大的成就，以及最優秀的能力。我們希望贏得其他人的喜愛，所以只強調優點，而排除了缺點。

看到全家福時，你第一個注意到誰？沒錯，你自己。你希望知道自己看起來如何，因為其他人都會這麼看你。假如對自己不滿意，無論其他人看起來多棒，你都會覺得是一張爛照片。你以為每個人看到照片時，都會立刻注意到你看起來有多糟。

但其他人做的事和你一樣：注意自己。我們都在比較，想知道自己和別人比起來如何。其他人也是如此。

對於討好者來說，這種情況簡直悲劇。

別讓自卑感綁架人生

當身邊的每個人都只展現出生活中正面的部分，我們很容易就感到自卑。我們會把自己的真實處境和其他人的公開形象比較，所以更加感受到自己的不足。這就是自卑的定義：覺得自己不夠好。

你過了很有效率的一天，自我感覺非常良好。你完成了許多事，覺得很安穩自在。接著，你休息片刻，看了一下社群軟體，卻掉入負面的漩渦中。

- 有人發了許多家庭旅遊的美好照片，於是你想，「真希望我也負擔得起這樣的假期」。
- 你看到「減肥前／後」的照片，發現自己一直在「減肥前」那端。
- 廣告呈現了翻新後的廚房。你發覺自己的廚房過時又單調。
- 曾經生活乏味、經濟困頓的人發文分享投資事業的成功和財富。假如加入他們，你也能逃離自己無趣的生活。

內心深處，我們知道社群網站所描繪出的圖像，其實都經過精雕細琢。我們看見別人的完美人生，而自己的難免相形失色。其他人的孩子感情融洽，他們的房子就像型錄裡那樣完美，每個人都有充分的時間休息和玩桌遊。我們會想：「相較之下，我的生活太平庸了。」越往下滑，我們就越感到不滿。

在上網之前，我們的心情不錯。一旦開始比較，憂鬱隨之而來。

最糟的是，我們以為自己看到的都是正確的。我們用自己真實的生活，和其他人塑造出的形象相比較。我們看見其他人富裕幸福的形象，對他們真正的想法和感受卻一無所知。我們忽視自己的成就和優勢，只注意到其他人擁有哪些我們所欠缺的。

說真的，你看見完美無瑕的居家環境難道都不會有一絲懷疑嗎？我時常好奇，假如攝影師不請自來地闖入家中，開始拍照，會得到怎樣的照片呢？我猜，照片裡的家應該會更像我們房子的一般狀態吧。

這不代表社群網站上的人們不誠實。大多數的情況裡，他們的確減重成功、創業有成、取得出乎意料的成果，或是踏上夢想中的假期。這是他們的個人生命旅程，讓他們感到興奮，於是想要分享喜悅。

但我們有自己的旅程，和他們的路線未必相同。當我們將自己人生的挑戰，和他人的成功相比時，就會有許多問題。我們等於是將自己的內裡與他人的表象比較。如此一來，我們當然會開始感到自卑，因為「不夠好」。

更糟的是，有些人會主動地與我們比較，透過貶低我們取得優越感。有時候很直接，有時則拐個彎。無論如何，在受到人身攻擊時，真的很難保持理性客觀。這些人有時是冷暴力的家人，或是冷嘲熱諷的同事，總是極盡所能地貶低我們。

我們習慣到高檔的街區參觀年度的聖誕節燈飾。人們會開好幾英哩的車，見證每個屋主都在試圖超越鄰居。有人推出主題燈飾，範圍涵蓋了整個庭院，有人則會用電線和燈泡將自己的布置和對街的房屋相連。有些屋主親自動手裝飾，有些則請專門的公司代勞。街上有數十戶人家共襄盛舉，只有極少數置身事外。

我們對這些例外感到好奇。他們沒興趣裝飾自己的房子，讓整個光明的街區缺了一角嗎？他們會因為不參與，而感受到鄰居的壓力嗎？

自卑的感覺很差，我們都希望能化解。這就是為什麼討好別人可以很負面。當我們只以好的一面示人，希望留下好印象時，就會變得越來越虛假。我們以其他人為鏡子，想看見自己的價值——假如對方沒有肯定我們、注意到我們，我們的自我價值就會因此貶損。如此的惡性循環會使我們越來越迫切地討好別人，只希望能更被喜歡一點。

幸運的是，我們其實不需要這麼做。

從比較心態到豐盛心態

一般來說，我們並不需要經過多年的心理治療，才能克服比較心態（雖然其中或許有更深層的課題值得探討）。通常只需要簡單的兩個步驟：

1. 覺察自己正把焦點放在其他人身上，且正在比較彼此的生命旅程。

2. 把焦點轉移到自己的旅程上，並專注於此。

當我們比較時，就是在判斷其他人是在我們之上，或是不如我們。但事實上，我們不過都是人類而已。比較，會產生分化。心理學把人們因為他人回饋、而改變自我評判的現象稱為「條件自尊」（contingent self-esteem）。條件自尊很危險，不僅使我們受制於人，也讓我們被迫迎合他人的標準後才尋得自我價值。

自卑感並非與生俱來，而是透過學習得到——有時是其他人的教導，有時則出於我們的觀察。孩提時期，我們的人生經驗不足，無法判定自己是否真的不如別人，只能就這麼接受。

舉例來說，假如每次失敗都有人告訴我們：「你什麼都做不好！」我們就會慢慢接受這個說法，並因此改變看世界的方式。由於相信自己成事不足，敗事有餘，於是就不再嘗試。這意味著我們會害怕凸顯出自己的不足，而錯失許多珍貴的機會。假如不加以覺察，這樣的恐懼會一直持續到成年。

然而，由於自卑感是後天習得的，我們也能學習放下。只需要以下兩個步驟即可。

1. 覺察自己正在比較。

很快地想想：你最後一次比較的對象是誰？是在滑社群軟體的時候，或是現實生活中的對話？你感覺如何？

假如比較讓你自卑，是因為你讓其他人控制了你的情緒。你讓其他人決定你的價值，而不是自己去追尋。其他人可能根本沒意識到這件事，因為他們只是過著自己的日子，而你自己卻一邊看著一邊有所反應。注意你在比較時有什麼感覺，把這種感覺當成信號——一旦感覺出現，就問自己是否又在與人比較了。當你覺察發生的事，就比較容易不受到比較的控制，而可以有所應對。

你渴望相互尊重的穩定關係。當我們比較，就是讓比較心取代了陪伴，而使得人際關係無法進一步成長。如同作家凱伊．威瑪（Kay Wyma）所說：「當我們選擇正視所有人那些無法衡量、無法比較的美好部分，才能得到真正的滿足——也包含了正視鏡中的自己。」

2. 專注於自己的旅程。

停止比較最好的方式，就是看見自己的獨特之處。你是世界上唯一的「你」。你襲斷了「你」的市場，沒有人可以表現得比你更好。

假如你是一隻烏龜，其他人卻要你「像老鷹一樣翱翔」。這想必非常挫折，或許看起來令人憧憬，卻不可能實現。你越是專注在成為老鷹的可能性，能用在成為完美烏龜的心力就越少。永遠都要做自己，即便你覺得自己不夠好、不夠振奮人心也無所謂。你越擅長做自己，你的旅程就會越圓滿。

我們終其一生都在比較，而發展出負面的自我形象，又該如何克服呢？改變心態就好。大部分的人都努力克服人生中負面的部分，這意味著改正所有的「錯誤」。但比較健康的做法，則是發展自己的熱忱和獨特——專注在「對」的部分。

許多理財大師都說過，我們應該把百分之十的淨收入投資在個人的成長。如此一來，我們就投注心力幫助自己成長和提升，而不只是一味修正問題。越是專注在生命中正面的部分，花在和他人比較的時間就越少。

找到你獨特的能力，好好發展，創造出自己的羅盤，才能在面臨抉擇時為自己指出一條明路。你的羅盤將成為生命的嚮導，讓你不再受到比較心裡所控制。

對於己不如人的恐懼，讓我們總是追求「勝過別人」。當你環顧身邊的人，會覺得自己必須超越他們，才能保護自我價值。

不需要當最好的，盡全力就好了。

戒掉盲目比較

那麼，我們該怎麼看待他人的成就，而不陷入不健康的比較心態呢？可以參考以下四個步驟：

避免會觸發你的事物。

一般來說，什麼事物會觸發你的比較心理和自卑感呢？注意這些事物，讓自己有意識地加以避免。

- 過度使用社群網站？那就把手機裡的應用程式移除，讓自己無法再使用，或是在周末時戒斷社群網站吧。
- 聽朋友們吹噓他們的成就？那就多花時間和那些安全感充足、不需要吹噓的朋友相處吧。
- 在逛街的時候？那就跟和朋友一起去，讓自己分心；事先規畫購物清單，不要只是漫無目的地瀏覽櫥窗。

• 開車經過高級住宅區？那就換條路線吧。

列出清單。

你總是和誰比較，比較時又有什麼感覺呢？把這些整理成一張清單，仔細思考列出的每一項，覺察自己在比較時的內在有什麼變化。在事情發生前，先思考最好的應對方式。控制自己負面的信念，用正面的事實加以取代。關注自己獨一無二的優點，並不帶忌妒地讚賞別人的。

心懷感恩。

比較心理被觸發時，暫停片刻，想想自己擁有的一切。假如你正開車經過高級住宅區，提醒自己，你並不知道每扇門後發生的事。表象只反映了其他人擁有的，而非他們人生的樣貌。感恩會讓我們對自己的當下感到滿足。

為了正面的改變而比較。

與其在生活方式或財富層面比較，我們可以選擇讓自己與慷慨、善良或富有同情心的人相處。找到善於傾聽，或是生活步調並不匆促的人，給自己向他們學習的動機。把自己的心力投注在能帶給你啟發的人身上，可能的話，也花時間和他們相處。讓自己身邊圍繞著你仰慕的人。

這是克服己不如人恐懼的關鍵：在對的事物上有所追求。

第8章

我需要被你需要：怕自己不重要

獲取好名聲的方法，就是努力成為你想要的模樣。

蘇格拉底

人生就像爬山。我們從山這邊的城市出發，朝著山那邊的城市前進。兩座城市和山頂的距離都相同。

人生的前半段，我們朝著山頂攀登。我們需要付出大量的體力和專注力，而我們所做的一切，都帶領我們向上邁進。

我們在「中年」抵達頂峰。這是偉大的成就，而山頂的風景壯觀。我們可以回顧自己的出發點，驚訝自己已經走了這麼遠。從山頂上，我們可以看到遠方目的地的城市。

這座城市的距離和起點一樣遙遠，但每走一步，就會更近一些。於此同時，我們正在下坡，走起來輕鬆不少，速度也快了許多。

「中年」是什麼時候？很顯然，答案取決於你能活多久。中年就是這個意思——人生旅途的「中間」。大部分的人在步入四十歲晚期或五十歲初期時，就認為自己邁入「中年」。然而，看看實際的數字，就會發現有趣的事。

我在二〇一九年年中寫這本書時，美國的平均預期壽命是七十八歲八個月。其中必須考慮許多因子，例如生理狀況、基因遺傳和生活方式。這樣的平均數字，代表多數人在三十九歲時就已經達到巔峰。

我們不是向上，就是向下。

對大部分人來說，中年是開始反省的時刻。我們會回顧自己前半段旅程的成就，思考自己是否帶來了一些影響。

這可以說是直擊人心的恐怖經驗。假如我們覺得蹉跎虛度了前半生，就會興起無力的空虛感。「我有帶來任何改變嗎？有任何人會在乎我嗎？」許多人都開始出現類似擔憂。面對有限的生命，他們會決定改變自己的作為，希望能為世界留下些什麼。其他人則認為一切都已經太遲，乾脆直接放棄。

這就像是蓋瑞．拉森（Gary Larson）所創作的古早單格漫畫《遠方》：一隻小狗在高空的繩索上保持平衡，一邊騎單輪車，一邊搖呼拉圈，同時對下方的馬戲團觀眾表演雜耍戲法。漫畫下的文字寫道：「在靜默的人群上方，雷克斯試著保持全神貫注。然而，牠甩不掉一個惱人的念頭：牠是隻老狗，而這是個新把戲。」

變動中的自我認同

擔心自身重要性越來越低的不只是年長者。父母在孩子生命的前十年扮演了最重要的角色。當孩子成為青少年後，就會自然而然地獨立自主，與父母分開。假如我們將身分認同建立在孩子對我們的需求上，這樣的角色變化就會令我們不安。雖然孩子們還是很需要父母，但需要的方式已經完全不同了。

對討好者來說，這很困難。當孩子們開始表達自己的看法，做自己的決定時，有些父母或祖父母會覺得自己不再被需要，因而感到難受。我們希望得到孩子的愛，甚至可能希望他們的朋友認為我們是「很酷」的家長。因此，我們在管教上有所克制，也盡量不做任何會讓孩子不開心的事。最後，我們的決定可能是基於自身的需求，而忽視了怎樣才是對孩子最好的，只因為我們想贏回孩子曾經的仰慕之情。

孩子離家之後，父母會經歷所謂的「空巢期」，通常伴隨著自我認同的危機。突然之間，父母覺得自己不再被需要，不再對孩子有所貢獻。他們覺得自己不再重要。他們可能會問自己：「少了孩子以後，我到底是誰？」

對於「重要性」的需求是人類的基本需求，而我們會本能地滿足這種需求。若無法滿足，則會絞盡腦汁地設法追求。

讓獨特綻放，是你的使命

每個人天生就擁有一股強烈的內在渴望，想知道自己誕生在世界上的目的是什麼。這就是為什麼華里克牧師（Rick Warren）的《標竿人生》（*The Purpose-Driven Life*）是史上最暢銷的書之一。人們都渴望自己不只是活著而已，而華里克牧師的書名呼應了這樣的願望。假如找不到活著的意義，就可能過著像梭羅描述的「死寂的絕望人生」——活在空虛之中，沒有任何目的和意義。

我們看著身邊的人，心想：「我對他們來說重要嗎？我影響了他們的生命嗎？他們會因為我的出現，而成為更好的人嗎？」假如沒有答案，我們的使命感就會落空，驅使我們繼續追尋。這樣的使命感就像我們必須搔到的癢處，卻沒有人伸手去抓。

身為討好者，我們會回到自己唯一了解的模式：為了他人的看法而活。我們會竭盡所能讓對方喜歡、認同。這是我們熟悉的領域，能讓我們暫時鬆一口氣。然而，由於我們的行動並沒有帶來任何真正的價值，得到的回應自然也是空洞的，讓我們意識到自己沒有帶來任何影響或改變。我們只是在玩撲克牌的接龍，偶爾快速的獲勝帶來短暫的快樂，但無法持久。

在討好過程中尋找意義，就好比整天吃垃圾食物。一開始會感到滿足，但很快就令人厭倦。這是因為我們不再感受到「需求」（飢餓），於是失去了帶來真正影響的「胃口」。

我們可以為世界帶來的最大貢獻，絕對不是受人歡迎，而是成為百分之百真實的自己。這是我們唯一能帶來、獨一無二的貢獻，而世界上不會有第二個人能做出同樣的貢獻。

換句話說，你的獨特就是最棒的工具，不只能為世界帶來很大的改變，也能大大地影響你身邊的人。畢竟，假如每個人都是相同的，改變就不可能會發生。

假如你希望小小改變世界，就做點改變吧。

向外看，不要向內

身為討好者，我們會為其他人做各式各樣的事，但同時關注的焦點卻在自己身上。從外表看起來，或許慷慨又富有同情心——這確實是我們想塑造的形象。然而，我們的動機卻會帶來反效果。

假如真正的動機是為了對方好，那麼討好別人、滿足別人需求這件事本身就沒有問題。然而，假如我們是出於自私才慷慨待人（為了自我感覺良好而付出），最終就只會換來挫折和抑鬱。我們內心深處帶來改變的渴望不會就這麼消失，只會越來越強烈。

當我們覺得一無是處、自傷自憐時，自我價值就會墜入深淵。該如何跳脫惡性循環呢？答案或許有些違反直覺，但只要對他人伸出援手就足矣。問題不會立刻解決，但當我們專注於幫助他人，就沒辦法再把同樣的注意力放在自己身上。就像是一個人無法同時朝兩個方向奔跑，我們也沒辦法同時全神貫注自己和其他人。當我們思考如何滿足其他人的需求，就無法沉溺於自己的悲慘中了。

「等等，你前面不是一直在說，關注其他人是討好者的問題所在？我們難道不該以自己為優先？」

是的，但真正重要的是動機。不健康的討好者關注其他人，是為了贏得對方的認同。健康的討好者這麼做，卻是真心想滿足對方的需求。一旦健康的人出現了生存意義的危機，最快找到方向的方法就是幫助其他人。

蘇珊・努南博士（Susan Noonan）的研究，以及其他許多研究都顯示，當人們積極投入志工活動時，心情幾乎都會有正面影響。為什麼？因為他們為世界帶來了改變。

- 他們覺得被需要。
- 他們的自信心和使命感都有所提升。
- 他們做出具體的貢獻。
- 他們學習新的技能，得到新的機會。
- 他們得以分心，不再執著於負面的想法。
- 他們通常會稍微打扮，對自尊心有所助益。
- 他們的社交技巧有所成長。

假如一個人覺得自己無法帶給世界任何價值，那麼看見對其他人生命的具體影響，就能獲得繼續前進的動力。憂鬱的人通常缺乏能量，因此要開始做任何事都很困難——進而讓憂鬱的狀況更加惡化。志願工作給了人們撐下去、踏出家門的理由，而光是這樣，就能提振心情。

當你覺得自己很糟糕，根本沒有人在乎你時，或許代表你正在等待其他人主動接近並認可你。這樣的等待是徒勞的，因為根本不會有人想到你。主動去接觸其他人，才能給對方回應你的機會。即便對方沒有反應，你也會覺得自己沒有那麼糟了。

不再期許別人的關注

在生命的不同階段，人們都難免會懷疑自己是否微不足道。這樣的感受是正常的，也需要花一些時間去消化。

這對於討好者來說格外難受，甚至危及自我價值。一旦說服自己，我們一點都不重要，就很容易覺得渺小而微不足道。你在人生中累積的智慧，似乎也不在管用。

然而，你獨一無二的智慧永遠不會過時或毫無價值。或許包裝的方式可以再更新，但你能帶給他人的價值永遠珍貴。

我的職業生涯大部分都站在講台上，有時是大學的教室，有時則是企業的會議室。多數時候，我都能輕鬆而快速地與研討會參與者建立起連結。然而，經過了三十年的三千場研討會後，我發覺自己似乎擱淺了，得花越來越多時間才能達到相同的狀態。觀眾看起來越來越年輕，而我的頭髮越來越花白。我覺得他們看著我時，都在想：「這個老頭是誰？我們一整天都要聽他說話？他很重要嗎？」活動開始後，建立連結其實不需要花太多時間，但我覺得必須證明自己，讓他們相信我提供的內容很有價值。

某天，我向一位參與活動的同僚提到這個情況。她很訝異我會這麼覺得，說道：「不，我覺得事實剛好相反。他們知道你年紀較長，但不會因此看輕你。他們會認為你就像學識淵博的大學教授，所以很期待你要說什麼。他們不會預期你要融入他們，而是希望你做自己，讓他們能向你學習。」

這對我來說猶如醍醐灌頂。曾經，我老是覺得自己微不足道，但這只是我的心魔。事實並非如此，我卻這麼以為。改變了想法以後，我面對任何聽眾都恢復了全部的信心。

對於微不足道的恐懼，都是我們加諸在自己心裡的。即便覺得自己正在走下坡，實際上卻可能是漸漸上升。當我們覺得自己不再重要，或許可以當成努力一搏的動力，為周遭帶來真正的改變。

重拾重要性的旅程會是什麼模樣呢？想想以下的觀點吧：

幫助他人，不要擔心後果。為他人服務，不要去計算這對他們的影響。大部分的人即便得到我們很大的助益，也不會有心地給我們正面的回應。所以，付出就好。

懷抱好奇心。覺得自己微不足道後，很容易就停止學習和成長。我們會想，「為什麼要成長？反正根本不會有人聽我們說」。然而，我們越是成長，能帶給其他人的就越多。

選擇你關注的焦點。我們很容易對各式各樣的事物感到興奮，但是得謹慎挑選。把範圍縮小，再決定要把心力投注在哪個領域。其他人或許會因為你不肯加入他們的興趣，而感到不滿，但我們不須因此退縮。選擇自己的道路，堅持下去。即便像甘地這樣的聖人也不可能事必躬親；他只是相信自己的力量，專注在自己投入的領域而已。

培養自己的專業。一旦選擇了投入的領域，就要持續學習。大量廣泛地閱讀，上一些課程，花一些時間與該領域的人互動。你的人生經驗再加上你的成長，將使你在自己的領域中永遠有一席之地。

重要性的禮物

每個人都希望自己舉足輕重。討好者只是選擇了不恰當的方式，來滿足這樣的需求，因而得到了相反的結果。

先做出選擇，才能帶來改變。對於微不足道的恐懼，可以透過忠於自我、展現自己的獨特性和同情心來克服。

踏上嶄新的道路吧！

第三部分

找回內在力量的十個起手式

Building Blocks for World-Class People Pleasing

我在幾年前搬家到現在的住處。房子的後方有個很大的木頭露台，一直連接到後院的圍籬，環繞了整個房子，非常符合我們的需求。

然而，壞消息是所有的木板都已經開始腐爛。木板經年累月暴露在風吹雨打，表面都變形了，甚至出現裂縫，而固定的釘子也大多鬆脫。我們重新油漆了幾次，也拴上新的螺絲，試著讓外觀賞心悅目一點。我們希望隱藏起老舊破敗的樣子，讓客人不要注意到露台真正的狀況。

住了幾年之後，露台的狀況每況愈下。因為釘子鬆脫，我們沒辦法光著腳走路，而且有好幾個地方太脆弱，好像隨時可能掉下去。露台越是腐敗，就越難維持表面的樣子，真實的狀況也越來越顯而易見。

我們存了一陣子錢，終於能換新的木板，於是開始把舊的一片一片撬開。我們以為，新的木板能解決所有的問題。我們沒想到的是，支撐整個露台的木頭結構也已經開始腐爛。雖然不像表面那麼糟，但我們知道必須得徹底翻新。舊的結構或許還能撐一陣子，但隨著時間，腐爛的情況只會惡化，破壞整個露台。

我們花了比預期更多的金錢和時間，才好好整修了露台。然而，我們知道不能只是把破敗的露台遮掩起來，假裝什麼問題都沒有。我們得認真把事情做對。因此，新的露台既堅固又好看。

討好人也是如此。一開始，我們試著清除自己的感覺，不讓別人看見，假裝一切都很好，希望能讓大家刮目相看。我們甚至會換新的木板，讓自己看起來煥然一新。

然而，表面下的腐敗沒有停止。我們清楚這個狀況卻隱藏了許多年。隨著時間過去，情況越來越糟，也越來越難掩飾。我們害怕往深處窺看，因為知道情況很糟，所以害怕自己即將看到的事物。

東補西缺的形象

我們在前五個章節裡，已經鑽到露台下看看狀況，誠實面對了自己最需要的五種事物，以及我們最大的恐懼。當我們檢視了恐懼，討論了可能的面對方法，看起來就沒那麼可怕了。這是我們目前搭起的基礎。

如今，是重建的時候了。清楚了解到需要做的事，我們就可以採買必要的補給品和工具，開始動工。這樣的浩大工程並非一夕之間就可以完成，但我們得先踏出第一步，然後再一步，再一步。

為了重建，我們需要掌握哪些關鍵呢？以下十項要素值得我們投入心力。我並沒有按照特定順序排列，所以你可以自己選擇要從哪一項開始。先全部讀過，決定哪一項對現在的你最有意義，再從那裡開始吧。

- 珍惜一次又一次的選擇
- 真切地與人連結
- 自信心的養成
- 坦誠地活著
- 打破你的語言界限
- 持續渴望，保持單純
- 懂得按暫停
- 專注，帶來當下的豐盛
- 感恩，帶出人生的積極面
- 改變觀點，重新看待每件事

這些要素本身都不困難，如果能從細微處開始，也很容易實行。一旦基石底定，就能幫助我們以最健康的方式討好別人，影響身邊的生命。這就是下一個部分的中心：用簡單的策略改變我們的人生。

第9章 珍惜一次又一次的選擇

不要忘記，唯有死魚才會隨波逐流。

英國記者　馬爾科姆．蒙格瑞奇（Malcolm Muggeridge）

她和咖啡廳的其他客人格格不入。

通常，這類地方都充滿了帶著電腦的學生、喝著拿鐵的生意人，以及幾個看著平板電腦的年長者。但她完全不同。她銀白色的頭髮整理成很舒服的髮型，全身散發著不做作的時尚感。她很時髦。她和一個年輕許多的女子相對而坐，離我只有幾英尺。她們之間放了一個打開的小盒子。

盒子上的商標很眼熟：蘋果。

那位年長女性開口時，聽起來很有自信，但不咄咄逼人。「我做得來，妳知道吧？所以我才會買。」

「當然的，奶奶。」年輕女性回答：「妳從不害怕嘗試新的事物。」

「或許我老了以後就會怕吧。」奶奶說。

「那麼，妳現在幾歲了呢？」

「我才九十歲。好啦，示範一下這東西有多好用吧。」

於是，看起來四十出頭的孫女讓奶奶拿著電子裝置，並引導她嘗試各種功能。

我當時正在寫文章，順便整理一些電子郵件。但我沒辦法忽視這段美好的故事：九十歲的女士剛買了蘋果的手錶，正在努力學習使用方式。

「這可以顯示我的心律嗎？」我聽見她問。

「當然囉，奶奶。看到了嗎？在這裡。」

「這很重要。」年長的女士說。「我每天早上都會檢查有沒有脈搏，有的話才需要起床。」彼此都笑了。

「它會記錄我走了幾步嗎？」

「會的，也會顯示妳的確切位置，我可以在我電腦的地圖上看到。」

「很棒。我每天都該走一萬步。假如迷路了，我就一直走到妳來找我為止。」兩人又笑了起來。

閒聊持續了三十分鐘。奶奶每種功能都嘗試了幾次，學會以後再開始學下一種。即便要重複好幾遍，孫女卻沒有表現出任何不耐煩，所展現的耐心是對奶奶最好的尊重。最終，到了離開的時候，時髦的奶奶戴上手錶。

「謝啦，親愛的。」對著孫女說，「下次可以教我怎麼把手錶連上手機嗎？」

祖孫倆離開了。

我看著她們慢慢走遠，我發現，這位奶奶並不是那種體能極佳的馬拉松長輩跑者。她是體態衰老、卻決心不要讓思想也跟著衰老的女人。她的心態很年輕，因為她為自己負責。**這個女士採取主動**。

堅強的人才有力氣行善

討好者會用其他人的觀點和反應，來定義自己的價值。他們把自己看成雕像，並且將雕刻刀交到其他人手中（或是認定雕刻刀本來就在別人手中）。他們成了受害者，因為他們會揣測別人的想法，並以此形塑自己的人生。他們覺得自己弱小無助，卻從不讓別人知道自己的感受。他們想像別人的想法，並且成為這種想像的囚徒。要相信別人能接受真實的自己，實在是太冒險了，於是他們持續控制自己的形象。

如此一來，他們就減損了自己對世界獨一無二的貢獻。他們或許想主動嘗試新事物，卻又迫切觀察其他人的反應，只要感受到一絲一毫的批判，就會立刻放棄。或許新事物能讓他們振奮，但他們永遠嘗不到。他們讓其他人的意向來決定自己的選擇，而無視自己真正想要的。

復原之路的第一項要素是採取主動：對自己的人生負責。這意味著永遠不要把自己的處境歸咎於人，也永遠根據自己的獨特觀點來做決定。

《與成功有約》的作者柯維博士常說：「決定我是誰的並非我身處的環境，而是我所做的決定。」積極主動的意思，是認知到把處境歸咎於人終究毫無意義。其他人或許會在某些方面對你施壓，但你永遠能自由決定回應的方式。你能掌控自己的選擇，而你的選擇則控制了你的命運。

你或許會說：「但總有一些在我們掌控之外的事啊？我沒辦法控制經濟發展，或是其他人惡意的行為。這把我的生活弄得亂七八糟，我一點辦法都沒有。」我們固然無法控制其他人的行為，但卻可以控制自己的反應。假如我們陷入憤怒苦悶，又受制於他人造成的情緒，那等於是放棄了選擇的自由。任由情緒被他人控制——但我們可不希望這種人控制我們的人生。

採取主動並不會將其他人造成的傷害降到最小。這只代表我們選擇不受其奴役。我們從實際的觀點回顧過去，再決定如何繼續前進。換句話說，我們把通往快樂的鑰匙放在自己的口袋裡。

就像芮因霍．尼布爾（Reinhold Niebuhr）在經典的《寧靜禱告》（*The Serenity Prayer*）中所寫：

主啊，請賜予我寧靜，去接受無法改變的事物，
賜予我勇氣，去做出有能力的改變，
賜予我智慧，去判別兩者的不同。

積極主動的人學習度過無悔的人生，而這是從日積月累的討好習慣中，邁向復原的基礎。

生命裡只留下不後悔的選擇

我們通常會對自己做的事感到後悔，而非他人的行為。其他人的抉擇雖然可能讓我們的人生墜入黑暗，令我們受傷或憤怒——但我們不會悔恨。

當我們帶著悔恨看自己時，就不可能懷抱正面的感受，幾乎總是會過度嚴苛。我們會後悔自己做的事，進而對自己的樣貌感到悔恨和不滿，開始自我批判。我們所做的事可能帶來羞愧和自責，假如無法好好面對，就會失去自我價值。「我做了不好的事」的想法，就會演變成「我是個差勁的人」。

這種狀態很危險。假如執迷於種種的「要是能改變該有多好」，我們就會被過去困住——而摧毀了自己的未來。

大部分的悔恨都分成兩種類型：無知的行為和刻意的行動。

無知

上個星期，我花了些時間查詢皮膚癌的資料。這不是第一次了——事實上，我的皮膚科醫生之所以能買名車，我可說是貢獻良多。他說，有些人的皮膚就是比較脆弱，而我就是那麼幸運。

我在六〇年代的亞利桑納州長大，這個背景可說是火上加油。當時可沒有人會擦防曬乳。事實上，我們甚至會用嬰兒油來強化日曬的效果。我現在嘗到苦果了，但我當時一點概念也沒有。

這就是無知。

刻意

青少年時期，我得知了「複利」的概念。假如在十六歲到二十二歲之間，我每年都有辦法存兩千美元（而且投資穫利理想），那麼二十二歲到退休之間，我即便一毛錢都沒有存，也能累積一百萬美元。

我做了更多研究，也找到類似的投資模型。我知道該怎麼做，但選擇不那麼做。假如我做了，現在的財務狀況就會迴然不同吧。時常帶來悔恨的選擇包含了：

- 大學時和誰交往
- 工作的選擇
- 為了就業離鄉背井

- 因為恐懼而不把握機會
- 養貓
- 養成不良習慣
- 選擇刺青紀念，但後來價值觀或人際關係改變

「刻意的後悔」通常比「無知的後悔」更難受，因為我們明明知道怎麼做比較好，卻執意這麼做（或不那麼做）。

風險越高就越令人痛苦。買了一輛不理想的二手車，面對故障雖然很難過，卻遠遠比不上因為以前說的話或做的事，而造成人際關係的破滅。假如你破壞了某人的信任，並不是說一句「很抱歉」就能解決的。重新建立信任需要時間。

妻子和我現在知道，孩子們長大的過程中，我們有哪些部分做錯了。養兒育女並沒有操作手冊，所以我們得試著自己搞清楚。我們已經為自己的錯誤道歉，但孩子們會永遠感受到我們的選擇所帶來的影響。

假如你因為悔恨，而活在過去，那也已經不是真正的過去了。那是現在，因為人只能存在於現在——而你關上了通往未來的門。

活在當下就能幫助我們從討好中得到解放。這意味著主動選擇正確地記住過去，但把過去留在過去。無論以前的行為表現如何，我們的未來都不會受到過去所限制。我們永遠能做出新的選擇，轉向新的方向。

擁抱錯誤，培養強心臟

假如我們能永不後悔，人生會如何呢？我們的人際關係和對話交流，又會出現什麼改變？你對未來會有什麼感覺？懷抱怎樣的希望？過去是真實的，我們無法忽略。假如忽視過去，發生過的事將永遠存在我們心中，像癌細胞那樣成長擴散。我們必須要面對它，然後控制它。

你的過去不會定義你。你的現在才會決定你的未來。積極的人會主動從過去學習，但不沉溺於過去。他們會負起責任，以過去為基石向上建造，但不會被過去定義。每天都是新的一天。從今天起，你可以開始遠離悔恨。要記得，你沒辦法改變發生過的事。

過去成為歷史。當我們無法原諒自己，於是放棄嘗試，就會帶來悔恨。挑一項你感到後悔的事，挑戰自己：既然過去無法改變，我們可以採取怎樣的行動，重新取得主控權呢？

- 假如你以前金錢觀不好，或許可以讀一本理財相關的書籍。
- 假如你沒有運動的朋友，或許可以找兩個夥伴，一起運動健身。
- 假如你選擇了自己不喜歡的職業，可以選修線上課程，學習新技能，朝新方向發展。

假如在工作面試的路上，你的車沒油了，你會後悔沒有早一點加油——因此錯失工作機會的話則更讓人後悔。我們很容易為了發生的事而自責。好好面對這些感覺很重要，我們必須對自己坦承，有時也可以告訴別人。然而，就這麼待在路邊，心想「我真蠢。我毀了一切。我總是如此」也於事無補。可以轉向更準確的說法：「我做了很差的選擇。我沒事——不過是搞砸了。我會繼續努力。」然後打電話請拖吊車吧。

踏出正確的下一步。我們越是前進，過去就越無法掌控我們。後悔不是注定的，我們可以從今天開始學習放手。

有意識地為自己的每個行動負責。承認你的錯誤，擁抱你的成功，改變你的生活模式。當你發現自己為了其他人的看法而活時，鼓勵自己做出不同的選擇。問問自己：假如不用擔心別人的想法，我會做出什麼選擇？接著，無論別人說了什麼，都維持那個選擇。

在許多情境中，採取主動都代表著學習說「不」。凡事都答應似乎比較簡單，而且沒什麼。但積沙成塔，你的時間有限，每次答應了，就等於拒絕了其他選項。當你精疲力竭時，就不該做更多事，而應該減少付出。

討好者幾乎無法拒絕別人。然而，仔細想想，其實只要提早規畫好回應就好。直接拒絕或許不太禮貌，那就換個說法：「聽起來很棒，多好的機會啊！我希望自己有多一點時間。但假如我答應，就得放棄已經決定好，而且符合我目標的事了。還是謝謝你問我——真的很感謝你想到我！」

你的人生是你的，不屬於任何人。不要再遷怒卸責，承擔起人生的責任，這將成為你未來一切的基石。這會是你的起點，可以從今天就開始。

第10章

真切地與人連結

一人獨行走得快，與人同行走得遠。

非洲諺語

「歡迎光臨本飯店。」櫃檯的服務人員說道。這幾年來，這句話我聽了幾千遍。大部分的時候，服務人員都面帶笑容，希望我對旅館留下正面的第一印象。

「我們已經登記了您的付款資訊……早餐時間從六點開始……需要叫您起床嗎？」這些對話雖然制式，但讓人愉快。也像是空服員的飛行安全說明那樣，容易讓人分神。某些時候，同樣的話其實我已經聽過好幾次了。

這次卻有點不同。「我們的確有一個小問題，先生。」

「怎麼了？」這樣的脫稿演讓我感到驚訝。

「感應鑰匙的機器故障了，得花幾天才能修好。」

聽起來不太妙。「你的意思是？」

「您的房間進不去了。」服務人員回答。我四處張望，想看看有沒有隱藏的攝影機能證明我上了整人節目。「真的很抱歉。」他繼續說：「但如果需要進房間，您得到櫃檯來，我們會拿萬用鑰匙幫您開門。」他先請同事幫他顧一下櫃檯，才陪我走過長廊。我的房間在旅館得最遠端，所以我們有很多聊天的時間。

「應該不少旅客都很生氣吧？」我問他。

「生氣是不至於，但有點惱怒。他們知道這種事情在所難免，不過還是造成了許多不便。」

「這樣陪著客人走來走去，你不會覺得煩嗎？」

「不。」他說：「但這讓我滿驚訝的。」

「怎麼說？」

「我以為我每天都在跟很多人互動，但實際上，我只是和不同的人一再重複相同的對話而已。現在，我有時間更了解客人。他們就像是，嗯，真正的人。」

我不禁莞爾，想著所謂的「優良服務」有時會放錯重點：表現得很在乎，實際上漠不關心。

他繼續說：「其實只是短短的對話，卻像是真正建立了連結。我和客人可以稍微了解對方。這改變了我對工作的態度。我本該讓人感受到好客和溫暖，但那並不真誠。我只是露出笑容，說該說的話而已。在我不只是招呼，而真正開始對話後，客人才能感受到真誠的歡迎。」

客人成為真正的人。

放下對話腳本

上個星期，我一直在思考這段對話。身為康復中的討好者，到底有多少自以為真心的簡短閒談，其實只是假裝自己在乎而已？我知道有些關鍵字可以換來預期之中的回答，所以經常掛在嘴邊。我真正在乎的時常是如何讓對方佩服，而不是真正重視關注對方。

我們不可能和每個擦身而過的人，都進行有意義的深度對談。然而，如果把每個相遇的對象，都當成「真正」的人來看待呢？這不代表得花更多時間談天，只代表必須把每個服務生、結帳人員，或是隊伍後方的人，都當成一個人來看待。如此一來，我就不會強迫對方聊天、試圖控制對方的反應，或是逃避交流。我會將對方當成獨一無二的人，在各自的獨特旅程中達成獨特的成就。我也會記得，自己同樣有著獨特的旅程——我們雙方都很棒。

我將用不同的眼光看待對方。只要看見「真正」的人，那麼對話使用的字眼就沒那麼重要了。我的焦點會從「一切都和我有關」，暫時轉移到「以對方為中心」。

我真的需要其他人嗎？

「嘿，我知道你要說什麼。」討好者會說：「你要說社群很重要，能幫助我們成長，達成一個人很難辦到的成就。這些我知道，但我已經花太多時間和其他人相處，試著讓他們喜歡我，用我需要的方式回應我。這太累人了。我希望生命裡的人可以少一點，而不是更多。」

這段話也有點道理。討好者通常極力迎合其他人，也知道自己非常需要其他人的存在。然而，有問題的是他們的動機。他們需要別人的認同，才能感受到自我價值。他們確實會參與社群，某種程度來說，但這樣的參與是單向的。他們是為了自己的利益，而非相輔相成。

這種做法並不真誠，因為儘管乍看之下完全以他人為重，但卻停留於表象。健康的人了解自己對於社群的需求，是為了共同經營人生。當兩個人不再試著把對方比下去，而是共享生命的旅程，就能讓彼此的生命都有所提升。

討好者或許是自助類書籍的最大宗讀者。他們不喜歡自己人生的感覺，希望有所成長和改善。然而，由於他們太仰賴其他人的肯定，根本無法向他人求助，唯一的選擇只剩下嘗試自我成長。隨著時間過去，他們更加挫折，因為真正的成長不是孤軍奮戰可以達到的，我們都需要社群。沒有其他人的挑戰和回饋，我們很容易以為自己的想法都是正確的——這意味著不需要任何改變。

這三種關係，助你成長更快

當討好者真的向外求助時，追求的通常是心靈導師般的角色——能夠傳授成長和進步所需知識的專家。他們以為找到對的導師，就能學習人生所需要的能力，一切都會順利發展。

引導的確有其價值，能讓我們跟隨走在前方的人。我曾經在同一段關係中，既扮演引導者，也扮演受引導者，而這是無價的寶貴經驗。不過，我也曾經有過單向的關係，也就是引導者不斷給予，而受引導者只是單純地接受。這樣的引導由上而下，使得人際關係變質為單純的交易。

現實人生不該是這樣運作的。單向的人際關係並不真誠，也無法持久。

引導並不僅限於年長者對年幼者，從智慧較高者到經驗不足者，或是成功者對起步者。只要兩個人進入真正的人際關係，並謙卑地彼此學習，引導就會發生。我們都擁有其他人沒有的經驗。當我們願意互相傾聽，就能成為不同的人。這並非什麼正式的關係，而是自然而然的。之所以會互相引導，是因為我們真正在乎。

我並不反對正式的指導關係。但採用這麼狹隘的定義，我們就會損失許多影響他人、或受他人影響的寶貴經驗。引導關係的目的是改進和成長，擁有正式的指導關係只是其中一種方式而已。但除此之外，我們的人生還需要以下三類人：

- 可以跟隨的人——（通常年長於我們）走在我們前方的人。
- 可以並肩前進的人——和我們處在相同生命階段的朋友。
- 可以領導的人——（通常比我們年輕）走在我們後方的人。

這改變了對於「引導」的定義，不再只是一方向另一方傾注，而是像同伴那樣一起旅行，並且因為共同努力而發生改變。

假如我們在旅程中，有意識地和不同人生階段的人建立連結，並且攜手同行呢？或許我們都會大幅地成長。

需要幾個朋友？——「再多一個」

當我們建立起真正的人際關係，就能經歷許多獨自一人時無法想像的事物。假如我們孤單地活著，很容易與其他人的正向表現比較，而執著於對自己的負面看法。我們不再有能力客觀看待現實，而是墜入惡性循環中。當人生陷入泥淖，我們得靠著僅有的資源面對，無法分享其他人的資源。

假如有人能真心和你相處，陪伴受傷的你，傾聽你的心聲，卻不試圖修正你；說出真話卻不批判你呢？這樣的人給予我們真正的生命，在我們痛苦時伸出手撫慰我們的心。當我們無法原諒自己時，卻擁有他們的諒解和仁慈。

你是否嘗試單憑己力治好心裡的傷口？這樣再沮喪不過了。事實上，曾經有心理學家說過，憂鬱是我們唯一無法獨力掙脫的情緒。根據定義，憂鬱代表我們墜入深淵，只能在他人的幫助下脫身。簡單來說，我們人類天生就是群居動物。

我們的人生需要多少人？或許比我們想像的更少。討好者希望每個人都喜歡他們，所以可以說隨時都為了大眾而表演。這使他們相信，能受到越多人喜歡越好。

然而，我們在談的是真正的人際關係，而不是閃閃發光的表演。比起數以百計的仰慕者，倒不如幾段真誠深刻的人際關係。我們可以從一個人開始，先找到真誠對待我們，也接受我們真實樣貌的人。這樣的人很安全，不會試圖改變我們。他們讓我們做自己，陪我們共同走過人生旅途。

我曾經問過許多人：「你需要幾個朋友才會感到開心？」他們總是回答：「至少再多一個。」

事實上，康乃爾大學幾年前曾經探討過相關的問題。鄧巴（Robin Dunbar）博士設計了巧妙的研究，發現我們需要的朋友數量，和大腦新皮質部分的大小有所關聯。新皮質處理的就是這方面的功能。

研究發現，大部分的人可以同時與大約一百五十人建立關係。這不代表「好朋友」，而只是我們認識、偶有互動、有某種連結的人而已。

當然，我們和這些人互動的程度都不同。少數人能達到「好朋友」的狀態，其他則可能是固定連絡的人、遠房親戚、工作上的同事，或是生意往來的對象。舉例來說，我們和醫生可能一年只說幾次話，和伴侶卻一天交談無數次。

鄧巴指出，大部分的人只要擁有三到五個非常好的朋友，其中一位是摯友，就能得到快樂。在那之後則是更大的交友圈，由三十到五十個好朋友組成——其他人則一啟構成了我們全部的人際網絡。這一百五十人以外的任何人，都幾乎無法進入我們的注意力範圍。

就像是我們的衣櫃掛滿了毛衣，但大多時候，會穿的就只有那五、六件。

即便是耶穌，身旁也只有七十個人被視為他的「子民」，在這七十人中，他更只與十二人共度人生，其中有三人是他的密友，再其中的一人是他的摯友。

或許我們都能從這個故事中學到一些事。

不討好，也不獨善其身

我小時候，家裡每年都會到加州中部的紅杉國家公園度假。我們會租一間「家庭式小木屋」，在木製爐具上烹煮食物，並將廚餘放在覆蓋著帆布的門廊上的金屬垃圾桶裡。

每天晚上，我們會看著窗外的黑熊翻找這些垃圾桶，離我們不過三英尺。（但園區現在不會讓人故意引來黑熊了。）

白天時，我們則會拜訪雜貨店、健行到新月草原，或是攀登莫洛岩。我們會在膝蓋放上花生，看著花栗鼠爬到腿上取食，再看著冠藍鴉爭奪掉到地上的花生（不是花栗鼠）。

我最喜歡的活動是國家公園管理員帶領的大自然探索。每天，我們都會走不同的路線，聽著這些專家解說著周遭的奧妙。某天的主題可能會是樹木，隔天則會是動物，然後是解說森林的土地如何讓種子成長萌芽。

年幼的我深深著迷。我還記得自己的感覺，聽著管理員說：「圍繞著我們的，是這個世界上最大也最古老的生物，紅杉巨木。」她說，當第一批歐洲探險家踏上新世界的海岸時，這些樹木已經駐立了超過一千年。

「雪曼將軍樹」是這些樹木的爺爺。從體積來看，它是世界上最大的樹木。或許其他樹更高，但雪曼將軍是最強壯的，重量大約兩百萬磅，壽命約是兩千兩百年（耶穌出生時，它已經兩百歲了）。我們的小隊會圍繞著雪曼將軍，指間相碰，卻沒有一次能完全環繞它。

「你們覺得，這棵樹為什麼不會倒呢？」管理員問。我很認真上自然課，記得老師說的話。「主根。」我說：「樹木都有一條巨大的根部，直接向下固定住泥土。」我很高興有機會證明自己多麼聰明。

「很棒的想法。」她說：「但這些紅杉沒有主根。」

我很困惑。我以為主根是唯一讓植物挺過暴風雨、地震和其他自然災害的原因。現在，這個公園管理員告訴我們，世界上最大的樹木沒有主根。那麼，它們為什麼不會倒呢？

「這些樹木有向外綿延的廣大表面根系——一棵樹通常就能覆蓋一英畝的地面。」她說：「但光是這樣還不夠。它們會成群地生長，和其他同伴靠得很近。它們的根部延伸出去，彼此盤根錯節。這是它們力量的來源。簡單來說，這些樹木在最糟糕的情況中彼此扶持。假如其中一棵樹落單了，就無法存活。」

我們很看重獨立性。至少，我知道自己如此。對我來說，開口求助或依賴他人都很困難。我就像個兩歲的孩子，告訴媽媽：「我可以自己來。」

然而，我們人類不是為了獨立而生。我們天生互相依靠。直到暴風雨來襲時，我們才意識到對彼此的需求。風雨中，我們發現自己並沒有堅固的主根。假如每個人都孤單一人，就不可能挺身對抗壓力。當我們孤立時，沒辦法好好面對人生；我們需要相互連結。

我們天生就該在人生中，緊握彼此的手。

第11章 自信心的養成

我的工作有很高的機密性，讓我連自己在做什麼都不知道。

不具名的國防部員工

大部分的旅館房間裡都有一冊災難應變守則。在加州，我會讀到地震發生時該怎麼辦；在奧克拉荷馬州，我看過龍捲風的避難方式。在海岸的某些州，我會為颶風做好準備。在阿拉斯加的費爾班克斯，我則學到如何面對駝鹿。

我到阿拉斯加某間鄉村風的旅館舉辦員工訓練。當看到那份駝鹿應對守則時不禁覺得好笑。「巧妙啊，」我心想：「他們把這寫得像是其他旅館的安全守則。」我以為這只是個玩笑，畢竟駝鹿看起來很溫馴。不過話說回來，我唯一看過的駝鹿是電視卡通

《波波鹿》裡的駝鹿布溫可。

我帶著那張紙到櫃檯，問：「這是什麼啊？」櫃檯人員用看外星人的眼神看著我。「這是告訴你，遇到駝鹿的時候該怎麼辦。就像標題寫的那樣。」她回答。

「所以說，附近有很多駝鹿囉？」我以為這個玩笑會讓她和我一起笑出來。

「每隔幾天就會出現。」她面無表情地回答。

「真的？」

「真的。牠們會在外面的停車場遊蕩。這就是為什麼我們入口的門楣這麼低。牠們有時候會想要跑進來。」

「和駝鹿面對面會發生什麼不好的事嗎？」我問。

「有可能。假如牠們覺得不喜歡你，可能會真的讓你受傷。」

「那麼，假如在停車場遇到駝鹿，該怎麼辦？」

過了片刻，她屈尊地瞥了我一眼，指著我手上那張紙說：「讀一下吧，我們放這張紙的目的就是這個。」我有點不好意思，但也感到好奇，低頭看著紙上非常簡單的指示：

假如遇到駝鹿，請站在樹木後方。

「這是認真的嗎？」我問。

「是的。不能逃跑，因為牠們會追你。但假如你站在樹後面，牠們的鹿角太大，很難繞過去攻擊你，所以很快就會膩了，自然會離開。」

墓誌銘寫著「被駝鹿殺死」顯然不太光彩，所以我決定遵從她的指示。我在天寒地凍中散步，走了很遠。風景優美，但很難真的放鬆下來。我一直在找離自己最近的樹，生怕不小心吸引了某種棕色大型動物的注意力。那天，我沒看到半隻駝鹿——實在有點失望，畢竟我做了萬全的準備。而回到南加州後，我也沒機會用上我的駝鹿新知識。

不過，我那天還學到了三個珍貴的教訓：

1. 我並非無所不知。
2. 自以為無所不知，可能會惹來麻煩。
3. 當我們有所不知時，應當請教知道的人。

這三點對討好者來說很陌生。討好者渴望受人仰慕，所以必須表現出無所不知、無所不能的模樣。假如承認自己有所不知，或許會被視為無能。因此，他們希望給人既聰明又謙虛的感覺。這都是重要的形象管理。

謙卑不是弱點，真正的謙卑來自真正的自信心。假如自信心是裝出來的，則只會給人狂妄自大的感覺。

鍛鍊勇氣肌肉！

人們如何看待你？在他們眼中，你究竟是自信自制，還是自大狂妄呢？

信心總是激勵人心。我們會受到自信的人所吸引，只要和他們在一起，就會覺得自己好像也有所提升。他們帶給我們希望，知道自己也能有所成長。我們會想：「希望我也能這麼有信心。」相對地，傲慢讓人惱怒厭煩。態度傲慢的人讓我們倒盡胃口。他們似乎努力展現自己學識淵博，而且永遠不會認錯。我們會想：「他們到底以為自己是誰啊？」

你或許會覺得，自信和傲慢並沒有差別，但實際上，兩者之間存在著清楚的分界。我們認為傲慢是「過多的」信心，而並不希望給人傲慢的感覺。即便我們很有信心，也害怕自己過度表現而顯得傲慢——於是保持安靜。

然而，「信心」和「傲慢」兩者並不相關。

自信心是對於真實的自己充滿安全感。這代表我們不需要假裝成不是自己的人，也意味著正確的自我認識，以及完全的自我接納。我們不再覺得需要對他人證明自己，並且樂意向他人學習。

傲慢自大通常來自缺乏自信心。當一個人感到不安時，不會希望其他人發現。因此，他們過度補償，偽裝出自信的假象。他們試圖說服別人相信這個假象。假如真的有自信，就不需要其他人的認同了。

自信的人通常不會自大，自大的人通常缺乏自信。

討好者會佯裝自信。然而，假如他們能學習真正的自信，就能成為最棒的討好者——也就是真正改變其他人人生的類型。

傲慢的人，實則最沒自信

人類行為會透露出隱微的線索，讓我們精準地區別一個人是自信或是自大。線索越多，判定起來就越容易。

尊重

自大的人比其他人更在乎自己，所以時常打斷他人來發表自己的想法。自信的人真心希望傾聽其他人的看法，不認為異議有威脅性。他們接受不同的看法，不會覺得非得糾正對方不可。

準時

自大的人習慣遲到，比普遍社會所接受的更晚出現，而且不會因此道歉。自信的人如果快遲到了，一定會先打電話告知並道歉，因為他們知道大家都很忙碌，所以不希望浪費他人的時間。

傾聽

自大的人認真聽別人說話，只是為了想出很棒的回應。自信的人卻是為了理解而傾聽，不會硬要插入自己的觀點，也不害怕說出「這是個有趣的想法，請再多告訴我一些」。

攀關係

自大的人為了讓人印象深刻，會選擇大談自己的人脈來自抬身價，這就是所謂的「攀關係」。自信的人或許也會認識一些名人，但不會逢人就吹噓。在適當的時機，他們也會分享這些關係，但只是告知，而不是炫耀。

肢體語言

自大通常會反映在姿勢上。當自大的人走進某個空間時，會很誇大地昂首闊步。自信的人則在與人相處時，展現出穩定而自在的姿態。他們不會試圖引起注意，但真正的信心會散發自然而然的吸引力。

責怪

自大的人從來不會承認錯誤，只會把任何負面事物怪罪在別人頭上。自信的人積極主動，會對自己的選擇和反應負起責任。他們會先說：「我錯了，對不起。」

地位

自大的人在擁有相同經驗的人中，永遠要「高人一等」。自信的人則享受別人的故事，希望能聽更多。

請在以上每一個層面，都誠實地自我檢視。你符合哪一邊呢？根據這些標準，熟識你的人會覺得你是自信，還是自大呢？

最稀有的心靈資產：謙卑

我有個好友遵循克勞德博士（Henry Cloud）在著作《約會的藝術》（*How to Get a Date Worth Keeping*）中提出的建議，和不同對象先進行了幾次輕鬆的約會，了解自己喜歡和不喜歡的類型（而不是直接尋找真命天子）。她挑戰至少和二十五位不同的男士約會，並在任務完成前不重複約會。

她告訴我，大部分男性在整段約會過程中，都試著展現自己多麼成功有價值，並認為她應當敬佩。其中一位甚至搭直升機來接她共進晚餐，結果發現她還不打算約下一次時，立刻怒火中燒，覺得她不夠尊敬他。

這位男士沒有自信，只是自大而已。

二十五位男士中，大部分都是如此，除了第八位。第八位很有信心，不覺得需要證明自己。

我的好友在六年前和這位男士結婚，過著幸福美好的生活。

養成自信的七個關鍵

美國作家威廉森（Marianne Williamson）說過：「自我貶抑對世界沒有好處。為了不讓身邊的人感到不安，把自己縮得更小，這樣的舉動是不智的。」

提升自信心的祕密是什麼？不要試圖表現得更有自信，要真的變得更有自信。不要再拿自己和其他人比較了。

當你發現群體中有人比你更有信心，就容易產生自卑感。一旦自卑感作祟，就會想裝出非常有自信的模樣。你以為自己的演技欺騙了所有的人，因為同樣的事你做過太多次了。然而，人們會知道不對勁。他們或許不會特別意識到，但卻能隱約察覺你在偽裝。

假如你擁有真正的自信心，會有下列七種跡象：

1. 為了自己的信念挺身而出——不是因為你一定要是對的，而是因為你不害怕犯錯。
2. 你是很棒的傾聽者。比起強迫別人接受你的看法，你更想聽聽別人的說法。
3. 你有意識地鼓勵其他人。你會仔細觀察，在正確的時間說出對的話。和你相處會讓其他人越來越好。
4. 你願意開口求助。不安的人不會希望示弱，但自信的人能誠實面對自己的缺點。
5. 你不會等著其他人幫你達成目標。你會自己默默努力追求，不在乎是否受到矚目。
6. 你不談論別人的八卦。不安的人會透過貶低他人，而得到優越感。但在你心中，其他人都是人生旅途的同伴。
7. 你會不斷前進。困難和考驗都不是障礙，而是尋找嶄新道路的機會。

不要逃避負面情緒，要擁抱它

你或許會問：「真的有可能丟下『虛假的自信心』，而建立起真實的自信心嗎？」答案當然是肯定的。無論我們過去的習慣如何，未來都能選擇新的方向。假如你已經偽裝了一輩子（尤其是因為創傷而不得不），那麼或許會需要專業的協助——但改變是可能的。永遠都有希望。

我們可以怎麼改變自己的態度呢？從改變思考方式開始。我們的態度是流動的，而非定型的。我們能做出選擇，也能加以改變。被譽為「人生哲學之父」的作家詹姆斯·艾倫（James Allen）寫道：「每個行動和感受之前，都會先有想法出現。」先有了想法，感受隨之而來。假如想改變自己的感受，就先從想法開始。

你是否曾經試圖抑制某種感受？感到憤怒、難過或喜悅，很難只說一句「好吧，我不再這麼感覺了」就讓感受消失。情緒的能量依然存在，沒辦法靠意念抹滅。這時不要試圖改變自己的感受，而是改變想法吧，你的感受自然會隨之變化。索羅門王說過：「你的世界，是你的思想造就出來的。」我們的思想塑造了我們。

想要改變自己嗎？想要用態度吸引其他人嗎？那麼，關注自己的想法吧。當負面的感受出現時，暫停一下，問問自己以下兩個問題：

1. 這個情境中，客觀的事實有哪些？
2. 我可以做什麼來改變情況嗎？

假如你的確能做些什麼，就採取行動吧。假如你無力回天，那麼就專心改變你的心態。

- 你對於公開場合所犯的錯感到難堪，認為每個人都在批評你。這時請提醒自己，和任何人相比，只有你會這麼仔細審視自己的行動；在其他人的關注點上，你的錯誤或許只是一閃而逝。
- 你的孩子晚了好幾個小時回家，你認為他們或許出了意外。這時請給自己一點挑戰，列出其他沒那麼嚴重的可能性——要特別參考你們過去的經驗。
- 當情況超出掌控，因而焦慮不安。這時請覺察自己能掌控的部分，並專注於此。至於無法控制的事物，練習接受現狀，調整自己。

我們不可能在一夕之間建立真實的內在信心。這需要許多練習和學習，有時也需要其他人的幫助。一旦有了真實的信心，就不再需要擔心變得自大。你將能建立起健康的基礎，自信地改變你的人際關係。當你有了真實的內在信心，人們將能從你的外在有所感受。

這是內在安全感和對他人深刻關心的結合。

這是我們旅程的起點——而我們將一步一步地成長。

第12章 坦誠地活著

假如你夠真誠，其他一切都不重要；假如你不真誠，其他一切都沒有意義。

無名氏

在電影院裡，我們幾乎不會再聽見哪句話？

「哇！這是怎麼辦到的？」

幾年之前，電影特效令我們目瞪口呆。我們看見了自動駕駛的車、爆炸的摩天樓，或是墜機，然後心想：「這不可能真的發生，但看起來好逼真啊！」

現在不會有人再驚歎了。電腦特效技術出現後，我們就不再好奇劇組怎麼辦到的。

科技令人感歎，但不再令人驚豔。

幾年前，我在大型電影工作室的研討會進行演說。午餐時間，我向一個同桌的年輕人詢問他的工作內容。

「我是負責網絡的。」他回答。

我問：「所以，你擔任網路工程師？」

「不。」他說：「我負責網子。我們在拍攝蜘蛛人的最新一集，我負責的是蜘蛛人手掌發出的網子——要讓噴出來的蜘蛛絲盡量真實自然。」

「你們怎麼做？」我問。

「我們會到片場最高建築物的屋頂上，一次又一次把一大團毛線球往下丟。我們會把影像用數位記錄起來，了解風力、重力等因素的自然影響。接著再用電腦把毛線換成蜘蛛網，看起來就很逼真了。」這簡直太酷了。

攝影的領域也是如此。以前，如果名人在不良場所的照片外流，就足以證明醜聞真的發生。如今，我們的第一個念頭卻是：「這是真的嗎？或是有人讓它看起來很逼真？」修圖軟體能創造出讓我們看不出破綻的擬真效果。正當使用時，軟體能清除不必要的雜訊，讓人聚焦在照片的重點。然而，如果有心操縱，就能用幾可亂真的照片欺騙觀看者。

身為討好者，我們都是自我修飾的專家。我們知道其他人想看到什麼，於是自我「修飾」來滿足他們的期待。我們會改變自己的言語和行為，投射出希望其他人相信的形象。我們以為自己令人欽佩。然而，沒有人對我們的人生感到佩服，也不會有人和我們聊天後，想著：「哇！他是怎麼辦到的？」

人們都已經習慣，每個人都活在修飾編輯過的人生中。他們很少看見活得真誠，建立真誠人際關係的人。即便這樣的人真的存在，人們也會以為他們是假裝的。因為經驗法則如此告訴他們。

我原有的純樸靈魂，如今存在多少？

人生初始時，我們其實無意欺瞞。我們不會說：「我想要過虛偽的人生，這樣就沒有人會知道我真正的模樣了。」我們都想要快樂知足的人生，也會盡一切所能來達成目標。我們希望別人認識我們、喜愛我們真實的樣子。

然而，連幼童都會發現，只要稍微改編一下事實就能達成目的。這看起來簡單又無害，尤其當謊言沒有被揭穿。或許技術一開始不太純熟，我們會在衣服沾滿餅乾碎屑的狀況下說「不是我吃的」。但我們學到的不是「不要拿餅乾」，而是「把碎屑拍乾淨」。說實話還不如湮滅證據，省得承擔嚴重的後果。

想從他人的意見中找尋自我價值，就很容易維持不斷撒些小謊的習慣，直到最後建構起了不誠實的羅網。這個過程很緩慢，我們根本不會意識到這占據了生命多大的部分。我們還會用結果來正當化撒謊這個手段。

幾年前，我曾參與某個小組。某天傍晚，我們得到了一個乍看之下很簡單的挑戰：「你能一整天都不撒謊嗎？」

「輕而易舉，」我心想。「只要撐過一天，我就能向小組誇耀我的成果，而組員們都會對我有好印象」。

隔天早上，客戶打電話和我討論某個問題。我希望由公司來處理這個問題，於是提出報告：「有數名客戶都提到這個問題。」

其實不是數名，只有一個而已。但假如我說「數名」，公司回應的機率會比較高。不算撒謊，只是稍微誇大了。然而，為了操縱結果，我用錯誤的方式來呈現事實。這我自己很清楚。

這讓我警醒。

但情況越來越糟。當天，我一共六次抓到自己試圖誇大事實。誇大成了我的本能反應，我甚至根本沒有察覺。必須要刻意用心，才能陳述精確的事實。

聽起來很熟悉？

- 你是否曾經告訴某人，很感謝他的建議，但事實卻剛好相反？
- 你是否曾經告訴某人，因為既有的計畫而無法碰面，但實情卻只是不想見到他們而已？
- 你是否曾經忘了伴侶的生日，但告訴他們，你準備了驚喜的晚餐？（其實是你臨時找的）
- 你是否曾經告訴某人大部分的真相，卻省略一、兩個會讓你沒面子的關鍵不說？
- 你是否曾經對自己撒謊？（「我沒有上癮，我隨時可以停。」）

在前面的某一章，我提到自己在研討會說的故事會越來越精彩，而為了自己的真誠，我必須提醒自己收斂。當我注意到這個問題後，漸漸地越來越能覺察這樣的行為。這讓我誇大事實的習慣浮上檯面，而不再只潛藏於背景中。

我很驚訝自己竟如此頻繁地誇大事實，想建立起更好的形象。當我未能實踐自己的諾言時，會想找藉口來掩飾自己的懶散或拖延症。而現在不同，我能在老毛病發作前察覺，因為我承諾要真誠。儘管無法總是做出正確選擇，但至少我不會再次淹沒在潛意識中。

納撒尼爾・霍桑（Nathaniel Hawthorne）在個人代表作《紅字》（*The Scarlet Letter*）中寫道：「沒有人可以長時間用不同的臉孔面對自己和他人。久了他終究會無法判別哪一張臉孔是真實的。」

真誠是一面精確的鏡子，能讓我們誠實清楚地看見自己。在《愛你在心眼難開》（*Something's Gotta Give*）這部電影裡，黛安・基頓飾演的主角發現她的丈夫和別的女人吃飯後，怒火中燒地奪門而出。丈夫追了上去，想要解釋，但兩人爆發爭執。過程中他脫口而出：「我從未欺騙過妳。我只是告訴妳某個版本的事實。」

基頓回答：「事實沒有版本之分，好嗎？」

真誠是每一段健康人際關係的基礎。假如少了真誠，那麼無論看進多少書、聽取多少建議、研討會，都沒意義。就算買了花束或巧克力，說了所有好聽的話，也都無濟於事。假如我們在真誠上有所妥協，這段關係就不可能長久，而會向是白蟻侵蝕的木材那樣腐敗——外表看起來還好，內部卻越來越腐朽。

對康復中的討好者來說，重要的是追求真誠的人生。當不真誠已經成為長久來生活方式時，這聽起來像是不可能的任務。我們不可能只是想著，「好，我從此以後要當個誠實的人」。相反地，我們必須注意自己所做的每個微小決定，覺察自己是否正在妥協，然後堅持正確選擇。

一個接一個做有意義的選擇

幾年前，我擔任一間公營事業的顧問。我們談論微小決定如何帶來巨大改變。與會者並沒有花太多時間，就理解了這個概念，因為他們才剛經歷過一件真實案例。

公司有一位軟體工程師負責的業務太過幕後，以致於根本沒有人想到檢查他的工作情況。他開發的軟體之一，用途是收取民眾繳納的費用，並加入公司帳戶。他知道帳單結算時，實際的費用通常會有小數點；因此，假如算出用戶需要繳納三十八元又四十五點五美分時，電腦會自動進位成四十六美分。每個月，公司都會從成千上萬用戶的帳單中多收那零點幾分錢。那位工程師改寫了程式，讓這些錢不進入公司帳戶，而流到他的祕密戶頭中。

公司精確得到應得的費用，顧客也從未要求那不到一分錢的退費。這個程式基本上是自主運作，並沒有安全措施能預防。他的計畫萬無一失，也沒有被抓包的可能性——畢竟他就是程式的負責人。

他只犯了一個疏失，就是向朋友吹噓這件事，而朋友舉發了他。我不知道他這個陰謀起於何時。但被逮捕時，他的祕密戶頭累積了數萬美元。

我想，我們可以從這個案例中學到很多事（除了不該偷竊公司或客戶）。

- 微小的選擇只要重複夠多次，就會帶來巨大的改變。
- 不好的微小選擇，會導致巨大的惡習。
- 好的微小選擇，會形成巨大的好習慣。
- 想要成大事嗎？從細微處開始努力，不要停下腳步。
- 想要避免生命中的巨大痛苦嗎？每個微小的選擇都會帶來改變，所以務必慎重。

反覆的行為造就了當下的我們，每個選擇都有意義，每天都很重要。

處之泰然，不如坦然

討好者如果想建立堅固的人生基礎，就必須覺察到自己的真誠被迫做出妥協的時刻，不能視而不見、不知不覺。他們得努力突破長久以來日常生活中的欺瞞，因此，正視問題就變得至關緊要。

我和妻子剛成婚時，住在加州麗浪多海灘市的一棟小房子裡。我們規畫設計了小小的院子，注意到某天冒出了一株植物幼苗。我不知道品種，但它看起來很美，有綠色鋸齒狀的葉子，像極了手指張開的手掌。這棵植物長得很好，我就像照顧花園裡其他植物那樣照顧它。很快地，它成為院子裡最好看的一叢。

不久之後，我們邀朋友共進晚餐。他們是教會的人，是時常和我們共處的好朋友，其中一個是警察。

我們很努力打理房子，也以自己設計的景觀為傲，因此邀他們四處參觀，帶他們欣賞了院子的花卉和灌木。我們述說著如何替草坪翻地，加上灑水器，讓她們腳下的茂盛綠草欣欣向榮。

接著，我們走向側邊的院子，繼續參觀。

「那麼，你們這種的是啥呢？」那位警察朋友一邊靠近我們的意外植物，一邊問道。

「我不知道——但真的很美，不是嗎？」

「是啊，真好看。是你種的嗎？」他問。

「不。有一天就這麼冒出來了。看起來很酷，所以我一直照顧下去。」

「你知道嗎？」他說：「或許你不要這麼仔細照顧比較好。」

「為什麼？」

「它是大麻。」

他做了一些調查，發現幾個月前我們的鄰居才因此被逮捕。他的院子裡滿是大麻，而當時還是違法的。儘管當局清空了他的院子，但有些種子還是殘留在泥土裡。

我們以為自己是好園丁。我們種的所有植物都生氣蓬勃，即便是意外長出來的也是如此。大麻就這麼出現了。我們並沒有產生質疑，而認定一切都沒什麼。

有很多事物似乎都是「就這麼出現」在我們的生命中，包含了我們並未特別培養的想法、習慣和態度。我們身邊的人也可能養成了隱微的自大、驕傲或「無害」的嘲諷習慣，而這些習慣趁著我們不注意時，也蔓延到我們的人生。我們很容易以為它們是無害的，於是讓它們留下——甚至還會澆水施肥。然而，隨著時間過去，它們會向下紮根，長成開枝散葉的植物。

它們或許看起來很漂亮，但實際上卻很危險——而且會傷害我們的生命。我們不能再繼續澆水下去，而得將它們根除。

如果希望有所成長，唯一的方法就是專注在幫助我們發揮的事物，並有意識地排除扯我們後腿的事物。

活出精彩人生

如果我們的生命很精彩，差別何在？如果我們不再想著表現真誠，而是發自內心？反而人們會對我們印象深刻。

喜劇演員威爾・羅傑斯（Will Rogers）曾說過：「好好過日子，讓你就算把家裡的鸚鵡賣給鎮上最八卦的人，也不令你蒙羞。」

真誠的意思是，你表現出的外在完全符合你的內在。意味著你並不會修飾編輯自己的人生。

對於康復中的討好者來說，這真是再美好不過了！

第13章
打破你的語言界限

多語能力固然是種資產，但能在使用任何語言時保持沉默才是無價之寶。

無名氏

你是否曾經在一對一的談話中，覺得自己被忽視了？你正在說話，但其他人並沒有認真聽。他們問你問題，你開始回答。他們看著你的眼睛，但你察覺到他們的心思早已飄向遠方。或許是因為他們的臉部表情毫無變化。或許是因為他們很快地向旁邊瞥了一眼，被其他事物吸引了注意力。又或許是因為他們說的下一句話，和你的回答一點關聯也沒有。

這樣的情境發生在你青春期的子女第一次翻了白眼；發生在會議發言時，沒有人注意到你的貢獻。你當下覺得自己就像在對牛彈琴。有時候，這只是單一事件；但其他時候，這卻是慣有的模式。

同樣的狀況一再發生時，你會心想：「問題出在哪？」你知道自己無法強迫別人注意你。你希望擁有優良得溝通技巧，但如果其他人不配合，你能做的其實也不多。

這對討好者來說似乎無解，也永遠不會改變。然而，一旦了解溝通障礙的理由和影響因素，就能採取幾個簡單的步驟，讓自己的聲音重新被聽見。不需要改變自己的個性，或變成極度外向的人，也能重新贏回其他人的注意力。

關鍵是聚焦於你能控制的事物，建立起健康的溝通模式。以下將從三個面向來探討可能的模式。

從根本解決溝通問題

當我們覺得其他人都不聽我們說話時，很自然會自尊心受傷。假如我們說的內容有價值，對方應該會認真聽，不是嗎？既然他們不聽，問題一定出在我們身上。

事實上，有三種可能：

1. 可能是對方的問題。
2. 可能是我們的問題。
3. 可能是溝通出了問題。

而大多數時候，或許三種因素都有。以下是不同情況的應對方式：

問題在對方身上

其他人不聽我們說話時，可能和我們本身無關。

- 他們可能是累了。
- 他們可能分心了。
- 他們可能正遭遇一些人生困境。
- 他們可能不太擅長表達自己的感受。
- 他們可能只是對你的主題不感興趣。

隨意認定其他人的想法很危險。我們會自行詮釋對方的行為，並根據自己的觀點做出反應——但更重要的是，應當考慮對方的觀點。

假如對方習慣如此，那他們可能是對我們「有害」的人。無論我們說什麼，他們都活在自己的世界裡。他們具備自戀的人格特質，也就是話題和他們無關，就不感興趣。假如他們認真聽，那並非為了瞭解你的觀點，而是要規畫如何回應。他們必須證明自己是對的（而你是錯的）。

如果把自我價值建立在別人的行為上，問題就大了。我們或許有能力影響別人，但試圖改變自戀的人多半徒勞無功。

問題出在你身上

你身處於社交場合，某人提醒你，你的牙縫裡卡了菜渣。這很尷尬，但至少你知道了。只要知道，就可以想辦法解決——而你很感激對方的提醒。

溝通就像這樣。我們都可能有溝通的「盲點」，每個人都看得出來，卻沒有人告訴我們。而不知道就沒辦法修正。

內向的討好者通常覺得自己沒辦法改變任何事，因為他們「天生如此」。雖然他們的確無法改變自己的人格本質，卻可以改變溝通的技巧，好好利用自己安靜的天性。

外向的人也可能是討好者。他們比較放得開，在溝通方面也比較自在，卻常因為不夠體貼的發言而冒犯他人。這樣的人也可能歸結於天生，不過對話時仍然有更細心的空間。

好消息是，我們都可以改變自己。但為了改變，我們必須先找出問題。

問題出在溝通上

當人們不聽你說話時，並不代表你毫無價值。或許只意味著，你沒有意識到自己使用了無效的溝通技巧。

1. **你並沒有建立連結**。你闡述了自己的論點，卻沒有找到雙方的共識。你讓對話聚焦在自己身上，與對方毫無關聯。

2. **你過度解釋**。即便對方感興趣，但你如果提供了過多的細節，對方的注意力終究會慢慢耗損。對話最有效的進行方式，是精準的大綱，而不是全部的細節。

3. **你打斷對方**。當對方說話時，你想起自己的相關經驗，於是開口分享。假如對方的故事還沒講完，你卻要把重心轉移到自己身上，就會顯得粗魯無禮。這也透露出，你覺得自己發表的內容比對方的更有價值。

4. **你很容易岔題**。一開始的內容或許沒問題，但你不斷改變主題和對話的走向，直到完全偏離重點，對方也難以跟上。

5. **你並未抱持學習的態度**。假如你覺得自己永遠是對的，就會讓對方覺得你批判他們。健康的對話是雙向的，而不該是獨白。

6. **你很負面**。無論說什麼，你總是用最悲觀的角度回應，他人會漸漸失去對話的熱忱。

7. **你尖酸刻薄**。幽默是很強大的工具，但諷刺需要拿捏分寸的技術。一旦過當會造成人身攻擊，讓對方不願建立起有意義的連結。

8. **你太大聲／小聲／語速太快**。人們接收資訊的能力不同，假如得花太大的心力才能聽懂你說的，他們就會放棄聽你說。

上述這些問題並不會損及個人價值，只是像齒縫裡的菜渣那樣，意識到問題就能開始修復。

限制對話主題，他更想聽

我們必須重新聚焦，看見溝通模式的問題，而無須再質疑自我價值。只要透過幾個簡單的技巧，就能立刻在人際相處中感受到更好的連結。

試試以下簡單的步驟：

- **開口簡練**。明白地提出一個重點並簡要地說明，接著詢問對方的想法。
- **注意時間**。當你打電話給某人，或進入某人的辦公室時，要記得先詢問：「現在方便嗎？」不方便的話就提供一個範圍，問他們何時比較有空。「何時方便呢？我只需要十分鐘。」在說好的時間準時停止。信守承諾，對方下次就會更樂意和你碰面。
- **對話以對方為重心**。你的故事和想法確實有價值，但也要讓其他人從每次對話中得到價值。關注是互相的。
- **不帶批判地傾聽對方**。一般來說，同意對方看法時，我們會聽得比較認真。如果你不同意某個觀點，那就試著探索對方的立場，而不試圖改變對方。你的目標是理解，而非反駁，藉此建立起相互的尊重。

- **不要太常說「然後」**。一次分享一個想法就好，一個句子不要超過一個主題。如果有太多訊息要處理和回應，對方很快就會受不了。
- **多問問題，而不是給建議**。這會給對方空間探索自己的感受，進而提升對你的信任。當他們準備好接受你的建議，就會開口求助。假如對方沒有開口，代表時機尚未成熟。
- **保持專注**。任何讓你分心的事物，都會成為溝通的障礙。其中一個例子，就是把手機放在視線之外。假如放在旁邊的桌上，每次震動或顯示新訊息時，都難以忽視。當然，你可能只是瞥一眼，但對方會注意到你並沒有全神貫注。
- **用心一些**。當你沉默時，可能顯得認真傾聽也可能沒有；或者還在琢磨如何回應。無論如何避免對方誤解。根據對方所說，提出相關、澄清的問題，才能確實傳達你的關心。別擔心，假如你沒有認真聽，就不可能提出這類問題。真誠而用心的對話是雙向交流的，而不只是輪流開口和沉默而已。
- **有耐心**。在對話中千萬不要看時間。無心的一瞥都可能暗示對方：好吧，我人在這裡，但有一部分的心思已經轉向下一件事了。假如真的趕時間，就該在對話前說明稍後有安排，接著在對方面前設定好手機鬧鐘，幫助彼此在這段時間不分心。

- **懷抱好奇心**。練習抱持開放的心胸面對每個話題。你的期望越高，就越難認真傾聽。對話有目標當然沒關係，但試試傾聽對方的回覆，傾聽文字背後的情緒。
- **態度正向**。在別人分享觀點時，注意不要貶抑不同於己的立場。除非對方詢問，否則不要批評他們說的內容。假如他們想知道你的想法，當然沒問題——但也要強調，你只是分享自己的觀點而已。

你不需要贊成對方說的每一個字。你只是希望了解對方的想法而已。

讀心術

和一般人相比，討好者特別容易遭遇一項溝通障礙：認為自己知道對方在想什麼，而且據此論定對方想法。

剛結婚不久的某天，我妻子黛安不尋常地安靜。她不帶笑容、神情不太對。我們前一天討論到家裡的經濟狀況，結束時仍未達到共識。我想她無疑因此一言不發，顯然在生我的氣。

此時我回想前一天討論，歸納出一個關鍵的引爆點，認為那肯定是她生氣的原因。至此我想為自己辯護，覺得她的不滿對我很不公平。此時我開始分析自己為什麼是對的，她又錯在哪。

接著，我也陷入沉默——因為我開始生她的氣，演起內心戲，「說到底，她怎麼可以不聽我解釋，就直接否定我？」我抽離自己（這是我的習慣模式），等她先開口。只要她一開口，就正中我的下懷，我已準備好接下來的說詞。

但她沒有提起這個主題。這讓情況更糟了，因為我認為她一定沒那麼在乎我們的關係，所以才會連對話都放棄。

最後，我知道自己得說點什麼：「妳今天有點安靜。」我的語氣有些諷刺。

她說：「我昨晚不知道吃了什麼，但似乎有點問題，我身體很不舒服。」

和我預期的完全不同。然後情況又急轉直下。

「你也很安靜，但我知道你只是給我一點空間。真的很謝謝你沒有逼我。」

我揣測了她的想法。由於我不知道事實真相，所以只能自己編造——而捏造的情節成了我的現實。我以為自己可以讀她的心，但我錯了。

心理學家對此有個專有名詞：錯誤歸因。意思是即便沒有聽對方說，也認定自己知道某些關於他們的事；因此，你覺得不需要特別說明，對方也應該知道關於你的某些事。

在任何關係中，試圖讀心都很危險，會讓雙方的溝通建立在假設而非事實上。只有一個方法能萬無一失地了解對方的想法：問他們。

這需要一些練習，開誠布公才能導往健康的溝通。

學會問：「跟我說，你在想什麼。」靜心傾聽對方的答覆，先別作回應。你或許會聽到他們的想法，也可能有感受和心情的分享。這兩者都很棒。你的目標是理解，而非說服。營造出安全的環境，這麼做你會明顯意識到自己的成長。

進入他人的雷達範圍

希望別人先聽你說嗎？那就轉而專注於溝通方式。我們能否有效地討好人，取決於良好溝通的能力。幸運的是，溝通並非絕對的能力，而可以透過學習來提升。練習得越多，就能擁有越棒的人際連結。

實行這一章的方法後，討好者的有效溝通將會明顯提升。你已經充分練習把焦點放在其他人身上了——只是動機不對。你已經習慣拍其他人馬屁，討人的歡心。現在意義改變了，你對自己更有信心，所以能真心地幫助他人——為了對方的利益。

你將從單純的溝通，提升為真心的人際連結！

第14章 持續渴望，保持單純

結論代表的是對思考感到厭倦。

無名氏

對你來說，重要的人際關係一度索然無味嗎？

- 婚姻曾經讓你感到興奮，如今卻變成例行公事。
- 手足相處曾經讓你充滿活力，最近卻了無新意。
- 一小群朋友常相約喝咖啡，但對話卻變得無趣，你感受不到彼此的支持。
- 你覺得自己和父母或青春期子女之間，再也沒有交集。

• 你不知如何解讀主管或同事的反應，懷疑他們對你有負面評價。

覺得似曾相識？你並不孤單。每個人都會遇到這樣的狀況。即便最美好的感情，也有變質或褪色的可能。

面對問題時，我們很輕易就接受了「蜜月期結束」的現實。我們認為，人際關係就是會隨著時間而變得貧乏，我們都愛莫能助。乏味的日常瑣事成了常態，偶爾才會出現能量的爆發。

然而，這不是真的，也非無可避免。人生的充實美好取決於我們的人際關係。假如人際關係走味了，那麼再大的成就似乎都沒有意義。

討好者會建立起一套追求肯定的系統。他們用相同的模式接近別人，讓別人給出特定的回應（他們所認為的），並且反覆運用。他們通常不會嘗試改變，因為他們已經精疲力竭。討好人可是很累的，何必再增加負擔？

討好者似乎不太有創意，總是維持既定的做事方式。也可以說他們是最有創意的一群。他們會持續研究其他人的反應，精進自己的系統，以滿足自己的需求。這個創意是他們生存所需。

這麼做的缺點是，他們的人生變得無趣。事情總是以相同的方式發展，所以不會有令人振奮的新事物。隨著時間過去，討好者可能陷入焦慮或憂鬱，甚至怨恨為什麼自己如此努力討好別人，卻沒有人試著投桃報李。他們的系統不再如此有效，他們也墜入負面情緒的惡性循環。

人生並非只有這種模式。討好者有許多方式可以奪回自己的人生，最基礎的工具就是突破平凡的日常。他們必須培養好奇心，探索如何在人際關係的建立中發揮創意。

合群：要讓一切在掌控內

昨天起床的你是一個人，但一整天過去，你改變了。你成為新的人，而原因如下：

- 有些對話帶給你不同的想法。
- 你吃下的東西影響了你的身體和心理。
- 你的經驗改變了你的思想。
- 你的選擇影響了你的結果。

• 你體驗了前一天沒有的情緒和感受。

每一天，你都有所改變。或許你未能察覺，但你確實不同了。有生以來，我們時時刻刻都在改變。

此刻的你，是至今所有人生經驗的累積。有些是正面的，有些是負面的，卻都影響了你這個人。明天，你會再次改變。你的伴侶、主管、子女、鄰居，以及生命中每個人也都是如此。改變發生得很緩慢，你甚至不會注意到。所以我們時常會以為，人們和一個星期，或是一年之前並無二致。人際關係越長久，就越容易認定自己非常了解對方。

但你並不真的了解。人們都在改變。假如你沒有注意到，那麼你的了解只會越來越薄弱。這樣很危險，因為你會開始把一切視為理所當然。

新生兒來到世界上時，還沒有人了解他。他是全新的。我們得持續觀察他、認識他。我們慢慢了解他喜歡和討厭的事物、對不同事物的反應，以及他的個性和脾氣。我們成了這個嬰兒的學生。隨著時間過去，我們漸漸深入再深入地了解他。

你非常有好奇心。你希望能了解所有和他相關的事。當你的好奇心消失後，你將認定他不會再改變。

我在臉書上仍和一些高中的好朋友保持聯絡。他們都是很棒的人，我也很感恩有機會繼續聯絡下去。

但我上一次和他們坐下來好好聊天，已經是幾十年前的事了。假如你要我形容他們，我頂多憑記憶來描述。不過我知道他們已經完全不同了，因為他們的人生這麼多年來一定經歷許多改變。我和以前不同，他們也是，當然你也不例外。

當你覺得某段人際關係變得沉悶，或許代表你沒有看見發生的變化。在你眼中，對方仍是以前的模樣，而不是現在的樣子。為什麼會這樣？因為你不再好奇。

假如你相信對方不會改變，你就會接受無趣的現狀。然而，對方其實不斷改變。保持好奇心，下面兩種情況就會發生：

- 你認識他們新的一面，感到興奮。
- 你不需要控制他們的觀點，因為你忙著享受真正的人際關係。

啟動好奇心的練習

孩子們有著與生俱來的好奇心。只要花時間和四歲的孩子相處，一定知道他們多喜歡問：「為什麼？」他們因為充滿好奇心而四處探索。當他們發現做某件事的方法，就會一再重複。沒有人逼他們，他們只是單純地享受著發現的喜悅。

大部分的成年人都失去了這樣的好奇心。我們忙著生活和工作，不再有時間研究和探索。畢竟，我們已經知道該怎麼做，為什麼要考慮不同的方式呢？

那麼，我們是如何失去好奇心的？我想，這過程正如同：孩子們企圖展現好奇心，卻沒有得到正面的回饋。

從心理學的角度來看，孩子們失去好奇心的主要原因有三點。

恐懼。假如孩童覺得周遭的環境不安全，就等於少了探索之後可以回歸的舒適圈。家庭的危機可能會帶來太多不確定性，讓孩童為了生存緊緊抓住任何事物。

否定。舉例來說，孩子穿著沾滿泥巴的鞋子回家，而父母露出嫌惡的表情，那他們可能就不會再挖蚯蚓和探索地下世界了。

缺席。當父母支持孩子，孩子就有放心探索的安全感。但如果父母在實際上、心理或情緒的層面缺席時，孩子就失去了探索世界的基礎。他們也沒有分享新發現的對象——而分享會鼓勵他們保持好奇心。

那麼，我們該如何建立並保持充滿好奇心的生活方式呢？試試看下方的建議，鍛鍊你的「好奇心肌肉」：

1. **練習好奇心**。從熟悉的地點開車回家時，換一條不同的路線。上餐廳時，點一些沒有吃過的菜。越來越多新事物會進入你的視野。
2. **敞開心胸地提問和思考**。平常問伴侶的方式：「今天過得如何？」換成：「你今天有學到什麼昨天不知道的事嗎？」不要問青春期的子女：「你最好的朋友是誰？」應該問：「你最好的朋友有哪些特質，讓你喜歡和他相處？」
3. **肯定別人的好奇心**。「真是有趣的觀點。你能觀察到別人忽略的事情，真是了不起！」
4. **在城市擁擠的地區散步，仔細傾聽非人類的聲音**，例如鳥叫聲、水流，或是風吹過樹葉的聲音。體會傾聽和觀察周遭環境的價值。

5. **對任何事物，都像記者那樣提問**：人？事？時？地？物？

6. **不讓自己無聊**。假如無聊，就在覺察之後激勵自己探索新事物。也幫助其他人養成同樣的習慣。

7. **告訴別人，失敗也沒有關係**。失敗代表你又知道了，哪些方法無效，因此離成功更近了一步。失敗了就繼續前進，這種能力是你終生受用。

8. **體現出「好問題」的價值**。讓其他人能放心回答——即便錯了也沒關係。

9. **限制媒體的接觸率**。電視裡什麼都有，但卻只是單向的內容輸入，不會提升我們探索和質疑世界的動力。

10. **當其他人分享新發現時，不要急著加入自己的知識**。讓其他人享受這一刻，問一些相關的問題，讓他們更願意去探索——和分享。

注意小變化，敢於提問

愛因斯坦說過：「我沒有特殊天賦，擁有的只是炙熱的好奇心。」

假如你用嶄新的好奇心，去看待重要的人際關係呢？假如你把每次對話都當成難得的機會，認真去了解對方新的想法和經歷呢？

無論認識多久，都不要認定自己完全了解對方。每個相處時刻，都是探索對方內心世界變化的機會。看待重要人際關係時，不要想著「我全盤了解這個人」。應該這麼想：「他們今天有點不同，我想知道發生了哪些改變」。

當對方分享近來發生的事，問些更深入的問題。

「事情發生時，你有什麼想法？」

「然後呢？」

「這對你的觀點有什麼影響嗎？」

「你的感受有什麼改變？如何改變？」

「你打算怎麼做？」

用字遣詞並不重要，只要能傳達真誠的好奇心就好。對方的答案將幫助你透過不同的鏡頭看見他們——他們的觀點，而不是你的。

愛一個人最好的方式，就是對他們感到好奇。花一些時間用他們的眼睛看世界，就是同理心最好的展現。你不需要試著讓對方喜歡你。對方回應的將是你的真心，而不是你精心營造的假像。

假如人際關係變得一成不變，你的人生就會索然無味。很多人會認為，人際關係最終都會如此。千萬別這麼想。你擁有強大的工具，能將活力灌注到逐漸成為例行公事的人際關係：好奇心。

慢，是種刻意練習

任何搭過地鐵的人，都看過街頭音樂家。有些很出色，有些則否，但他們都很有意思。

我在舊金山的街頭看過藝人。其中一個年輕人大概只有十歲，穿著不太合身的西裝和領帶，努力用小喇叭吹出幾個聲音。他前方裝滿硬幣的盒子上，有個牌子解釋：「請資助我上小喇叭的課。」

無論表演者的實力如何，都有個共通點：幾乎不會有人停下來聆聽。人們會避免眼神的接觸，一邊講手機，一邊趕赴下一個約。有些人會因為演奏得太大聲或太煩人，而露出惱怒的表情（代表他們的耳機受到干擾）。其他人則太過習以為常，甚至根本不會注意到藝人的存在。

偶爾會有人放慢腳步，在紙盒裡丟幾個硬幣。或許會有一兩個人暫停幾秒，欣賞表演——但很快就繼續趕路。

然而，如果表演者非常出色呢？我們會有足夠的好奇心停下來嗎？我們會允許自己的一天中多一些美麗，或依然忙得無暇顧及呢？

《華盛頓郵報》決定做個實驗。二〇〇七年，他們讓約書亞．貝爾（Joshua Bell）站在華盛頓特區某個地鐵站的入口。簡單來說，他是世界上最頂尖的小提琴家之一，是精湛的演奏家。他的演奏通常一分鐘就價值一千美元，而他在地鐵站入口演奏時，用的是價值三百五十萬美元的史特拉底瓦里一七一三小提琴。

約書亞穿著長袖上衣、頭戴棒球帽，站在垃圾桶旁邊。在四十五分鐘內，他演奏了六首精妙的古典樂曲。

一共有一千零九十七個行人經過。六分鐘之後，才終於有人注意到他的存在——一位中年男子稍微慢下腳步，看了一下，接著繼續前進。幾英尺之外，排隊買樂透的人則看都沒看他一眼。

四十五分鐘內，只有七個人停下腳步，每個都停幾秒鐘。

約書亞的努力表演，換來的是三十二美元的零錢。

只有一個人試著停下來好好欣賞，伸長脖子想看得更清楚一點。他的名字是伊凡，而他努力想靠近約書亞，聽他的演奏。伊凡直覺地知道，他見證了偉大的音樂演奏。但他無法停留，因為他的母親急著拉他繼續走。

伊凡才三歲。

我們都很忙碌，都有重要的事要做，要和重要的人對話，參加重要的會議。我們都得趕赴重要的目的地，趕上各種重要的期限。然而，我們是否錯失了眼前的美麗或偉大事物呢？

或許不是演奏昂貴樂器的小提琴家。或許是孩子純真的聲音。或是伴侶的心聲。鳥鳴聲或美麗的花朵。或許意味著，應當懷抱好奇心，放慢步調傾聽自己的想法。或是傾聽就好。

英國詩人戴維斯（W. H. Davies）寫下：

如果我們憂思重重，生活將會如何？
我們甚至無暇駐足凝望。

我們周遭就有許多美好事物。放慢腳步，懷抱好奇地欣賞吧。
假如只忙碌於那些重要的工作，你就將錯失生命的美好。

第15章
懂得按暫停

逐二兔，不得一兔。

孔子

假如我希望讓威爾這個朋友一事無成，該怎做呢？有兩個選項：

1. 讓他養成惡習，例如賭博或毒品。
2. 給他兩個不同的機會，兩者同樣吸引人，也同樣會成功。

第一個聽起來很棒，因為一定會摧毀他的人生和人際關係。然而，第二個其實更危險，因為其中沒有任何不良的因子。

多數人都知道要避免重大惡習。然而，面對諸多帶來改變的機會，我們很難決定要專注在哪一點。由於沒有取捨，所以每一項都淺嘗輒止。結果我們的能量分散在太多好的事物上，以至於一事無成。

討好者通常會是最精疲力竭的人。在拚命爭取其他人的肯定下緊抓所有機會。他們嚴格訓練自己，對每個機會都做出立即的反應。待辦清單累積得比已完成清單還快。

理智告訴我們：「是啊，你不可能把所有的目標都完成。把清單上大部分的項目都刪除，只做最重要的事吧。」但是，**討好者認為全部都重要**。他們從一而終，總是根據其他人的想法來決定自己該做什麼，而不在乎對自己真正重要的是什麼。他們做了許多的小事，但沒有任何成果能幫助他們往健康的方向發展，或是種下真誠關係的種子。

培養注意力，將能幫助我們成為健康的討好者，真正為世界帶來改變。

一天當中有多少分心因子？

我的工作是教導人們如何做出抉擇，掌控自己的時間和能量。我的專業是時間管理和人生規畫，也主持個人效能的研討會。理論上，我應該是這方面的專家，畢竟已經幫助了上千人脫離緊迫時間的壓力並重獲自由。

然而，我對分心也非完全免疫，而你也一樣。假如我們不夠警醒，就會身兼家中漏水的水管工、汽車拋錨的技師，以及個人健康習慣很差的醫生。

我們必須持續專注，否則熱力學第二定律就會發威（不踩著油門，汽車就會漸漸減速）。假如不控制時間表，時間表就會控制我們。

對討好者來說，許多事物都會令人分神，無法專注於為世界帶來改變。專注卻能將我們帶向成功。

我在一九八〇年代開始教導時間管理時，重點都放在「如何把事情全部完成」。我們會隨身帶著紀錄簿，每天都整理待辦清單，思考每件事的重要性，再從最重要的開始完成。

我們的確是需要整理掌握自己的人生，但待辦清單反而使負擔加重。它讓我們急於把事情都做完，但不可能。我們應當選擇。不過權量也很困難。

更糟的情況，則是討好者希望能對世界帶來影響。秉持做越多好事，影響力就越大的精神。下場往往兩頭皆空。久了再也無法專注，影響力跟著減弱。畢竟手握著一把米是沒辦法抓到搶匪的。

專注力越強，影響力就越大。眼前一顆球丟來，我們可以直覺地接住。但假如是同時丟兩顆球，我們就得分神，只有一半的注意力能集中在每顆球上。最終很可能兩顆都漏接。

埋頭做——白工

早上一起床，你的心智就立刻全速運作嗎？甚至還沒下床，心中的待辦清單就像一群大黃蜂般讓你驚醒。焦慮勒住你的喉嚨，說：「來吧，開始做事啦……有很多事要做，你已經晚了。」

這個過程可能前一夜就開始，讓你根本無法好好休息。（你有發現嗎，事情往往在半夜時看起來都很糟）一整天就這麼定調。你無法對新的一天感到振奮，只想拿湯匙吃一大桶冰淇淋當早餐。

這可不是展開一天的好方法。你或許不常有這種狀況，也或許每天都是如此。無論如何，我們都有過類似的經驗——這感覺非常難受。

解決的方法可能有點違反直覺，但討好者若想改變世界，關鍵在於做少一點，而非做得更多。當我們無法承受時，多半會試著更努力、更有紀律。然而，假如我們無法規整事務的重要性和優先順序，就永遠無法脫離深不見底的待辦事項大坑。

作家凱勒（Gary Keller）在暢銷著作《成功，從聚焦一件事開始》（*The One Thing*）一書中分享他的個人經驗。他的團隊在削減了專注的目標數量後，成果立刻大幅提升。他們一開始列了約十二個目標，後來則削減到一半。接著，他們又聚焦到其中三項。每次的集中，都讓成果更亮眼。

最終，他們只選擇了一個目標。假如達成這個目標，其他的目標都相形失色。於是他們的成就出現了指數性的成長。凱勒說：「我們聚焦的能力，將直接影響我們的成就。」

讓我們回歸到八二法則，也就是八〇%的成就，來自二〇%付出。又或是借用凱勒的說法：「你的成果有多少，取決於你做的事有多『少』。」

心智工作空間

你到雜貨店裡買牛奶，離開時卻多買了特價的洋芋片、即期的杯子蛋糕，以及你最喜歡的起司。

回到家時，你發現自己忘了買牛奶。

也可能，你需要昨天收到的電子郵件裡的特定資訊。你坐在電腦前想搜尋，但二十分鐘後，你回了三封緊急的訊息、點開一個臉書連結，然後瀏覽臉書一陣子，看了一段有趣的影片，接著快速地檢查別的社群網站有沒有新鮮事。當你站起來後，發現自己根本沒查到你需要的訊息，所以得重新再來。

當生活中有數百件事需要注意力，我們就很難專注於當下最重要的事。無論在購物中心或家中，廣告商都用精心設計的訊息、包裝來吸引我們。他們邪惡的陰謀，使我們被閃亮吵鬧的雜訊包圍而難以集中精神。

這個問題不只困擾討好者，而幾乎是每個人。我們並**不需要改善時間管理的能力，因為時間無法被我們所控制。我們需要的是對瑣事的管理**。

我們很容易就認為，表現較優異的人思考能力較強，以為他們的大腦運作方式肯定和常人不同，所以我們注定不如他們。然而，事實並非如此。

研究顯示，我們每個人的大腦其實高度相似。大部分人的腦容量基本上差不多——都相當大。能儲存大量訊息，**但大腦的工作容量卻都很小**。工作容量指的是注意力的焦點。要求它多工，你就會失去專注力。

可以把大腦想像成你的辦公桌。桌子的目的是工作，而非儲存。我們在辦公桌前把事情做完。桌上堆滿東西會使人很難集中精神。當手上的任務難度提高時，桌上的太多事物會吸引走我們的目光。

你或許會說：「對啊，我的桌子很亂，但我知道每個東西的位置。」這樣很棒，但這就代表你把桌子當成儲藏室，而非工作空間。桌子髒亂的問題並非漫無章法而已，而是會讓我們失去專注力。

我們心智的工作空間也是如此。就像是一張完成工作的小桌子，目的不是用來擺放一大堆雜物。

與手機分手的智慧

說到「聰明人」，我們幾乎都會想到愛因斯坦。愛因斯坦思考宇宙萬物，提出了相對論等偉大的理論。我問朋友們相對論是什麼，沒有人能清楚解釋。他們知道自己在學校時學過，但除了考試的答案外，就沒有其他印象了。

我們之所以認為愛因斯坦很聰明，是因為我們不了解他。我們會說：「他的思考層次和我們完全不同，遠在我們之上。所以，他比我聰明。」也可能是髮型的關係，忙著深度思考的人可能沒空好好梳理頭髮。

問題在於，我們看到愛因斯坦（和其他偉人）的成就，心裡會想「我永遠不可能像他們一樣。我沒辦法做出那麼大的貢獻」。這就是為什麼我們常說：「我又不是愛因斯坦。」

的確如此。你不是愛因斯坦，以前不是，未來也不會是。你當然沒辦法做出和他一樣的貢獻。你是你。你能做出的貢獻，宇宙中沒有人可以取代。假如一點貢獻都沒有，就是剝奪了世界那一部分的美好。

那麼，你和愛因斯坦的差別在哪裡？

首先，愛因斯坦沒有電子郵件。他之所以有這麼棒的觀點和理論，或許就是因為沒有太多事令他分心。

如果他晚幾十年出生，生活在現代。想像他坐在書桌前，思考宇宙的奧祕。但他的思緒卡住了，不確定該如何繼續下去。因此，他查看自己的電子郵件、社群網站，或是傳訊息給朋友們，查看朋友們的動態。他試著再想想看，但關於宇宙奧祕的思緒卻還是沒有結果。於是，他拿出智慧型手機，玩了好幾局接龍。當然，只是休息幾分鐘而已。

各式各樣的小事讓我們無法集中精神。但除此之外，我們的動力也受到影響。每做完一件小事，就得花一些時間重新集氣。

我不覺得我們和愛因斯坦真的天差地別。我們都有無限的潛能，在不受干擾的情況下，可以做出無限的貢獻，而且是獨一無二的，連愛因斯坦都無法取代。

你最近在忙什麼重要的事呢？如果能想出答案並加以完成，就能真的改變世界的事？非常困難（但也極度重要），得高度專注又耗費心力的事？當你投注時間後，有多常分心呢？是因為什麼事物而分心的？

假如你可以控制讓自己分神的事物，又會如何呢？**一切都將不同**。

或許，愛因斯坦只是擁有比我們更高的集中力而已。事實上，他曾經說過：「我並沒有比較聰明，只是在一個問題上花比較多時間罷了。」

準備好改變世界了嗎？

慢慢把智慧型手機放下來，退後幾步，不會困擾任何人……

（順道一提，愛因斯坦用很簡單的方式解釋相對論：「當你在追求一個漂亮女孩，一小時只像一秒鐘。當你坐在燒紅的煤渣上，一秒鐘就像一小時。這就是相對性。」）

第16章

專注，帶來當下的豐盛

任何東西只要斷電片刻，幾乎都會恢復正常，包含你我在內。

美國國民作家　安．拉莫特（Anne Lamott）

我有一群朋友總是一起玩桌遊《卡坦島》。他們一玩就是一整個晚上，會準備許多點心，並花好幾個小時規畫策略。

也有許多身為討好者的朋友，覺得他們在浪費時間，因為這件事毫無生產力可言。「我根本沒辦法這樣。」他們會說：「我有太多事要做，不可能留時間給自己。我沒辦法享受這種事，會一邊玩一邊充滿罪惡感。」

我的朋友們可不這麼認為。玩桌遊的時間對他們來說很有價值。我告訴他們這樣很像邪教，但其實我只是很忌妒他們，因為我不夠聰明，沒辦法跟上。（連簡單的《蛇梯棋》〔Chutes and Ladders〕對我來說都是個挑戰。）

那麼，誰是對的呢？他們到底是不是在浪費時間？我在電視上看曲棍球賽是浪費時間嗎？和朋友在午餐時間喝咖啡呢？不認真運動，而是出門散步呢？

馬特是位老師，沒留什麼時間吃午餐。我們一起吃午餐時，花在開車的時間比實際上相聚的時間還長。這樣算浪費時間嗎？

有些人希望隨時保持極高的生產力。假如沒有得到成果，他們就會覺得在浪費時間。對他們來說，每分每秒都必須有所產出。就如同作家韓賽爾（Tim Hansel）在他的書中所說：「休息讓我充滿罪惡感。」

那麼，浪費時間的標準是什麼呢？很簡單，一件事是否帶給自己或其他人價值。

休息時間只要符合下列條件，就不算虛度：

幫助我從繁忙的日常中恢復，

回復我的能量、專注和能力，

不只是漫無目的的活動，而能帶來真正的喜悅，

讓我進行創造，或是
比起花費的時間，帶給我更多的回報。

創造力並非一蹴可幾。想像你在米開朗基羅創作時，不斷催促他早一點完成西斯汀小教堂。

當我們浪費某事物時，代表把它拋到一邊，讓它對自己和別人都失去價值。當我們投資某事物時，得到的回報是倍增的。假如我們用生產力來衡量時間的意義，那麼休息就是浪費；但假如衡量的標準是人際關係和個人的恢復，休息就會是聰明的投資。

休息是為了努力做準備。生產力高和偉大成就都很棒。但對討好者來說，他們努力是為了給其他人好印象。這令人精疲力竭，因為生命中會少了「中性」的狀態，永遠都只有「努力」。

這個章節所提到的要素，會是討好者最容易忽略的，因為這項要素聚焦在我們自己身上。當你奉行的教條，是從其他人的看法中尋求自我價值，你就會覺得投資別人比投資自己更重要得多。焦點放在這裡的話，花時間自我照護似乎就是錯的。

事實上，假如我們希望有效地討好別人，自我照護就至關緊要。就像是飛安指南所說的——在幫別人戴上氧氣面罩前，得先把自己的面罩戴好。把別人放在自己之前的人，很快就會完全失去幫助人的能力。

投資自我這項技能可以透過學習而來，並且能帶給我們立即的助益。困難的部分在於改變心態，要相信努力會是值得的。

最好的投資就是自己：三個步驟

對於討好者來說，要改變長時間的習慣可以說是無從想像。因此，我們需要簡單、可以重複執行的步驟。我們可以做出選擇，然後持續這些步驟，直到出現成效為止。思考以下的步驟，能如何應用於我們自身的經驗呢？

1. 以過去為基礎

「假如你的房子失火了，在衝出門之前，你會搶救什麼？」

我們都聽過這個問題，也都有相似的答案：

- 家人和寵物
- 相簿（家人的照片）
- 特別的紀念品（家人的作品，有特殊的意義）

我從沒聽過有人說「我會搬走沙發」，或「這個吊扇很貴，我非帶走不可」。只要能取代的東西，我們都不會帶走。無論多少錢都一樣。價值並非來自事物的價格，而來自其代表的人際關係。我們搶救的是無法取代的事物——將我們與他人連結的事物。

我的妻子整理了許多本相簿，涵蓋了我們整段的婚姻，其中有上百張照片，記錄了我們一起做的事、我們的子女和孫子，以及我們的好朋友。也包含了意義重大的特別的事件和重要時刻。她也寫了許多註記，讓相簿成了我們人生旅程的記錄。

每當有人想要了解過去的事件，妻子就會找出對應的相簿。無論發生的時間、參與的人、做過的活動，幾秒鐘內我們就能找到答案。

然而，還不只如此。我們總是忍不住多看幾頁，讓過去的記憶重新浮現。「嘿，看看這個！還記得你留的鬢角嗎？燙得真狂野！我都不記得你染過這個顏色了……」

我們會想起早已淡忘的回憶——這感覺真的很棒。雖然活在過去、懷念「美好的舊時光」並不是健康的事，但過去的回憶能為現在賦予意義，讓我們的人生更加豐富。這就是我們學習歷史的原因：**記得過去的自己，才能讓我們更了解現在的自己**。

在臨終前，我們不會在意自己客廳牆壁粉刷的顏色，只會想起曾經在客廳有過的對話。我們不會想起院子的景觀設計，只會想起曾經一起在院子玩耍的人們。度假時欣賞的風景，比不上和我們享受假期的旅伴。我們會銘記在心的，是和我們共同創造回憶的人們。

這對討好者來說為什麼重要？因為我們時常忽視過去，只把重點放在從別人身上得到自己想要的。我們因為相同的理由，而專注於現在。當我們能學習健康的討好方式，就能從現在開始，打造真誠的回憶，賦予其未來的價值。回顧今天時，我們將找到喜悅。

2. 注意你的輸入

已故的講者兼作家瓊斯（Charlie “Tremendous” Jones）說過：「五年後的你和今天不會有太大的差別，除了兩件事：你讀過的書，以及你所親近的人。」

我不確定這句話對我人生觀的建立，有多麼深遠的影響。然而，這樣的名言佳句培養了我對於閱讀和對話的熱愛。

我覺得大概是這樣的：

- 想法形塑一個人。
- 人的想法來自外在的輸入。
- 外在的輸入來自我們的感官：我看到什麼、聽到什麼。
- 我們可以選擇自己看到和聽到什麼。

假如我的理解無誤，那麼形塑我思想的原料有：

- 我有過的對話
- 我讀過的書籍
- 我看過的事物

這樣的結論符合邏輯吧？希望提升自己，就得慎選這些原料。

有許多事物都要爭相占據我的注意力。當我開車時，廣告看板都對我高聲呼喊。喜歡的節目劇情總是轉進廣告。加油時的小螢幕引誘我辦信用卡，或是到商店裡買些零食。每年都有成千上萬本新書出版。收件匣裡塞滿對我的要求。在家門口、車子的雨刷下、擁擠人潮間都會看到傳單，希望引起我注意。

有太多很值得一讀、一看、一聽的內容，沒辦法全部都吸收。假如不刻意控制輸入的內容，就會一不小心只選擇最閃亮耀眼的。這些原料將開始形塑我的思想。我的人生。

假如櫥櫃裡的原料只剩下砂糖、奶油和巧克力，我們就不可能做出健康的點心。或許成品很美味，但絕不健康。我們需要不同的原料才能有不同的成果。

那麼，該如何整理這些輸入，確保自己能選擇最好的呢？

（1）決定你想要成為怎樣的人

（2）決定怎樣的原料能幫助你達成目標

（3）有意識地選擇最佳原料

最高品質的原料會帶來最高品質結果。優良原料會帶來優良的結果。品質不佳的原料則只會有差強人意的結果，不會有其他可能。假如你希望擁有高品質的生活，就得更慎重地面對每個選擇。

3. 活在當下

我時常會為了明天而活，但我的本意並非如此。我知道自己得認真過每個當下和每一天，但我的待辦清單太長。（你也是嗎？）結果我面對清單上的事項時，注意力通常不會放在事項本身——我不會想著自己正在做的事，品味每個瞬間，體驗每個事件。我忙著滿足其他人的期待，不讓他們失望。我試著把事情完成，以便著手下一件事，讓自己離終點更近一點。

我在清單的每件事前都打了勾勾，卻錯失了每一刻。

大部分的人都為了勾勾而活。我們大多數時間都在向前衝，試圖趕上或超前，接著滿心期待可以放個假，讓自己恢復精神。但我們在度假期間，即使沒人催促也還是會回覆所有郵件。

我們四下張望，想知道別人的反應如何。我們為了**在生活中領先超前，反而錯過了當下的豐盛**。

就像是用錄影機記錄孩子每個派對、每場特殊活動的父母。他們日後回放影片時，看到的總是孩子本身——而不是自己和孩子的相處。雖然替未來保留了回憶，卻沒能成為回憶的一部分。

令人不安的事實是：我們死去時，依然會有許多該做的事。所以，請確保你完成了最重要的部分。

假如我們每一天的清單上都有許多人要討好，那我們只會專注在清單本身——那麼就不會有人覺得受重視。我們的動機來自完成待辦事項，而非守護人際關係。

我的女婿布萊恩非常懂得活在當下。他是個厲害的銷售員，甚至可以把毛皮大衣賣給毛茸茸的猛瑪象。然而，這不是因為他受過高階的銷售訓練，或是精熟相關的技巧。而是因為他面對每個人都是全心全意。他的人際關係是真誠的，人們感受到這一點，所以向他買東西。

這很難得。一般人不習慣有人全心全意跟自己相處。這種情況發生時，真令人煥然一新。

看看的待辦清單：你是為了今天而活，或是眼中只有明天？如果能認真面對每個項目，全神貫注且心無旁騖地體驗，又會如何呢？

以下有五點能幫助我們專注在當下：

（1）**無論是在一對一的對話或是會議中，都不要用任何電子設備**。在事情完成前，都把手機放在看不見的地方。

（2）**約定好使用科技產品的時間**。決定你一天要看幾次電子郵件，並記錄在行事曆上。只有在科技時間，才全神貫注在科技產品上；人際相處時間，就專注在別人身上，不要混在一起。

（3）**注意你的環境。無論在室內或室外，都關注你周遭的細節**。花些時間傾聽你身邊的聲音。觀察你平常會忽略的小細節。感受氣溫和微風。傾聽非人造的、大自然的聲音。

（4）**把車上的收音機關掉**。不要持續接收，而是花些時間好好思考。假如這讓你不舒服，那或許代表了有些問題亟需解決。

（5）**不要把整理、歸納當成第一要務**。當你死的時候，沒有人在乎你的收件匣有沒有未讀信。他們在乎的是，你是否影響了他們的人生。

照顧自己

假如我們的價值來自其他人的想法，我們就得用力討好。假如我們的價值發自內在，就得好好對待自己。對討好者來說，這聽起來太自私，而且會適得其反。這就是為什麼，我們該改變的絕不只是做事方式而已。

我們得改變自己的思考方式。

我們越是好好投資自己，就越能以有意義的方式來討好別人。

第17章 感恩，帶出人生的積極面

小豬發現，即使他的心臟很小，卻能容納很大的感恩。

《小熊維尼》作者 艾倫．米恩

黛安和我剛結婚時，我們沒有太多錢。我們在加州的麗浪多海灘市租了一棟小房子，僅有四百五十平方英尺（約十三坪）而已。但我們也只能負擔得起這麼多了。這是一棟待整修的房子，而我們提出自行整修為條件，減少了一些租金。我們一起鋪了院子的草皮、粉刷牆壁，布置花床並種下植物。花了不少功夫，但我們不介意。我們還在熱戀期，所有的事都攜手完成。

房子和海灘只隔著幾條街，所以我們常常在傍晚走到海邊。散步一點都不花錢，我們就這麼牽手聊天。雖然沒辦法常常去看電影或上餐館，但沒關係。能在一起，我們就很感恩了。

友人送了我們幾個沉重的大箱子當作結婚禮物。當我們打開時，發現裡面放滿了罐頭食品——但標籤都被撕掉了。我們說：「多巧妙的禮物啊！」我們都笑了，因為這個禮物實在太無厘頭。

我們把罐頭都擺在廚房櫃子的最上層，不確定該拿它們怎麼辦。放在那裡至少不會太礙事。

然而那一年多，我們好幾次都身無分文，冰箱裡空空如也。於是，我們會挑三個罐頭，搖一搖，猜測裡面是什麼。我們把罐頭放到桌上，拿出開罐器，進行飯前禱告——感謝上帝賜予我們食物。

接著，我們開罐。晚餐吃到罐頭桃子、罐頭豆子配罐頭橄欖一點也不奇怪。

我不覺得我們會在餐廳裡點這種組合，但我們記得這些晚餐——不是因為毫無道理的食物搭配，而是因為感恩。我們在需要時擁有了這些食物，我們永遠不會視為理所當然。

寫作這本書時，我們已經結婚四十三年了。人生每個階段都有起起落落，但我們努力心懷感恩。如今，櫥櫃裡所有的罐頭食品都有標籤。當我們規畫一餐時，很確定自己吃的是什麼。這還滿令人安心的。

但就沒那麼興奮刺激了。

在一段關係剛開始時，大部分的人擁有很多時間，物質方面卻相對缺乏。關係的晚期，物質幾乎總會比時間更充沛。

物質沒什麼不好。但富裕之時，我們很容易把一切都當成應該的。時間很棒，因為人生就是由時間構成。但我們很容易為了追求物質，而排擠了時間。現在可以試著歸零。

- 當時間多於物質時，你的人際關係是何種樣貌？
- 現在有什麼不同呢？
- 可以做出怎樣的選擇，讓你的關係擁有更多時間呢？
- 你該如何對現在充滿感激，就像以前那樣呢？

典型的討好者通常抱持匱乏思維（mindset of scarcity），由於用其他人的看法、認同來形塑自身的價值，因此唯有受到肯定才會快樂。然而，這樣是永遠不夠的。即便獲得了十個人的肯定，但只要有一個人無視，他們就會執迷於那個人。他們永遠不會感恩，只著眼於得到多少人的認同，總是難以滿足。

反之，健康的討好者懷抱著豐盛思維，個人價值源於內在，無論有沒有人肯定都不受影響。他們對於認同充滿感恩，但並非不可或缺。

他們很感恩。

這樣的心態讓他們得以影響其他人，有能力給予，而非只是一味接受。而他們在人生每一個領域都是如此。

感恩的力量

改變我們的思考方式似乎難如登天，但其實只要做出簡單的選擇，通常就能帶領我們往全新的方向邁進。好比種下的一顆種子不可能一夜之間就長成參天巨木，我們得選擇每天澆水、定期施肥。幾天不做它就會枯萎而維持澆水的習慣，它過一段時間後會大幅成長、欣欣向榮。

培養感恩的心態，並不代表要忽視所有痛苦的事。我們受過其他人的傷害，那些痛苦都是真實的。感恩的心態代表著正視現實，但也同樣積極主動地聚焦在正向的事物上。

有一首鄉村老歌唱到：你的心被踐踏輾壓。你人生中曾被人如此對待嗎？那通常是你信任的人，和你認識許久，你認定對方是朋友。你們一度相處愉快，共享著生活。甚至有可能是你的家人。

然而，他們卻背叛你，在背後說你壞話。或是突然告訴你，他們已經對你不滿好一陣子了。你措手不及。他們所說的話或所做的事，徹底破壞了你的信任。

他們踐踏了你的心。

在美國，感恩節是打破日常、和家人與朋友一起慶祝、看美式足球轉播的日子。你或許會有意識地心懷感恩，因為你「應該」這樣，也把注意力放在這裡。你刻意地想著自己感恩的事，或許也在晚餐時和大家分享。你不會讓自己心裡的傷口影響一切。

隔天，你回歸日常，再次感受到內心的痛。感恩節隔天，你還應該感恩嗎？一個星期後呢？一個月後呢？

是的。

感恩節只是個好機會，讓我們練習一年中的每一天都必須做的事。然而，這不代表我們有義務要「正向思考」並「態度良好」。這麼做的原因是，唯有感恩的心態才不會讓我們淪為生命中各種人事物的受害者。

有些人受了傷以後，會讓痛楚在幾年的歲月中侵蝕毒害他們的生命。我們身邊都有這樣的人。他們被過去絆住，總是說：「有什麼值得感恩的？看看這些人對我做了什麼。他們毀了我的人生。」

感恩是這種毒藥的解毒劑。理由如下：

- **感恩讓我們看得更清楚**。當痛苦強烈時，我們很容易就忽視了生命中正向的事物。選擇感恩則幫助我們同時看見正面和負面的事物。
- **感恩不會貶抑我們的痛苦**。痛苦是真實的，我們無法忽視。光是說「撐過去就好」是沒有幫助的。我最近剛動手術，告訴醫生傷口很痛。他回答：「當然很痛，有人用刀子把你切開耶！痊癒的過程肯定會痛，而且會留下疤痕，但痛苦終究會慢慢減輕的。」而感恩將幫助我們恢復。
- **感恩讓我們不淪為受害者**。曾經有人說：「沒有人能毀了你的人生，除非你讓他這麼做。」永遠只看著傷口，就等於把情緒的掌控權交給傷害我們的人。建立起「感恩的心態」將幫助我們長久地掌握控制權。

- **感恩讓我們的情緒能量歸位**。我們生命中有一些人需要我們的時間、關注和情緒投資。他們值得我們這麼做。苦澀會把這些能量耗盡，讓我們無法好好對待值得的人。感恩則讓我們能量充盈。

棘手的感情問題很難找到簡單的答案。人們會傷害我們，痛苦都是真實的。或許永遠不會有答案，關係的傷口或許永遠不會復原。他們造成的痛苦，或許需要專業人士的幫助才能慢慢解開。

然而，在旅程的這個階段，要開始痊癒的最好方式，就是盡可能地對一切懷抱感恩。這並非萬靈丹，卻能幫助我們用務實的觀點看待人生。

不完美的感謝

每次到旅館擔任研討會的講師時，我都會發現會議室一如以往地布置好——桌子就定位，鋪了桌巾，影音系統也設定完成。椅子排好了，咖啡壺也在角落定位。主辦團隊提早到場，完成了這些。

然後他們會消失。這些人受的訓練，就是讓自己隱形——在背景默默工作。這很不幸，因為他們左右了活動的成功或失敗。他們出色的表現，代表我不需要擔心所有細節。假如研討會很順利，都是他們的功勞。

偶爾，我會遇見團隊成員。我總是鄭重地表達感謝。雖然語言通常不同，但這沒關係。我只是建立起人與人之間的連結，他們知道我很感激。

幾個星期以前的事卻出乎我意料。當我抵達位於亞利桑那州的旅館，準備進行員工訓練時，發現教室布置完美，但有人在前方的活動掛圖上寫了「貴冰，貫螢光臨」（Well Come Guess）。

一開始，我以為是前一個活動忘了撕掉。但幾分鐘之後，我意識到這是隱形的工作人員留給我的訊息。他們希望表達感恩，謝謝我使用他們的會議室，也想要和我打聲招呼。

這間旅館的客戶服務，是我體驗過數一數二的。工作人員並不在乎自己的英文是否完美。他們只是想表達感激，所以留下了祝福。

最後，我終於意識到訊息其實是「貴賓，歡迎光臨！」（Welcome, Guest!）我對團隊經理提起這件事時，她笑著說：「他們就是這樣啊。太期待可以服務客人，有時候壓抑不了。他們很感謝你給了服務的機會，忍不住真情流露。」

多棒的一課啊！我習慣確保自己的表現完美無瑕，並用最精準的文字來表達意思。假如做不到，那我寧願不做。我以為這只是小事，一點都不重要。

但這很重要——至少對他們來說是這樣。假如我把感恩藏在心裡，對誰都不會有好處。我得學習開口表達感恩，就算不完美也沒關係。

再怎麼不完美的連結，都好過什麼也不說。

寫下三個感恩的事

討好者通常對人生抱持不切實際的看法。看見面對自己和他人時都充滿安全感的人，他們會說：「我也想那樣。」那種人似乎擁有完美的人生，他們相較之下，很容易覺得自己的人生不夠好。

比較是一場必輸的遊戲，因為比較讓人無法感恩。

有時候，我和妻子會參觀新建案的預售屋。我們在日常不會有敲門就走進別人房間、四處漫遊的機會，這是僅限此時的體驗。（在我住的社區這樣做，參觀的會是警車內裝。）

我注意到，參觀這些房屋時，每個人都輕聲細語。雖然知道根本沒有住戶，我們似乎都很害怕造成打擾。

房屋都很乾淨，播放著輕柔的音樂，沒有堆積的雜物。車庫空空的，整理得一絲不苟（所以我知道屋裡沒有住人）。到處都有儲藏空間。碗櫥的門上沒有刮痕，電視機上沒有灰塵，窗戶上沒有污漬，水槽裡也沒有骯髒的碗盤。沒有房屋貸款要繳。這些房子美極了。

而且是消毒過的。

房子裡沒有真實生活的累積。沒有孩子們玩耍的聲音，地毯上也沒有愛的足跡。這些房子沒有被居住過。它們是展示用的。我們會想：哇！如果能住在這裡，我們的人生一定會這麼寧靜美好。然而，它們終究會售出，新的屋主會搬進來。車庫開始塞滿東西，電器上出現黏黏的指印，牆壁上則有蠟筆的塗鴉。

這才是房子存在的目的。不是為了展示，而是真實人生和人際關係的容器。假如是為了真實人生而建造，就必須被使用。就像是經典的童書《絨毛兔》（*The Velveteen Rabbit*）——主角本來只是個動物玩偶，必須被孩子愛過，直到絨毛漸漸磨損，才能成為真正的兔子。

預售屋參觀起來很愉快。然而，我們真正的人生和愛都發生在自己的家中。我們很容易把自己的家視為理所當然。或許從今天開始，我們能對自己不完美的家懷抱感恩，也感謝所有讓它不完美的人們。

當我們開始比較時，感恩就會消失。我們看見自己在關係中缺少的，看見別人不認同的，以及種種「雜事」，於是感到挫敗。感恩是我們有意識的選擇，當我們反覆練習這樣的選擇，就能越來越心懷感恩，而影響我們看待人生的方式。

明天早上就試試看吧！在想出三件感恩的事之前，都不要起床。把這些事記下來。隔天，再選三件不同的事。這麼做一個星期。如此一來，你會發現這個練習能影響你一整天面對每一件事的態度。

把每天都當成感恩節。或許，你就能拿回自己的心。

第18章

改變觀點，重新看待每件事

當我們讚歎勝於自己的事物時，就很容易把焦點放在別人身上。

美國社會心理學家　保羅．皮夫（Paul Piff）

報紙上說，這會是史上最壯觀的流星雨——也可能什麼都不會發生。

我向來對宇宙著迷，因此天上發生的任何事都吸引我。土星出現在夜空時，我會拿望遠鏡觀察土星環。木星的五個衛星也令我興味盎然。我觀察過太多次滿月，大概不用開口問路，在太空中也不至於迷失方向。即便已經看過上百次，我仍然可以毫不厭倦地欣賞國際太空站穿過天際。

流星雨很特別。流星雨不常發生，我好幾次都把鬧鐘設在午夜不久後，站在院子裡等待。通常很冷，一直抬頭也讓脖子隱隱作痛。

但我什麼都沒看到過，只有肩頸僵硬和失眠而已。或許是因為我住在南加州，有太多光害了。連一般的星星都看不到幾顆了，更別提流星雨。

然而，當朋友傳訊息通知我時，我還是允許自己燃起希望。不過這一次，會有兩點不同：

1. 根據數學公式，這可能會是最盛大的流星雨（或是一場空）。
2. 流星雨發生時，我會在海拔六千英尺的山間小木屋裡，不會有街燈。

因此，當天半夜十二點半，我披上大衣走到戶外。冷風呼嘯著穿過森林。我抬起頭，可以看見黑暗中隱約的樹影，以及滿天的星斗。

我站在那裡大約十分鐘。沒有流星。我心想，沒關係，一顆就好。假如我能看見一顆流星，就心滿意足了。

但那顆流星始終沒有出現。最後，我聽見自己大聲說：「真失望啊。」我瞬間就聽出自己的矛盾。我沒有看見任何流星所以失望。然而，我太**專注於沒有出現的流星，甚至忽視了頭頂上壯觀的景象**。

通常，我家附近的天空是一片漆黑，偶爾才有稀疏的星星微弱地閃爍。然而，這裡的天空似乎剛好相反。星星太多，黑色的天空似乎退居背景。上次看到這麼多星星，已經是孩提時期。我父母開著車穿過亞利桑那州的沙漠，我從車窗中看到繁星閃爍。而我卻在這裡，看著最美麗的景象，說著：「真失望啊。」

這樣的情況比我意識到的更常發生。終其一生，我都追求獨特而刺激的經歷；於此同時，卻錯過了許多日常的奇蹟。

我們的周遭充滿了美好的事物——大自然、人際關係、各種不同的機會、我們的信仰、工作和職場、對話交流，以及我們的熱情。

流星很棒，但無法預測。當它們降臨時，固然要好好享受，但卻不能仰賴它們。否則，太容易錯過其他美好了。

《麥克米倫字典》（*Macmillan Dictionary*）對「perspective—觀點」的定義是：和其他事物相比較時，對某件事物好壞、重要性等層面的合理評判。這代表我們檢視某件事物時，會認定從自己的角度所看見的精確無誤。然而，假如換個位置，就會看見不同的角度。這不會改變最初的觀點，只會再累加上去。

我的父親常說：「根據我微不足道但百分之百正確的看法……」我知道他在開玩

笑，因為他是個很棒的傾聽者，也很少把自己的觀點當成不變的真理。然而，我也知道很多人都抱持這樣的想法。畢竟，當我們看見某事物時，很容易覺得自己眼前的就是顯而易見的真理。

遇到不同觀點時，討好者很容易感受到威脅。他們好不容易找到有效的觀點，所以不希望考慮其他的想法。他們的安全感來自掌控一切，而非懷抱開放的心胸。我曾經聽過某個講者說：「假如我覺得自己是對的，會真心想聽你的意見嗎？」

最頂尖的討好者卻學會有意識地退後幾步，看清楚每件事物之間的關聯。他們知道自己的觀點，卻希望看清楚全局。所以如果想帶著健康的自我價值來影響別人的生命，你就該必須秉持全面的視角。當觀點建立在現實，我們會持續挑戰自己的看法，讓自己更全面。或許不會看見流星雨，但觀點改變後，就不會再錯過星空。

視角夠全面的人總是追求真相，並不會因為別人的想法不同就受到威脅。他們願意傾聽——不是為了改變對方的想法，而是了解對方的觀點，使自己的視野更加澄澈。

雜草的存在意義

如果想更理解全面視野的概念，只要看看我們周遭就好。生活中許多簡單的例子，都告訴我們如何做出心理的改變。舉例來說，我們有時會希望替房子做景觀設計，或是在花園種植物。

園藝活動似乎有許多有益於心靈的元素。我們雖然參與了整個過程，卻沒辦法強迫達到任何結果，就像人生的許多事一樣。我們種下種子，提供水、養分、修剪和維護。我們營造出適當的環境條件，而植物只是逕自成長。

就如俗話所說：「園藝比心理治療更便宜，而且還可以收成番茄。」做得很好的人被稱為「綠手指」（因為一切都會變綠）。不太擅長的人則是「黃手指」（因為都會變黃）。

我兩者都是。隨著時間，某些植物生長得還不錯，但大部分的其他植物卻不太好。有一種植物我很會種，那就是雜草。

從這個標準來看，我的雜草欣欣向榮，足以讓我得到綠手指的稱號。很顯然，我提供了正確比例的水分和養分，付出了恰到好處的努力——因為雜草長得很快，瘋狂地繁衍。雜草茂盛、飽滿又健康。

不久之前，我女兒傳給我雜草的定義（我不太確定她為什麼會想查）如下。

雜草：在生長的地點毫無價值的植物，通常生機蓬勃。

這讓我不禁開始思考。雜草和其他樹木一樣，都是植物。雜草「生機蓬勃」，不正是我們對植物的期望嗎？只是地點錯了而已。

假如我們努力打造完美的草皮，就不會希望院子中央開出花朵。花朵很美麗，也可能生機蓬勃。但我們只希望它們長在花床裡。在草皮上，花朵或許會被視為雜草，因為地點錯了。假如茂盛的青草生長在花床裡，也會被當成雜草。只是地點不對罷了。

我們在院子裡種下植物，希望能讓我們周遭充滿美麗與和諧的事物。我們會仔細選擇吸引我們的植物，跳過我們不喜歡的。

雜草就是不吸引我們的植物，出現在我們不想看到的地方，而且生機蓬勃。

是整個**情境決定了**一**株植物是花卉還是雜草**。

春天開車經過附近的山丘時，呈現一片欣欣向榮的青翠。美景讓我們說不出話來。然而，當我們停下車，在山丘上健行時，才發現箇中奧祕：山丘上長滿了雜草。和我們努力從花園和草皮上剷除的，是同樣的雜草。

然而，這些雜草出現在最理想的位置，扮演著至關緊要的角色：雜草能對抗風和雨水的侵蝕，預防地表的土壤流失。

如果缺乏全面的視野，我可能會對雜草感到嫌惡。然而，視野更寬廣後，我就能欣賞這些雜草的貢獻，讓我們的山丘矗立。假如它們出現在我的花園裡，當然還是難逃一死。

不必正向思考，而要看正反兩面

對於健康的討好者來說，全面的視野能發揮很大的影響力，因為這是以現實為基礎，而非個人單一的觀點。我們不需要認定自己是對的，只需要有能力探索其他人的觀點，並提供幫助。這意味著我們會傾聽，而這是打造信任最快的方式。

頂尖的討好者了解如何改變自己的觀點。他們不會自動相信腦中的每個念頭，而是積極主動地尋找正向的一面。這是他們有意識的選擇。他們不會忽視負面的事物，但也不會認定負面就是一切。

我們可以選擇自己腦中的思緒，這是我在幾年前，用吸塵器打掃家裡得到的體悟。

對我來說吸塵器最棒的部分，就是可以畫出線條。無論往哪個方向前進，吸塵器留下的線條都會告訴我們，地毯很乾淨了。（我有時候會想，如果拿一根樹枝在地毯上畫出線條，人們大概也會覺得才剛剛清過。）

幾年來，我嘗試不同的圖案，有時是對稱的，有時則發揮創意。我總覺得，這個過程幾乎已經稱得上科學和藝術的結合。我希望人們走進來時會看到這些線條，知道我已經為他們打掃過。

然而，我的作品維持不了太久。大約一天左右，線條就會消失，被腳印所取代。通常，我看到腳印時會想，「喔不，我又得再吸地一次了」。這感覺就像有問題需要加以修正。似乎地毯上沒有線條，整個家都要失控了。

但在某個星期天早晨，一切不同了。我走出臥室往客廳看去，地毯上沒有線條。我看見許多腳印，上百個腳印。這和我所追求的完美剛好相反，天差地別。一般來說，我應該要感到挫敗。

然而，這次卻讓我露出笑容。

地上的腳印不大，是小小的腳印，是孫女愛芙莉和伊蓮娜（當時分別是六歲和三歲）前一天留下來的。我們在客廳玩了好幾個小時。愛芙莉用泡棉積木蓋起城堡，喋喋不休地說著國王、公主、火龍和護城河的故事。伊蓮娜忙著玩木頭火車，在軌道旁擺上動物、樹木和號誌。我們不停地聊天、大笑和玩耍，直到晚餐時間。我們感受著彼此的愛。

客廳裡充滿歡樂的笑聲，我們打來打去，玩枕頭仗和「癢癢蟲」。在喜悅和笑聲中，美好的回憶也誕生了。

這就是客廳存在的目的。

隔天早上，地毯上沒有吸塵器的線條了。但我並不挫敗，反倒因為回憶而有了最深刻的滿足。腳印是最美好的提示，點醒我們地毯真正的目的。

我還是很享受用吸塵器畫下圖案。但當孩子們拜訪時，我吸地板的目的就不是為了清除腳印。

而是為了迎接腳印所做的準備。

第四部分

把夢想縮小

How to Change

你是否覺得，每天都機械式地過著一成不變的生活？

你希望一切能越來越好，你的立意也很良善。你充滿幹勁好一陣子，接著卻又回到過去的習慣和生活方式。變化，就像是站在雨中把自己擦乾。

這樣的狀況越常發生，我們就越感到挫折。每次失敗似乎都比前一次更糟，你漸漸覺得根本就沒有改變的希望。或許你也覺得自己永遠會是這個樣子，與其面對一再的失敗，不如接受命運。如此一來，就不需要這麼努力，罪惡感也會小一些。

你知道嗎？你並不孤單。我們都有過這種感覺。我們希望改變，但改變看似遙不可及。

這就是「生而為人」。

網路上充滿了勵志金句、迷因和挑戰。社群網站的許多帳號，專門發一些引人深省的名言佳句，為我們樹立了努力追求的目標。我們因此看見了某種「我希望成為這樣」的形象。這些帳號反映的是我們的夢想和理想。

我從來不曾看過馬克杯上寫「我還行」。但我看過「夢想小一點——這是你唯一成功的希望，真的」。

我們會心一笑，因為對大多數人來說，生命階段或許各自都是如此。然而，未來並非只有這一條路。本書的最後一個部分，就要聚焦於三個面向：

- 讓改變持續發生
- 忠於自我
- 以真實自我面向世界

我們都應該將一個訊息刻在心底：**你已經夠好了**。

讓我們一起學習，如何在未來實踐這個訊息吧！

第19章

讓改變持續發生

成為你命定中該成為的人，永遠都不晚。

英國作家　喬治．艾略特（George Eliot）

聽到「改變」這個詞，你有什麼感覺？

假如你處在自己不滿意的狀態中，改變會是你欣然接受的解脫；當你在愉快的情境下，改變則可能讓人挫折——甚至心生恐懼。

無論如何，改變都將使我們離開舒適圈，但我們喜歡待在舒適圈裡。我們並不想承認，畢竟網路上充斥著「舒適圈有害」的語錄，大家都該改變。然而，坦白說，大部分的人在舒適圈中都很舒服。這也是舒適圈一詞的由來。

好比睡眠。我們或許喜歡每天刺激的事和能量，但晚上都一定要回到枕頭進入溫柔夢鄉。睡眠會讓我們回復能量，準備面對明天不同的挑戰。

關鍵在於，我們得意識到改變肯定會發生。或許不是每天，但一定會來臨。有人說過，在任何時間點，我們不是正在改變，就是剛改變完或即將改變。我們可能覺得自己必須改變——但也要理解，假如什麼都不做，改變就不可能會發生。

外在的改變會自然發生，內在的則是個人選擇。

對討好者來說，這種選擇可能恐怖萬分。畢竟終其一生，你都為了別人的肯定而活。這是你所熟悉的舒適圈，但你知道自己的生命正一點一滴被侵蝕。你想要改變，但這會讓你進入陌生的新領域。你同時也害怕自己無法掙脫習慣性討好的枷鎖，擔心失敗告終，重回過去的生活模式。

外在的改變無法避免，我們得面對這樣的現實。內在的改變則將幫助我們形塑自己的未來，值得我們去追求。這些改變的結合，將影響我們的人生。

值得的冒險

我時常旅行，但我不是個很棒的旅人。我喜歡旅行的概念，但旅行的過程卻帶給我壓力。我會在任何事發生前，就擔心旅程中每個瑣碎的細節。

- 我擔心行李超重。
- 我擔心飛機誤點，延誤轉機。
- 我擔心隨身行李放不進飛機上的置物空間，必須改成託運，然後又被寄丟。
- 我擔心旅館的預約出問題。

幾年前，我和妻子第一次到歐洲旅行。我擔心遇到不會說英文的計程車司機（也確實遇到了），沒辦法請他開到我們的旅館（但他成功找到了）。我擔心在陌生的地方找廁所、吃陌生的食物，體驗陌生的事物。我完全離開了自己的舒適圈。

這趟旅程非常美好。我所害怕的事都沒有發生（除了計程車司機）。如今，我們一直想再拜訪歐洲。我的第一直覺是完全複製前一次旅行，畢竟我們比較熟悉了，可以算是我的舒適圈。

有些人不是旅人，也不將人生視為一段旅程。他們對舒適的感覺上了癮，於是不再探索人生的豐富。隨著時間過去，他們對人生的願景越來越黯淡，開始向內退縮，不再往外開拓，也迷失了生命的意義。然而，無論我們喜愛冒險，或是喜歡欣賞別人的歷險，都有一個共通之處：我們喜歡舒適圈。

這是壞事嗎？一直以來，我們都聽到「應該脫離舒適圈」的勸告。人們總是說，唯有脫離現況，朝有意義的新方向發展，才算是真正地活著。這是以生產力為導向的社會高唱的陳腔濫調。

論點如下：

1. 我們生來注定偉大。
2. 我們現在並不偉大。
3. 我們得脫離舒適圈，才能變得偉大。
4. 我們永遠不該滿足於現狀，而應該努力提升。
5. 假如停留在現狀，我們將度過平庸的一生。

還有許多不同的版本，但基本概念是一樣的：我們必須改變。

改變發生的第一步，是看見跨出舒適圈後的人生可能性——我們的生命會更加豐富，做出更大的貢獻，人際關係也將更圓滿。但很多人都以為，離開舒適圈就會進入陌生可怕的世界，不但語言不同，也失去方向感。短暫度個假固然沒關係，但回到熟悉的環境後，他們會如釋重負。

這種感受是真實的，也沒有問題。我們都需要定期回家才能重新整頓自己、恢復精神，找回生命的平衡。然而，我們也需要定期離家，朝新的方向前進，為自己（和其他人）的生命增添價值。

假如我們相信舒適圈是不好的，就會失去生命當下的豐富，一停下腳步就充滿罪惡感，也會隨時對未來的表現感到壓力和焦慮。

那麼，如果取得平衡，滿足於現在（活在每個當下）同時也朝著未來的改變努力呢？我們的生命品質將大幅提升，而付出的努力並不如想像的多。我們將對世界帶來貢獻，生命將充滿意義。

我們不需要有巨大的進步。可以先移動到舒適圈的邊緣，有意識地輕輕踏出邊界，待一陣子，直到變得舒適為止（成為擴大後的舒適圈範圍）。接著，我們重複這個過程——拓展，調適，適應。如此這般，不斷重複下去。

這就是成長。

一個人停止成長，就會開始衰亡。你是否發現，自己因為成長太過困難，而決定放棄，安頓下來？待在你的舒適圈裡，但定期探出你的腳尖，讓你的舒適圈擴張。這是**任何人**都能做到的——而假如能養成習慣，就能改變人生。

誰知道你會找到怎樣的冒險呢？

健康改變的三個階段

對討好者來說，改變是什麼樣子呢？從不健康的狀態變成健康的，讓他們有如置身在一艘綁在碼頭上的船，永遠到不了夏威夷。許多人都夢想著目的地，卻又想到路途中所有可能出的錯——於是選擇留在原地。

任何值得一試的旅行，都包含以下三個階段：

1. 離開碼頭
2. 通過未知的領域

3. 抵達目的地

在第一階段，我們處於熟悉的領域。空氣中充滿魚腥味，環境十分嘈雜，我們每天重複著相同的例行公事。雖然不是夏威夷，但很安全——因為我們擁有碼頭的保護。要離開非常困難，畢竟我們不知道旅程會如何發展。碼頭是「已知」，而航海過程則是「未知」。

此時的任務是解開繫船的繩索，克服慣性，開始航行。這感覺並不安全，也沒有那麼舒適——但神奇的事會就此發生。

在第二階段，我們的感官都放大了，能更敏銳感受到周遭發生的事，因為一切嶄新、未知而危險。不久之後，我們就會忘了碼頭，全神貫注在旅程的挑戰。

通常，會有兩件事發生：

1. 我們意識到，自己有能力面對這些挑戰。我們面對著全新的情況，被迫動用所有的資源和能力來奮鬥。
2. 我們開始對自己提升的能力感到安心，慢慢地活躍起來。我們已經開拓了新的領域——也存活下來。

這會是漫長的旅程，全新而特別。然而，隨著時間過去，「新的常態」會漸漸形成。我們的舒適圈擴張了，我們也隨之成長。新事物嘗試了一陣子，不舒服的感受就會舒緩。

在第三階段，我們抵達目的地。是時候慶祝和探索了。我們已經離開大海的舒適圈，決定進入新的環境。

大部分的人從未達到第三階段，因為他們害怕在碼頭解開繫船的繩索。不同階段之間的轉換，感覺或許像是跨越巨大的鴻溝。然而，一旦成功轉換，我們會很快地適應新的模式。就像是進入冰冷的游泳池。用腳趾試探時，水感覺像冰。水池外很溫暖。我們試著鼓起勇氣，最後卻坐在池畔的長椅上，慢慢啜飲著裝飾了小雨傘的飲料。但假如我們跳進池中，會發生兩件事：

1. 我們感受到現實的衝擊。
2. 我們很快地調適，在幾秒鐘之內，就覺得水很溫暖了。

改變總是很可怕，因為新事物與我們的現況如此不同。然而，一旦進入水中，我們就明白自己完全有能力應付。

只要跳就好了。

改變，我應付得來！

當人們只看見自己必須放棄的，卻看不見較遠的收穫時，就會抗拒改變。他們選擇留在舒適圈。因為未知而對下一個階段裹足不前。

那麼，你有面對改變的能力嗎？答案是肯定的。你本人就是面對人生改變最重要的資源。你就是每個階段所需要的一切。進入下一個階段，你會發現在最迫切的時候，你所需要的資源就會自然浮現。

人生就是改變。改變有時很痛苦，有時則充滿驚奇，多數時候則兩者皆是。成長的關鍵，就是持續朝改變邁進。如此一來，新的階段將比舊的更吸引你的注意力。最終，你會發覺未來比過去更有趣。這代表你在正軌上。

下一步是什麼？把船解開，開始航行。

冒些風險，成為健康的討好者，一步步影響他人的生命，直到稍稍改變世界吧。

第20章 忠於自我[1]

在教會裡表現完美，就像盛裝打扮照X光一樣。

無名氏

在我完成第一本書不久後，一位作家給了我很實際也很簡單的建議：「不要去讀亞馬遜網站的書評。」

1 免責宣言：假如你沒有信仰，可以直接跳過這一章。我所寫的一切，都是希望帶領任何人通向自由的道路，成為有影響力的討好者，而無論他們的世界觀為何。我自己的世界觀源自於對上帝的堅定信仰，本書沒有加入這種觀點的話，就不算真心坦誠。我在最初的討好狀態時，我可能會為了避免冒犯而省略這一章。然而，健康的討好者必須完全誠實，因此我保留了。我認為這一章能對你有所啟發，但閱讀與否是你的選擇。假如你決定跳過，那就最後一章見囉！

我看不出這會造成什麼傷害，所以無視了他的建議。畢竟，我是個討好者……這可是得到客觀的正面意見的大好機會。我知道我的書很棒（我的看法），所以認為所有的評論都會是一面倒的讚譽。

幸運的是，大部分的評價是正面的。然而，我覺得有些人沒有讀到重點，還不知羞恥地公開發表意見。無論有多少好評，在我的心中，都被負面的評價給抵消了。有些人不喜歡我的成就，還把批評寫了下來。這實在是太慘烈了。

我在擔任顧問的職業生涯中，主講過數千場研討會，主要受眾是企業員工。我也固定在教會和基督教研討會中發表演說，但企業講習才是我的「正職」。這就是為什麼我想寫一些能幫助到每個人的書——而不只是所謂的「耶穌追隨者」，也就是找到與耶穌的真實連結，並以此為人生基石的人們。我的著作裡並沒有太多聖經相關的內容，但也足以讓讀者看出我以信仰為基礎的世界觀。

即便大多數的書評都很正面，但信仰的觀點卻讓我在同一本著作中，得到了兩倍的批評，分別來自光譜的兩個極端。

「他幾乎沒有提到上帝，也不引用聖經來映證任何論點。」

「他整本書都在傳教。」

漸漸地，我了解到自己必須在寫作中坦誠，保持自己獨特的寫作風格。或許這麼做，無論再怎麼努力，都會讓某些人感到厭惡。但那也沒關係，因為我的工作不是討每個人歡心。我該做的是保持真誠，並啟發人們思考。

關於討好，上帝說了什麼？

耶穌的追隨者會認為，討好是不良行為。這就是為什麼，網路上許多內容都告訴我們：「不要再擔心別人的想法。唯一重要的，是上帝怎麼看我們，而上帝愛我們。學會接受這一點，然後無視其他人的意見。」

這聽起來很不錯，但我覺得太過片面，不夠完整。這種看法中的討好，指的只是自我中心、追求別人認同的討好。我們需要的，的確是從上帝對我們的看法中尋找自我價值。然而止步於此，我們固然會好過一些，卻會忽視了其他人——因為他們是我們的痛苦來源。

我們不應該止步於此。生命的目的是融入群體，而非孤立獨處。

有些人會說：「我不需要別人，有上帝就夠了。」這聽起來或許也很棒，卻違背了聖經。上帝確實希望與我們建立個人層面的連結，但祂對我們生命的影響，主要都是透過其他人。在《創世紀》第二章十八節中，上帝說：「那人獨居不好，我要為他造一個伴侶幫助他。」是的，這段話描述的是很特定的具體情境，卻也時常在婚禮中被引用，因為這個概念貫串了整本聖經。人類是為了關係而生，而不是孤立。從這個角度來看，我們是為了正確的討好人而生。

那麼，聖經到底說了些什麼？以下有兩個基本原則值得深思。

1. 我們必須知道上帝對我們的感覺，並以此為自我認同和價值的基礎。

- 「我們是神的創作。」（以弗所書2:10）
- 「（無論誰）都不能叫我們與神的愛隔絕。」（羅馬書8:39）
- 「唯有基督在我們還作罪人的時候為我們死，神對我們的愛就在此顯明了。」（羅馬書5:8）
- 「耶和華你的神……他必因你歡欣喜樂。」（西番雅書3:17）
- 「我以永遠的愛愛你。」（耶利米書31:3）

2. 我們必須讓上帝透過我們，去愛其他人（健康的討好）。

- 「親愛的，神既然這樣愛我們，我們也應當彼此相愛。」（約翰一書4:11）
- 「你們各人的重擔要互相擔當。」（加拉太書6:2）
- 「要彼此同心，不要志氣高大，倒要俯就卑微的人。不要自以為聰明。」（羅馬書12:16）
- 「各人要照所得的恩賜彼此服事。」（彼得前書4:10）
- 「做任何事都不要出於爭競，也不可出於虛榮，而要以謙卑的心，各人看別人比自己強；每個人不要只注重自己的事，也要注重別人的事。」（腓立比書2:3-4）

上帝愛你，就這麼簡單。上帝愛我們真實的模樣，無論你覺得自己值不值得，都無損祂的愛。假如上帝說你有價值，你卻說你沒有，你們雙方肯定有一方錯了。你覺得會是誰呢？

一旦我們立基於上帝的觀點，建立起了健康的自我價值，自然就能成為誠實而有效的討好者——專注在其他人身上，滿足他們的需求。我們不再會利用別人來達成自己的目的，而將真心服務他們。

精疲力竭：危險的訊號

大多數的討好者會因為持續揣測（甚至是操弄其他人想法）而精疲力竭。他們或許不會察覺，因為一切都已成為習慣——就像我們不會注意到周遭的空氣一樣。精疲力竭通常成為「榮耀勳章」，代表我們一點也不自我中心，反而努力滿足其他人的需求。

即便我們已經知道該從上帝對我們的觀點，而非他人的看法中，追求自我的價值，卻還是很容易將服侍他人做得太極端。我們變成健康的討好者，準備好付出奉獻，卻很容易太過關注他人而將自己燃燒殆盡。這個過程讓我們感到高貴，似乎也能讓上帝喜悅。

當我們檢視耶穌的一生時，上述的觀點不攻自破。他忙著治療病人、教導神的話語，為他的追隨者付出奉獻，並挑戰其他宗教領袖。然而，在他最忙碌的那段日子，我們也看見他退出人群，透過休息、獨處、與上帝天父相處，來恢復能量，讓靈魂更新。

- 「次日早晨、天未亮的時候、耶穌起來、到曠野地方去、在那裡禱告。」（馬可

福音1:35）

- 「耶穌卻退到曠野去禱告。」（路加福音5:16）
- 「他解散了群眾，就獨自上山去禱告。到了晚上，他還是獨自一人在那裡。」（馬太福音14:23）

誠然，耶穌滿足了許多人的需求，但不是每個人。他並沒有試著討好每個尋求他注意的人，也沒有醫治某些求助的人。他知道自己的界限，也為自己留一些時間，而不是時時刻刻都犧牲奉獻。

很多人都說，我們得「擔起自己的軛」，意思就是要勞力付出。我們以為這代表了疲憊的苦工。但耶穌說：「因為我的軛是容易的，我的擔子是輕省的。」（馬太福音11:30）假如我們的軛很沉重，或許就不是來自上帝。

在聖經時期，軛指的是讓兩隻耕牛在田地裡並排耕作的木頭器具，能使收穫倍增。軛會經過手工調整，完美貼合耕牛的脖子和肩膀，避免讓牠們刮傷磨損。軛的重量並未讓耕牛的工作更加辛苦，反而因為設計而減輕了負擔。

有時候，基督徒要接受輕鬆的軛反而很困難，因為我們覺得必須向其他人展現自己的忠誠。我們隱藏自己的痛苦和掙扎，害怕別人會因此覺得上帝不夠有吸引力。事實上，我們的脆弱才是吸引別人的部分，因為這樣改變成長的旅途，遠比完美的形象更能讓人感同身受。

一九九二年，威爾許（Sheila Walsh）是當時有名的基督教歌手、作家，也主持當紅的基督教電視脫口秀《七〇〇俱樂部》（*The 700 Club*）。她太在乎自己的形象和表現，反而忘了關照自己的內在世界。最後，她崩潰了。以下是她的自述：

那天早上，我還正裝打扮，帶著完美的妝髮上全國性的電視節目；而當天晚上，我就被關在精神病院的病房裡。這是神對我做過最仁慈的事了。

在醫院的第一天，心理醫生問我：「你是誰？」

「《七〇〇俱樂部》的共同主持人。」

「我不是這個意思。」他說。

「喔，我是個作家，也是歌手。」

「我不是這個意思。你是誰？」

「我一點也不知道。」我說。接著他回答：「沒錯，這就是為什麼你會在這裡。」

我們為了自我感覺良好，而選擇營造討好的形象。然而，由於這不是真的，最終會由內而外地摧毀我們。在現實中找到自己的價值——在上帝對我們的看法中——是通往健康和完整的第一步，也給了我們影響他人的力量。

可以不倚靠神嗎？

整本書中，我們已經探索了如何從不健康的討好（為了贏得喜愛而討人開心）轉變為健康的討好（找到內在的價值，接著能幫助他人）。重新定義了討好這件事後，就成了值得追求的目標。我們也看了五種將我們禁錮的恐懼，以及克服的方法。還有幫助我們用最好的方式，影響他人生命的十大要素。

是的，只要透過正確的鏡子，我們就能克服固有的討好方式，找到自己的價值。我們能學會如何舒適安心地做自己，並找到向別人伸出雙手的自由。每個人都能做到，這些步驟並沒有那麼困難。這將帶給我們滿足而平衡的人生，讓我們從討好的監獄中掙脫，獲得久違的自由。我們對自己的內在滿意後，就能專注在其他人身上。

然而，如果沒有經歷過上帝對你最深刻的愛，並與上帝建立起個人的連結，我們就將錯失隨之而來的力量。我們之所以追求別人的認同，是因為與生俱來的渴望，希望自己的重要性得到肯定。上帝給予我們這樣的渴望，而祂也是唯一能滿足我們的存在。

當你的內在夠健康，足以向外幫助其他人時，就將擁有圓滿的人生。假如上帝成為你自我價值的泉源，你就能改變世界。

第21章

以真實自我面向世界

明天（名詞）：存放著百分之九十九的人類生產力、動機和成就的神祕領域。

無名氏

假如你不知道自己的極限會如何呢？你的人生會是什麼樣貌？

楊格（Cliff Young）是個澳洲的馬鈴薯農夫。他一生只務農，在家族農場工作——面積很大，大約兩千英畝。農場上也有養大約兩千隻羊。長大的過程中，他主要負責牧羊。農場沒有牧羊犬，所以他得自己來。他會繞著羊群跑，讓牠們聚攏，因為這是最簡單的做法。有時候，他會從黎明一直跑到黃昏，把工作完成。偶爾，他甚至會連續跑二十四小時——一天一夜，只為了向自己證明，自己能做到。

他知道自己擅長跑步，這種能力存在他的血脈中。他聽說農場附近將舉辦一場比賽，稱為「超級馬拉松」，距離是從雪梨到墨爾本的八百七十五公里。他知道自己跑得完，但他的速度很慢，跑步的方式也很不一樣，有點像跳步或跛行。他從來沒有看過專業的比賽——但還是決定試一試。

好消息呢？這場比賽除了他以外，只有六個參賽者，但全都是擁有多年參賽經驗的選手。壞消息？他已經六十一歲了，比對手都大了幾十歲。

比賽當天，他穿著連身工作服和橡膠雨鞋登場。每個人都嘲笑他。但他平常跑步都是這麼穿，這場比賽也不會例外。槍聲響起後，他立刻落到最後一名。他努力追著其他人的車尾燈好一陣子，但隨著第一天的賽事進行，距離越拉越遠，他發現自己已經是一個人獨自跑著。

直接跳到終點吧。在開跑後的五天十五小時又四分鐘後，他通過了終點線。他很確定自己是最後一名，但他錯了。

他跑出第一名的成績，而且領先其他選手整整兩天。

後來，他知道原因了。由於他對比賽一無所知，所以不知道晚上應該停下來睡覺。

因此，他繼續以緩慢的速度和奇怪的姿勢前進——完全不知道自己超越了速度更快、更年輕的對手們，而且是趁他們睡覺時。

踏出第一步

假如我們在面對人生挑戰時，先看過其他人如何應付相同的狀況，然後採取相反的做法，又會如何呢？

講者吉姆・羅恩（Jim Rohn）說，我們應該找到一度成功、卻又失意的人。給他們一些錢，說：「請收下這些錢，告訴我你做了哪些毀滅人生的事，讓我可以小心避免。」

我喜歡這個建議。觀察別人的經驗，能有效地幫助我們朝好的方向前進。

- 每個人的人生中，都有遭遇困難的領域，無法有所成就。假如我們採取和他們相反的行動呢？
- 每個人都有夢想，但可能因為看起來太艱鉅，而選擇放棄。假如我們剛好相反，堅持下去呢？

- 每個人都有不順利的重要人際關係，而他們逃避溝通。假如我們剛好相反，冒一點險呢？
- 每個討好者都覺得自己被惡習所困，希望能逃脫。假如我們剛好相反，看見討好行為正向的可能性呢？

假如我們的行動和大多數人一樣，就會得到差不多的結果。

假如我們和大多數人剛好相反，或許就會有相反的結果。

不健康的討好也可能轉變為健康的嗎？當然可以，只要我們選擇和大多數人相反的做法，並遵循我在這本書裡整理出的道路就好。

世界中的真我

假如你突然從地球上消失，**有多少人會注意到？**注意到的人之中，又**有多少人會在乎？**

會在乎的人，就是受你影響最多的人。因為認識你，讓他們成了不同的人。你的影響越大，他們對你的思念就越深。

我們都渴望讓自己的影響提升。我們都希望可以改變世界，而不只改變身邊的少數人。

我們希望自己很重要。

有些人終其一生追求的，是累積更多的財富。他們主要的注意力，放在管理自己的財產和安全。他們可能在過程中相當成功，卻不一定能影響任何人。

其他人的注意力則放在別人身上。他們還是可能擁有大量的財富和傑出的成就，但那只是次要的動機罷了。對他們來說，當他們為世界帶來了正面的影響，例如在紓困組織工作，或是在收容所當志工，成功自然會隨之而來。

影響指的就是某件事發生，並且在事後留下了證據。假如賣場的手推車在停車場撞上你的車，你的車上會留下凹痕。就算移開手推車，那小小的凹痕也會提醒你，你的車受到影響了。

單一事件就能對一個人造成巨大影響。

有些事件可能有負面的影響。車禍、伴侶對信任關係的破壞，或是疾病末期的診斷，都會立即且永久地影響我們的一生。我們會變得更糟，因為發生的事在預料之外，如同晴天霹靂。

有些事件的影響則是正面的。中樂透、找到理想工作都會帶來正面影響，但這會隨著時間而漸漸褪色。也因此大多數的樂透得主都會在短短幾年後，就回到原本的生活型態。

每個人的一生中都會有負面和正面的事件，這往往都是計畫之外、意料之外、預期之外的。於此同時，你也可以有意識地改變其他人。不需要是顛覆人生的重大事件，可以只是你所做出的選擇——讓結果有計畫地、按照我們預期地發生。我們可能會看著影響力很大的人，想著「假如我有他們的時間、金錢、教育、人脈、技能或境遇，應該也做得到」。

事實是，你就算能做出相同影響，看起來也會完全不同。**你的獨特性就是影響其他人的工具。假如使用了其他人的工具，就不可能得到相同的結果。**沒有人能擁有你的工具組合，或是使用這些工具的能力。了解並善用自己的獨特，就是帶來影響的關鍵。當你只想討其他人喜歡，就不可能真正帶來改變。

踏上改變之旅的動力很簡單：掌握真正帶來影響的機會。改變不會一夕之間就發生，而是人生所有微小抉擇的累積。我們很難直接走出去帶來巨大影響，因為世界有太多不可控的因素。

比較簡單的做法，是從此刻此地對身邊的人做出小小的改變。小小的改變持續得夠久，就能累積成巨大的影響。

巨大的影響發生在慢燉鍋，而不是微波爐。而且每個人都能做到。

你能做到，從今天開始吧！

後記

我仍在復原的過程中

假如你目前還是個討好者，得持續地讓其他人開心，那麼本書所提到的旅程大概讓你耳目一新，精神一振。若是如此，代表你的自由近在咫尺。

- 你可以為自己建立起全新的人生守則，向內找到自己的價值，而不再對其他人的看法斤斤計較。
- 此後，你可以運用自己討好的能力，影響所有與你相遇的人。
- 你可以在世界上留下清楚的痕跡。

你很重要！

你或許還是會想，「聽起來很棒，但真的嗎？沒效怎麼辦？」只要走過本書探索的旅程，痊癒和改變發生的機率就會很高。然而，如果你不願嘗試，就注定會困在令你痛苦的現狀。

為何不試呢？

為何不現在就試呢？

這是你的人生——帶來影響吧！

致謝

每個人都夢想寫書，但精神正常的人都不該這麼做。海明威（和一些其他作家）據說都說過：「寫作沒有祕密，只要在打字機前坐下，然後開始流血就好。」寫作主要在孤獨中進行，但也依賴其他人的支持。

這是我的第六本書，而我清楚地意識到，其他人的幫助對寫作有多麼重大的意義。

有些人無意間提供了很棒的點子；有人給了我繼續下去的鼓勵；其他人則只是靜靜地在旅程中，陪我並肩前進。他們大多數以上皆有。

感謝名單可以寫好幾頁。但這本書的寫作中，有幾個名字特別浮現出來：陪伴在我身邊，一直到旅程結束的人們。

傑夫・葛因斯（Jeff Goins）是我寫作和思想上的導師。他是「作家部落」的創辦人，帶領了上千位創作者實踐了獨一無二的目標和夢想。我們幾年前牽上線，我加入他密切的智囊小組。他讓我陪著他一起走上了成長和改變的旅途。能享有如此近距離的視野，持續挑戰著我的心態，使我有了重大的改變。他毫不做作，非常關心在乎其他人，而我也深深感激著他在我的旅程中帶給我的幫助。

團隊中也有其他創作者與我同行，我們後來都成為好朋友。我們都在自己獨特的旅途中，但也得到了相知相惜的支持。我們了解到社群的力量，也因為社群而有所提升。

這意味著，這本書上充滿了許多人的指紋：莎菈・羅賓森（Sarah Robinson）、布莉安娜・蘭伯森（Brianna Lamberson）、潔西卡・惠特黑（Jessica Whitehea）、萊克斯・拉托夫斯基（Lex Latkovski）、泰・席格勒（Ty Ziglar）、露西・史蒂文斯（Lucy Stevens）、戴夫和珍娜特・沃恩利（Dave and Janet Wernli）、安妮・貝斯・多納胡

（Annie Beth Donahue）、卡洛琳・德帕拉提斯（Caroline DePalatis）、艾利克・蓋爾（Eric Gale）、蒂芬妮・巴伯（Tiffany Babb）、卡洛琳納・蘇西摩爾（Carolina Sizemore）、蘿拉・諾頓（Laura Naughton）、傑夫・傑克森（Jeff Jackson）、崔西・巴帕（Tracy Papa）、泰勒・威廉斯（Tyler Williams）、丹尼・博薩（Danie Botha）、賽斯・葛吉（Seth Guge）、丹尼拉・伯納克（Danielle Bernock）、安迪・特勞伯（Andy Traub）和其他人。他們並不知道，自己對這本書有多大的影響。他們的對話、故事、鼓勵和陪伴，對我都是無價的贈禮。

我和編輯維奇・康普頓已經是第六次合作了，感覺就像是有個私人的文字教練。她接手我的原料，看見其中的可能性——但卻未改變我的聲音。當她拿虛擬的紅筆在我的書改上修正時，就像是為汽車打蠟和仔細保養。她知道如何清理、拋光、清除海鷗的大便，讓車子閃閃發光。由於她的加入，讓寫作成了快樂的享受，我非常感恩。

如果沒有妻子黛安，就不會有這本書。和最好的朋友共度人生，會讓我們腦中發生神奇的變化，創造許多美好的文字與想法。因為她，我才能寫作。她是我人生的珍貴寶藏。

人生的旅程有重要的人陪伴時，就能組合出美麗的文句。我的家人給了我意義，我的朋友給了支持，我的同僚給了機會，而上帝把祂自己給了我。

我則要將「致謝」獻給我所有的讀者。你們都是生命的禮物，而我對你們的珍重難以言喻。

謝謝。

一起來　0ZTK4035

討好者的自適指南

將注意力從博取認同拉回，逐步還原關係裡的「真實我」

作　　　者　麥克・貝勒 Mike Bechtle
譯　　　者　謝慈
主　　　編　林子揚
責 任 編 輯　林杰蓉

總　編　輯　陳旭華 steve@bookrep.com.tw
出 版 單 位　一起來出版／遠足文化事業股份有限公司
發　　　行　遠足文化事業股份有限公司（讀書共和國出版集團）
23141 新北市新店區民權路 108-2 號 9 樓
電話｜（02）2218-1417
法 律 顧 問　華洋法律事務所　蘇文生律師

封 面 設 計　BIANCO TSAI
內 頁 排 版　新鑫電腦排版工作室
印　　　製　通南彩色印刷有限公司
初 版 一 刷　2022 年 12 月
二 版 一 刷　2024 年 5 月
定　　　價　390 元
I S B N　9786267212677（平裝）
9786267212691（EPUB）
9786267212684（PDF）

國家圖書館出版品預行編目 (CIP) 資料

討好者的自適指南：將注意力從博取認同拉回，逐步還原關係裡的「真實我」/ 麥克・貝勒（Mike Bechtle）著 ; 謝慈 譯 . -- 二版 . -- 新北市 : 一起來出版 , 遠足文化事業股分有限公司 , 2024.05
272 面 ; 14.8×21 公分 . --（一起來 ; ZTK4035）
譯自 : The people pleaser’s guide to loving others without losing yourself
ISBN 978-626-7212-67-7 (平裝)

1. CST: 自我實現　2. CST: 自我肯定　3. CST: 生活指導

177.2　　113005398